Ausgerechnet Moskau
Mit Familie und Kindern

Erfahrungen und Erlebnisse einer Familie in Moskau

Ludger Triebus
Lutz Skywalker Verlag

Ludger Triebus

Ausgerechnet Moskau

1. Auflage 2000

Deusserstr. 25
40789 Monheim

Druck: Libri Books on Demand
ISBN 3-89811-909-2

Für
Katharina, Charlotte, Theresa, Oliver
und Art Reade

INHALTSVERZEICHNIS

Seite

Ein Wort an meine Leser

September 1999

Russland ist ein großes Land mit viel Licht und leider auch viel Schatten. Das Ziel, einigen der im Schatten lebenden Menschen zu helfen, hat sich Frau Frauke Hartmann gesetzt. Sie lebt mit Unterbrechungen seit 1972 in Moskau. Sie ist Lehrerin an der dortigen deutschen „Friedrich-Josef-Haass" Schule. Seit 1989 besucht sie wöchentlich Kinder in der Traumatologisch-orthopädischen Abteilung des Zentralen Russischen Kinderkrankenhauses, erstmals unmittelbar nach dem schweren Erdbeben in Armenien. Die in dieser Abteilung zu behandelnden Kinder sind entweder von Geburt an oder infolge von Unfällen oder anderer Gewalteinwirkungen (Minen, Granaten) verletzt oder verstümmelt. Frau Hartmann sammelt Geld für Prothesen und andere Rehabilitationsmaßnahmen, unterstützt die mit den Kindern oft jahrelang im Krankenhaus lebenden Verwandten, die ohne Einkommen sind und bemüht sich, die Lebensumstände in dem Krankenhaus zu verbessern. Sie ist allein, d.h. ohne einen Verein o.ä. tätig. Ein Nachweis der ohne Abzüge direkt an den Adressaten gelangten Spendenmittel ist jederzeit gewährleistet.

Konto:
Frauke Hartmann, Dresdner Bank Bonn
(BLZ 370 800 40) Nr. 2 506 257

Dieses Buch wird zu einem bewusst niedrig angesetzten Preis verkauft. Wenn Sie das Gefühl haben,
- es hat Ihnen Spaß gemacht,
- Sie haben ein Vielfaches mehr an Buch zu einem Vielfachen weniger an Preis bekommen,

dann wäre es schön, wenn Sie diesen Mehrwert spenden würden.

Ich bedanke mich dafür im Voraus und wünsche Ihnen so viel Spaß beim Lesen, dass Sie dieses Buch gerne in die Hand nehmen, denn

**„Der schlimmste Feind des Buches ist
der Staub in den Buchhandlungen."**

Argyris Marneros

Vorwort

Russland ist ein großes und schönes Land. Die Menschen sind zugänglich, hilfsbereit und haben Träume, was alles sein und was man machen könnte. Das russische Volk ist geduldig, gläubig und leidensfähig und versteht es, sich in schwierigen Zeiten durchzuschlagen. Heute wird gelebt, gefeiert und morgen wird man weiter sehen.

Zwei Sätze werden Sie immer wieder hören, wenn Sie nach den Gründen für die Schwierigkeiten, auf dem russischen Markt Fuß zu fassen oder das Land zu begreifen, fragen:

Russland wird nie wie Westeuropa sein.

Verstand wird Russland nie verstehen,
Kein Maßstab sein Geheimnis rauben;
So wie es ist, so lass es gehen –
An Russland kann man nichts als glauben!
(F. Tjutschew)

Jedes Volk hat seine Besonderheiten, die liebenswert oder verständnislos von Fremden empfunden werden. Es sind die Eigenschaften, die zur Identität eines Volkes gehören und kein Außenstehender sollte mit seinen Maßstäben diese Eigenschaften messen. Denn was ein Volk denkt, tut oder empfindet, ist das Ergebnis seiner Herkunft, seiner jahrhundertealten Erfahrungen und der Bedingungen, die die Natur bietet. In diesem Umfeld hat sich die Seele eines Volkes gebildet. In seiner Heimat lebt und überlebte es viele Jahrhunderte im Einklang mit der Natur und hat optimale Strategien entwickelt. Mit der Globalisierung, was immer man darunter versteht, werden gute und schlechte Erfahrungen gemacht: Dinge, die angenommen werden und solche, gegen die großer Widerstand geleistet wird.

Russland lebt in einer Zeit des Umbruchs, des Übergangs von einer Gesellschaftsordnung in eine andere; es wendet sich vom Atheismus wieder dem christlichen Glauben zu. Es versucht, die Planwirtschaft durch die Marktwirtschaft zu ersetzen. Die neue Freiheit wird von vielen missverstanden. Die Marktwirtschaft gleicht heute dem Manchester-Kapitalismus des vorigen Jahr-hunderts. Die Spaltung der Gesellschaft in eine Handvoll Reiche, die den Himmel auf Erden haben und eine große Masse, die die Hölle schon auf Erden erleidet, schreitet immer weiter voran. Dazwischen gibt es eine Schicht, die mit der genossenen Bildung, Fleiß und Glück, eine bezahlte Arbeit zu haben, leben kann.

In Russland sind Beziehungen sehr wichtig. Ähnlich wie in der ehemaligen DDR galt es auch in diesem Land – oder besonders in diesem Land – sich zu organisieren. Das heißt: Freunde zu haben,

Beziehungen aufzubauen, Einkaufs- und Tauschmöglichkeiten zu erspähen. Auch heute, besonders nach der Finanz-Rubelabwertungskrise vom 17.08.98 ist dies aktueller denn je. Der gerade zart erblühende Wohlstand ist heute zum Großteil wieder verschwunden. Die unteren Einkommensbereiche sind dementsprechend noch weiter nach unten gesunken. Gerade da besinnt man sich auf alte Tugenden, wie Freunde bei Problemen zu unterstützen; dem Verhelfen zu neuen oder auch zweiten Jobs; man verleiht auch mal Geld oder bezahlt Medikamente, die oft unerschwinglich geworden sind.

Auch in meinem Fall habe ich mich auf ein Netz von Freunden und sehr viel Unterstützung verlassen können. Fast alles habe ich so erlebt und auch gesehen wie geschildert. Das Land ist jedoch sehr groß; die Kultur, die Traditionen und manchmal auch mikroökonomische Abhängigkeiten sind fast unermesslich. Deshalb habe ich gerne Angebote angenommen, Erlebnisse zu veröffentlichen, die manchmal aus einem anderen Blickwinkel gesehen wurden, zum Beispiel den der mitreisenden Ehefrau. Karin Pape-Hoffer komplettiert mit ihren Geschichten das Kaleidoskop und gibt Einblicke über meine Erlebniswelt hinaus, die oft zwangsläufig aus der Sicht eines „umsatzgeprügelten" Geschäftsmannes gesehen wurden. Auch Doktor Karl Krieghof jr. möchte ich erwähnen, der mit Erlebnissen aus Rostov die Provinz nicht zu kurz kommen lässt und natürlich

Peter Baumgartner
Barbara Bößmann
Ute Couraudon
Peter Finger
Thomas Muhler
Barbara Peseschkian
Dr. Georg Priestel
Andreas Steppan
Roland Stopp
Dr. Eugen Desch
Dirk Kemper

sowie viele andere, die mir zum Teil fertige Manuskripte und viele, viele Inspirationen gegeben haben.
Sie alle haben damit zum Gelingen des Buches beigetragen.
Ihnen allen an dieser Stelle vielen Dank.
Und wenn mich heute jemand fragt, ob ich Russland kenne, bin ich mir weniger sicher als vor fünf Jahren, mit einem klaren Ja zu antworten. Es ist so groß und so vielschichtig, dass ich mir das Recht nehme, dieses unbeantwortet zu lassen.

Auftakt

Juli/August 1994

Für meine Familie, unsere Kinder und Freunde möchte ich die nachfolgenden Erlebnisse festhalten. Dieses hat vielleicht etwas mit unserem Interesse für Geschichte, fremde Länder und natürlich den Menschen zu tun. Ganz sicher aber hat es damit zu tun, dass ich für uns auf diesem Weg die vielen schönen Dinge, die uns dieses Land und die Menschen dieses Landes gegeben haben, festhalten möchte. In einem Zeitraum von fünf Jahren haben wir uns hier sehr wohl gefühlt; für unsere Kinder ist es sogar zu einem prägenden Teil ihrer Kindheit geworden.

Möglich wurde dies alles durch den simplen Auftrag meiner Firma, den Geschäftsbereich Pflanzenschutz in Russland weiter aufzubauen und zu strukturieren. Eine große Herausforderung, ohne Frage, aber möchten wir denn wirklich unser geregeltes „geordnetes" Leben und unsere „Heimat" – Deutschland verlassen, um dort in der Fremde, in einem Land, das gerade nach heftigen Geburtswehen den Weg in eine Marktwirtschaft eingeschlagen hat, für mindestens vier Jahre zu leben? Unsicherheiten über Unsicherheiten. Die familiäre Situation, das Wohnumfeld, die Versorgung mit Nahrungsmitteln, häufige Dienstreisen mit Flugzeugen fragwürdiger Qualität und mit noch fragwürdigerer Wartung, Bedrohung der Familie durch Krankheiten und Mafia. Welche Einschränkungen muss ich auf mich nehmen? Müssen wir uns das wirklich antun? Alles Fragen, die eine Entscheidung erschweren und sicherlich in vielen Fällen eine ablehnende Haltung auslösen. Viele meiner ehemaligen Kollegen im Stammhaus vermeiden den Sichtkontakt zu ihren Chefs ganz besonders in den Zeiten, in denen sogenannte „Ausreisewillige" ausgeguckt, ausgewählt und zu „Expats" werden. Dies aus Angst, die Frage eines Auslandsaufenthaltes könnte an sie gerichtet werden.

Bei Katharina, meiner Frau, und mir kam zusätzlich noch unsere familiäre Situation hinzu. Mit zwei (Charlotte: 4 Jahre und Theresa: 2 Jahre alt), später womöglich drei Kindern in ein schwieriges Umfeld zu reisen ist eines, dort zu wohnen, zu leben etwas anderes. Eine dank meines damaligen Chefs genehmigte (ausnahmsweise!) „Schnupperreise" im Juni 1993 besänftigte unsere Zweifel aber insoweit, dass wir bei der Rückkehr nach Deutschland unseren „Kopf schüttelnden" Nachbarn und meinem glücklichen Chef unser Ja verkündeten.

Natürlich auch unseren Eltern, die diese Nachricht ebenso mit gemischten Gefühlen aufnahmen. Meine Eltern Mia und Josef, beides Kosmopoliten, waren schon vorher in 1992 von St.-Petersburg über den Ladogasee und diverse Kanäle nach Moskau gereist. Bei ihnen war die Nachricht leichter zu „verkaufen" als in Karlsruhe bei meinen Schwiegereltern Charlotte und Rainer. Zumindest konnten wir eine räumliche Nähe ins Feld führen; „down under" – wäre schlimmer gewesen!

Anfang 1994 startete unser Sprachkurs. Im Mai weigerte sich jedoch Katharina weiterzumachen. Unser Jüngster, der dann am 5. Juli 1994 zur Welt kam, machte ihr das Stillsitzen und Lernen einfach zu schwer. Im Mai und Juni 1994 durfte ich als zukünftiger Russlandexperte noch einige Wochen nach Usbekistan und nach Kasachstan zur Baumwollbeizung.

In Usbekistan, das einst nur Wüste mit einigen grünen Oasen darin war, sorgen kilometerlange Rohrleitungssysteme von Bewässerungskanälen für zunehmende Fruchtbarkeit des Bodens. Wein- und Obstgärten, Baumwoll- und Gemüsefelder wachsen immer weiter in die Wüste hinein. Neben Taschkent, der Hauptstadt der Usbekischen Republik, wird Samarkand (500 000 Einwohner) als eines der ältesten Kulturzentren der Menschheit oft in einem Atemzug mit Babylon, Theben, Athen oder Rom genannt. Tatsächlich stehen hier die wohl eindrucksvollsten Denkmäler Zentralasiens. Inbegriff orientalischer Poesie ist der Registan-Platz, um den herum die Portale und Minarette von drei Medressen (Koranschulen) emporragen. Die Moscheen und Mausoleen der Gräberstraße Schah-i-Sinda sind in der Pracht ihrer Glasur-Ornamente unübertroffen. Das Gur-Emir-Mausoleum mit den Gräbern der Timuriden wirkt mit seiner gerippten, von türkisblauen und goldenen Mosaiken bedeckten Kuppel wie ein Traumbild aus Tausendundeiner Nacht.

Erschreckend ist es immer wieder, den Unterschied zwischen sprachlicher Theorie und der Praxis festzustellen. Was in Köln zusammen mit unserer Lehrerin noch geklappt hatte, gerät in den mittelasiatischen Ländern zum Sprachenchaos. Usbekistan führte darüber hinaus 1994 wiederum die eigene Landessprache als Verwaltungssprache ein. Kasachstan brauchte dafür zwei Jahre länger.

Meine erste offizielle Reise nach Russland erfolgte dann im Juni 1994 zu „Feldtagen" nach Belgorod und Voronesch. Dies zusammen mit Bernd, meinem Vorgänger in Russland, und mit Roman und Anatoli, meinen ersten beiden russischen Mitarbeitern - und natürlich mit furchtbar viel Wodka, für mich zur damaligen Zeit zumindest furchtbar viel. Hinzu kam, dass der „Neue" natürlich seine Feuertaufe bestehen und innerlich abgehärtet werden musste.

Gerne erinnere ich mich an den strahlenden Junimorgen in Belgorod - nach einer harten Nacht ein vorsichtiges Aufwachen mit der Gewissheit, abends nach Moskau zurückzufliegen - in die Zivilisation. Doch bis dahin galt es noch einen Termin bei Herrn Schapovalov zu absolvieren - seines Zeichens Leiter der Administration und unumschränkter Herrscher über eine Fläche von ca. 4 Mio. Hektar Ackerland. Ohne einen großen Schluck Samogon, einen starken 60%igen Selbstgebrannten (auf meinen nüchternen Magen, ließ er uns nicht gehen. Abgesehen von einer Abneigung gegen Samogon verdankte ich Herrn Schapovalov jedoch auch ein Motto (am Ende dieses Kapitels festgehalten), welches ich hier zunehmend zu dem meinen gemacht habe.

Man muss sich bewusst machen, dass wir uns einem Land zuwenden, das völlig andere Voraussetzungen hat als die Länder West- und Mitteleuropas. Abgesehen von der ethnischen Herkunft wurden die Menschen durch die seit 1917 vorherrschende Staatsform und die damit verbundenen Eigenheiten und Notwendigkeiten geprägt. Für uns sind viele spezielle Verhaltensweisen oft erst verständlich bei Berücksichtigung dieses Umfeldes, in dem die Menschen leben und überleben. Betonen möchte ich auch, dass Moskau und Russland zwar zusammengehören, aber Moskau nicht Russland ist. Doch bevor dies genauer erläutert wird, noch einen Brückenschlag von der UdSSR zur heutigen Situation am Ende des 2. Jahrtausends:

Die von Michail Gorbatschow eingeleitete Umstrukturierung der Innen- und Außenpolitik, der Wirtschaft, der Kultur und nicht zuletzt des täglichen Lebens hat zu erheblichen Änderungen geführt. Die Perestroika drohte im August 1991 jäh zu enden, nachdem der letzte KpdSU-Generalsekretär von konservativen Parteikreisen gefangengesetzt wurde.
Der russische Oppositionspolitiker Boris Jelzin, eigentlich ein harter Gegner Gorbatschows, verurteilte den Putsch als einen rechtsgerichteten Staatsstreich und rief zum Generalstreik auf. Durch die daraus resultierende Demokratische Gegenrevolution brachte er die „Konterrevolutionäre" zu Fall und mit ihnen die Kommunistische Partei und den KGB. Am 5.9.1991 beschloss der Kongress der Volksdeputierten das Ende der bisherigen Sowjet-union. Die bis dahin von einer starken Zentralmacht geführte UdSSR wurde umgewandelt in einen Bund unabhängiger Republiken mit neuen Staatsorganen.

Wer tun will, der tut. Wer nichts tun will, der findet eine Ausrede. (Sprichwort) *

*Die russische Übersetzung der aufgeführten Redewendungen sind ab Seite 183 abgedruckt.

Erste Schritte

Im Sommer 1994 wurde es für uns richtig spannend. Am 5. Juli gegen 0.30 Uhr kam unser Sohn Oliver auf die Welt. Es war ein strahlender Morgen, als ich nach Monheim – Bundesland Nordrhein-Westfalen - zurückkehrte, um von dort aus Familie, Freunde und Verwandte zu informieren.

Auch als Katharina mit unserem Jüngsten am 11ten ins traute Heim zurückkehrte, zeigte sich der Sommer von seiner besten Seite (übrigens nach Aussagen der Daheimgebliebenen der letzte tolle Sommer bis 1999).

Nach vielen letzten Gesprächen, Terminen und allen besten Wünschen im August 1994, ging es dann am 5.09.1994 nach Moskau. Mein Lieblingstaxifahrer sorgte wie auch bei allen späteren Reisen für den Transfer von Koffern und Kisten (Rekord: für eine reisende Person 110 kg Übergepäck) zum Flughafen Düsseldorf. Zurück blieb eine traurige Schar, und auch mir war sehr flau zumute. Wir hatten uns entschieden, dass unser Oliver erst einmal grösser werden sollte, bevor er dem rauhen Moskauer Klima ausgesetzt würde. Im Endeffekt kam unsere Familie zum Osterfest 1995 in Moskau zusammen. Dies bot mir natürlich reichlich Zeit, während meiner ersten 100 Tage im Land zu reisen, Weichen zu stellen und praktisch ununterbrochen zu arbeiten.

Der Beginn in Moskau wurde mir besonders durch meine Assistentin Anna Bobrowa erleichtert. Neben ihren exzellenten Deutsch- und Englisch-Kenntnissen verfügt sie über die seltene Gabe, auch unter extremer Arbeitsbelastung Aufgaben zu erledigen, zu koordinieren und vor allem noch der ruhende Pol meiner Mannschaft zu sein. Da neben sprachlichen Barrieren zwischen Deutschen und Russen oft unterschiedliche Wertmaßstäbe für das Denken und Handeln im Geschäfts- und täglichen Leben ausschlaggebend sind, hatte ich viel zu lernen und musste oft auch umdenken.

Die nachfolgende Übersicht (erstellt von Frau Dr. Schmidt, Verbandsnachrichten Nr. 6, Verband der Deutschen Wirtschaft in der Russischen Föderation, Juli/August 1999) zeigt nur ansatzweise auf, welche unterschiedliche Parameter, hier Kultur-standards genannt, oft gelten.

Ausgewählte Kulturstandards

Normen und Werte	Russland	Deutschland
Regeln	Niedriger Grad an verbindlichen Regeln	Hoher Grad an verbindlichen Regeln
Individualismus versus Kollektivismus	Dominanz des Kollektivs, „Wir"-Begriff, Bedeutung von Beziehungen	Dominanz des Individuums, „Ich"-Begriff
Verhalten	Stärker emotional	Stärker rational
Status definiert durch	Alter, Position, Bildung	Fähigkeit, Leistung, Bildung
Prestige, Erfolg	Gruppengebunden	Individuell, materiell
Umgang mit der Zeit	Polychron, Pünktlichkeit ist relativer Begriff	Monochron, Pünktlichkeit ist absoluter Wert
Konflikte	Sind zu vermeiden	Sind Chance zur Veränderung
Entscheidungsfindung und Entscheidungen	Nach Majoritäts- oder Senioritätsprinzip	Durch Konsensbildung
Macht	Wird nahezu bedingungslos akzeptiert, dominiert, hohe Abhängigkeiten	Wird hinterfragt, muss sich legitimieren, geringere Abhängigkeiten
Produkte	Müssen funktionsfähig und robust sein	Entsprechen anspruchsvollen Qualitätsstandards

Doch Vorsicht vor Vorurteilen und Verallgemeinerungen!
Hinzu kommt, dass ein anderer Führungsstil in Russland gefragt ist. Nicht aufgabenbezogene, sondern fallbezogene strikte Kontrolle wird von vielen Mitarbeitern gewünscht und oft auch herausgefordert. Später, mit größeren russischen Sprachkenntnissen, meinem wachsenden Verstehen der Kultur, verschiedenen Umbesetzungen, dem Ausscheiden einiger Problemfälle und fachlich und psychologisch strengen Einstellungsprüfungen verschwand dann das Problem der fehlenden Kooperations- und Teamfähigkeit einiger noch allzu sowjetisch geprägter Mitarbeiter.
Sogar unseren Kunden und Anrufern fiel immer wieder die gleichbleibende Freundlichkeit und Zuvorkommenheit unserer Anna auf; wir alle waren traurig, als sich Anna zum 4. September 1998 mit neuem Ziel Strassburg von uns verabschiedete. Über das Abschiedsgeschenk, eine Porzellanpuppe, erstellt von meiner Frau Katharina, spricht heute noch die ganze Abteilung.
Speziell in der Anfangsphase glich mein Büro eher einem Hühnerhaus; viele Kunden und neue Kontakte wollten nach langer Sommerpause den neuen Chef kennenlernen und evtl. Geschäfte abschließen. Das Ganze natürlich auf russisch (d.h. im Beisein von Anna oder Roman) und am liebsten in ellenlangen unverbindlichen Diskussionen. Über meinen Schreibtisch lief neben der täglichen Aquisition auch die Logistik, das Marketing, Werbung, die Registrierung von Neuprodukten und nicht zu vergessen die Berichterstattung an das Stammhaus. Daneben die sogenannte Aufbauarbeit und Umsetzung unserer Arbeit in den Regionen (Mitarbeiter einstellen, Büros aufbauen und weiterentwickeln).

Gefordert wurde ich während der gesamten „Dienstzeit" in Moskau. Wie sagt der Volksmund: Lehrjahre sind keine Herrenjahre. Für mich war diese Zeit so etwas wie eine Super-Lehrzeit, erfüllt von Höhen und Tiefen. Bedingt durch meine Aufgabe als Spiritus rector kam ich manchmal an die Grenze meiner mentalen Kraft. In diesem Land kann nur ein einsatz- und kontaktfreudiger sowie flexibler Manager Erfolg haben, dessen Art zudem zwischen Sokrates („bohrend, hartnäckig, prinzipientreu") und Karl Valentin („hintersinnig, doppelbödig") angesiedelt ist.

Durch die gemeinsame Dekade mit meinem vorhergehenden Chef gestählt – Führungsstil hart aber herzlich, konnte ich mich auf diesen „Haifischteich" relativ schnell einstellen. Noch heute bin ich ihm dankbar, dass ich damals gelernt habe, nicht nur als „Schönwetterkapitän" zu arbeiten.

Meine Ankunft in Moskau fiel auf die fast immer schöne Herbstzeit, helle, sonnige lange Tage. Im Gegensatz zu einigen anderen Bayer-Kollegen blieb mir ein langer Hotelaufenthalt in dunklen, verrauchten Hotelzimmern erspart. Unsere Firmenwohnung wartete bereits, frisch renoviert, ausgestattet mit allen Errungenschaften der westlichen Welt, vom Kartoffelschäler bis zum Staubsauger mit Pollenfilter. Dank einiger Lebensmittel, die mein Kollege Bernd mir hinterlassen hatte, bestand anfangs noch nicht einmal die Notwendigkeit einzukaufen - außer Brot in der uns gegenüberliegenden Bäckerei.

Bedingt durch die Einrichtung der Wohnung im Jahr 1985, einer Zeit, in der Russlands Hausfrauen die Fähigkeit des Schlangestehens und der Hamsterkäufe zur Kunst stilisiert hatten, verfügt die Wohnung über enorme Kühlkapazitäten. Dies war auch vorgesehen für den Fall von unverhofften Fleischlieferungen aus der Provinz, die dann en gros eingekauft wurden. Im Winter wurden manchmal ganze Schweinehälften angeboten, die dann per Axt (auf dem Boden liegend) in transportable Einheiten zerlegt wurden.

Heute beherbergt einer der Riesenschränke Fertigprodukte aus Finnland oder Westeuropa.

Blieb also nur das Transportproblem zwischen Wohnung und Bürogebäude. Metro oder Auto? Zuerst also probierte ich es mit dem Auto. Nachdem Roman mich vom Büro nach Hause gebracht hatte, sollte meine Ortskenntnis ausreichen. In der Tat habe ich anfangs noch viele Schleichfahrten unternommen, um alle Straßen, Plätze, Ampeln – und viele Polizisten kennenzulernen. Später im Herbst gab es dann noch einige Stadtrundfahrten, wenn ich bei schlechter Sicht und Schneetreiben meine Ausfahrt „Paveletski voksal" verpasst hatte.

Beim Autofahren in Moskau sind drei Dinge unbedingt zu vermeiden:
- Orientierung an der Moskva, weil sie mit ihren starken Schleifen keinerlei Anhaltspunkte bietet;
- Ziellosigkeit;
- abruptes Bremsen an roten Ampeln.

Im letzten Fall ist ein „Rettungssprung" über eine Kreuzung besser (sofern die Kreuzung breit genug ist) als ein Auffahrunfall. Besonders nachts sollte man mit geschärften Sinnen fahren; schwarz gekleidete Betrunkene, die über die Fahrbahn torkeln, gibt es häufig. Mir selbst ersparte ein Hund einen solchen Kontakt mit einer auf der Straße liegenden Person. Der Hund rettete dem Mann das Leben, indem er vor mein Auto sprang.

Noch 1990/92 wäre eine Verwicklung in einen Verkehrsunfall mit tödlichem Ausgang ein Grund zu sofortiger Ausreise gewesen. Auch heute noch ist in derartigen Fällen sofort die Botschaft einzuschalten, um Probleme in dem „rechtsfreien Raum" auf der Polizeistation zu begrenzen.

Das führt mich zu einer ganz wichtigen Aussage über dieses Land:

Es verzeiht keine Fehler! Ich habe häufig gegenüber Freunden gesagt, dass hier Lachen und Weinen eng beieinander liegen; dies gilt im Privaten wie im Geschäftlichen.

Beim Aufbau der Außendienstmannschaft, in so einem großen Land, ist natürlich das Auto das Wichtigste und auch das Autofahren. Viele meiner Mitarbeiter hatten zwar einen Führerschein - aber keine Fahrpraxis. Einige bildeten so ein starkes Gefährdungspotential für sich, für die Umwelt oder auch für mich als Beifahrer, dass bei mir heute vor der Übergabe eines Firmenwagens eine neue Fahrprüfung Pflicht ist. Jenja aus Krasnodar, ein echter Kosake, eiferte selbst nach dem zweiten schweren Unfall seinem Idol Michael „Schumi" Schumacher nach. Auch wenn mein deutscher Chef Martin dies anlässlich seiner Dienstreisen klaglos hinnahm - ich konnte es nicht. Als selbst das Argument

Je langsamer, desto sicherer.

nicht mehr half, wechselte Jenja die Firma. Sein Nachfolger in der Region Krasnodar, ein ruhiger, friedliebender Kosake, nimmt den obigen Spruch heute eher zu ernst. Dafür kann ich dann auch neben ihm im Auto sitzen und in Ruhe nachdenken.

Später dann, nach Ostern '95, begann Katharina mit ihren Fahrabenteuern. Mit dem „Kaltwasserverfahren" begannen wir eines stillen Sonntags den Weg zum Kindergarten hin und zurück zu üben. Montags wusste sie schon Bescheid und bewältigte den Weg alleine. Neben den Straßenpolizisten, die jedoch einer tapferen Mutter mit drei Kindern im Auto ein großes Herz entgegenbringen, war Katharinas Feind eher unser aus Deutschland eingeführter Audi. Mit dem Ziel hereingebracht, durch viel Blech im Falle einer Kollision zu schützen, glänzte er während seines Russlandsaufenthaltes allerdings eher durch häufige Motorpannen und Unwilligkeiten, die allen modernen Diagnose-geräten zum Trotz immer wieder auftraten. Natürlich immer uner-wartet, immer unpassend und immer auf dem Kindergartenweg (fast). Ihm verdanke ich jedoch auch meinen reichen russischen Wortschatz über technische Details. Außerdem erinnere ich mich heute noch an mehrere Abschleppmanöver quer durch die Stadt, bevorzugt bei Schnee oder Regen. Katharinas zaghafter telefonischer Hinweis „Die Kinder sind gesund, es geht allen gut", aber trieb mir jedesmal das Adrenalin in die Adern. Einige meiner Mitarbeiter meinten sogar, dieses Auto hätte den bösen Blick abbekommen. Aber ich konnte mich stets auf die russische Hilfsbereitschaft verlassen. Mehrmals schleppten mich Ladas in die Werkstatt. Einmal habe ich dem abschleppenden alters-schwachen Fahrzeug fast die Hinterachse weggerissen, als es den Hügel zu unserem Bürogebäude hinaufächzte.

Jetzt ist der Audi verschrottet. Er musste Anfang 1999 aufgrund von Zollbestimmungen nach Deutschland zurück. Heute im August 1999 wäre das auch nicht mehr notwendig gewesen; denn selbst offensichtlich gestohlene Fahrzeuge werden den neuen Besitzern belassen. Es ist lediglich der Verkauf für ein Jahr verboten. Diese Regelung erleichtert der „überarbeiteten" Polizei die Arbeit und den Handel mit gestohlenen PKWs, an dem die Polizei selbst kräftig mitkassiert.

Ich nehme bei Bedarf die PKWs aus der Firma oder die Metro, die mir Gelegenheit zu Fußmassage und zum Beobachten der Mitpassagiere gibt. Die Metro ist nach wie vor das schnellste Verkehrsmittel, um quer durch die Stadt zu kommen. Mehrmals musste ich schon meinen PKW stehenlassen, wenn ich im sommerlichen Stau nach zwei Stunden immer noch nicht zu Hause war; normal sind 30 Minuten.

Katharina, die mehr Kilometer im Jahr als ich in Moskau zurückgelegt hat, kennt alle neuralgischen Punkte. Im Speziellen genießt sie es - unser Haus in Sichtweite - auf der gegenüber-liegenden Seite des Flusses vor einer Brücke zu stehen und nicht hinüberzukönnen. Jeder Fahrer kämpft um Zentimeter, alles ist hoffnungslos verkeilt, inklusive von zwei bis drei LKWs, die mit ihrem bläulichen Qualm alles gnädig überdecken.

Die Polizisten, die eigentlich das Chaos ordnen sollen, suchen dagegen vorsichtshalber die Kühle unter Bäumen oder auf der Wache.

Bei ca. 40 Grad im Auto sitzend, nebenbei drei Kinder bei guter Laune haltend, genießt sie entspannt die Staus. Keiner friert und erkältet sich, denn eine Klimaanlage gab es im Audi noch nicht. Diese Brücke hatte auch für Elke, eine Bekannte, besondere Bedeutung. Nach einer kleineren Rangelei wollte sie die verbliebenen Narben am Dienstwagen ihres Mannes mit einem Polizeiprotokoll begründen. Da die Brücke jedoch zwischen zwei Polizeistationen liegt, gilt sie als terra incognita. Erst Peter, ihr Mann, den sie über Handy hinzuzog, konnte einen Polizisten über-reden, ein „Papier" auszustellen.

Eine weitere wichtige Verhaltensweise im Straßenverkehr ist natürlich die Vermeidung des Blickkontaktes zu den Polizisten, unter den Russen nur „Gaischniki" genannt (GAI = Abkürzung für Städtische Automobil Inspektion). Das weckt automatisch ihren Diensteifer und erinnert sie an ihre finanziellen Bedürfnisse, die sie auf Kosten des brav daherfahrenden Ausländers (sichtbar zu erkennen am Nummerschild) befriedigen möchten. Ist es dann soweit, dass man wieder aufgrund eines läppischen Fehlers zur Kasse gebeten wird, helfen Verhandlungsgeschick und ein devotes Verhalten weiter. Damit werden Kosten gespart und die Einziehung des Führerscheines vermieden. Das zweite würde einen Arbeitstag Verlust und äußerst demütigende Belehrungen nach sich ziehen. Vermieden werden sollte bei diesen Verhand-lungen jegliche Art von Rechthaberei oder das Pochen auf Gleich-behandlung mit russischen Verkehrsteilnehmern. Das geht leicht nach hinten los. Ein beim Anblick von Verkehrspolizisten von uns häufig verwendeter Ausdruck lautet deshalb:

Schau bloß nicht hin!
(B. Springer)

Back to the roots

Oktober 1994

Neben den Aktenstudien und den vielen Reisen im Land gehörte natürlich auch die Auseinandersetzung mit der Geschichte Russlands zu meinen „Hausaufgaben". Hier ein gekürzter Abriss dessen, was heute im Westen als „das geschichtliche Experiment" betrachtet wird.

„Im Jahr 1899 erschien ein Buch mit dem Titel „Die Entwicklung des Kapitalismus in Russland". Der pseudonym mit W. Iljin angegebene Autor hieß in Wirklichkeit Wladimir Uljanow und nannte sich damals bereits Lenin. U.a. warf er die Frage auf, ob der russische Kapitalismus schnell oder zögernd wachse, und beantwortete sie dahingehend, dass die wirtschaftliche Entwicklung gegenüber der vorkapitalistischen Zeit als rasch, gemessen an den Möglichkeiten moderner Technik und im Vergleich zu anderen kapitalistischen Ländern aber als sehr langsam zu bezeichnen sei.

Die Lasten der hektischen Industrialisierung trugen, wie Jahrzehnte zuvor in den westlichen Ländern, die Fabrikarbeiter. Es gab Arbeitssuchende mehr als genug. Die Unternehmer zahlten Hungerlöhne (oft weniger als einen halben Rubel pro Tag) und schreckten nicht davor zurück, schon sechsjährige Kinder – für ein Zehntel des Erwachsenenlohns - zu beschäftigen. 1897 setzte die Regierung die tägliche Arbeitszeit auf höchstens 11 1/2 Stunden fest, was ahnen lässt, wie lang sie vorher gewesen war.

Trotz derart erbärmlicher Arbeitsbedingungen stieg die Zahl derer, die sich nicht anders durchs Leben bringen konnten, von Jahr zu Jahr. 1894 gab es in Petersburg 503 Fabriken mit zusammen 76.000 Arbeitern. Bis 1900 kamen 128 Fabriken mit 55.000 Beschäftigten hinzu, vorwiegend also Großbetriebe, jedenfalls nach den damaligen russischen Maßstäben. In ganz Russland waren um die Jahrhundertwende in der Industrie und bei Eisenbahnen rund drei Millionen Arbeitskräfte tätig. (Gesamtbevölkerung einschliesslich Fremdvölkern etwa 134 Millionen.)

Das Vorhandensein eines Proletariats stellte die russischen Sozialisten vor eine grundsätzlich neue Situation. Offensichtlich hatte Russland die Chance verpasst, die kapitalistische Phase zu überspringen und den Sozialismus unmittelbar aus den Dorfgemeinschaften zu entwickeln. Eine Umorientierung war unumgänglich, und der Leitstern konnte nur Karl Marx heißen.

Den Kern der im „Kapital" niedergelegten marxistischen Lehre bildet die Auffassung, dass die kapitalistische Wirtschaftsform sich durch ihre Tendenz zur Überproduktion bei gleichzeitiger Verelendung der Arbeiterschaft selbst den Untergang bereite.

Ihr natürlicher Gegner, die ausgebeutete Masse, werde sie zerschlagen, „die Expropriateure werden expropriiert", „die Ausbeuter werden enteignet" und durch die Diktatur des Proletariats die sozialistische Wirtschaft in einer klassenlosen Gesellschaft aufbauen. Voraussetzungen seien ein ausgeprägtes Klassenbewusstsein der Arbeiterschaft sowie die Einsicht, dass der notwendige Klassenkampf in der Revolution seinen Höhe-und Schlusspunkt zu erreichen habe.

Als 1872 die russische Übersetzung des ersten Bandes von „Das Kapital" erschien, sah es noch so aus, als sei diese Doktrin auf Russland nicht anwendbar. In ihr war nichts von dem messianischen Idealismus, der die russischen Sozialisten bewegte. Konnte man auch im Großgrundbesitz eine Form des Kapitalismus erblicken, so waren doch die Ausgebeuteten traditionsgebundene Bauern und keine entwurzelten Proletarier.

Ein Beginn einer Revolution in Russland schien allenfalls dann möglich, wenn sie sich mit einer Arbeiterrevolution im Westen verbinde.

Jedoch beseitigte die ökonomische Entwicklung die Zweifel reicher Emigranten. Russland war unverkennbar auf dem Weg zur Industrienation, und alles deutete darauf hin, dass die von Marx beschriebene Mechanik in Gang kam. Was fehlte, war der Klassensinn der Arbeiter.

Eine der Leitfiguren der marxistischen Gruppen in Russland wurde der Advokat Wladimir Iljitsch Lenin, der entschlossen war, nur noch für die Revolution zu arbeiten.

Das Wort „entschlossen" gibt nur eine blasse Vorstellung von der eiskalten Leidenschaft, mit der Lenin sein Ziel verfolgte. Ein Kampfgefährte jener Tage nannte ihn „steinhart" im Grundsätzlichen, aber flexibel in der Taktik. Das Grundsätzliche war die gewaltsame Beseitigung des Kapitalismus und der ihn schützenden Zarenherrschaft. Die Taktik umfasste alles, was hierzu dienlich sein konnte, wobei die Wahl der Mittel keine Schranken kannte und selbst krasseste Gegensätze nicht ausschloss.

In seiner bedeutsamsten theoretischen Schrift „Was tun?" entwickelte er sein Konzept von der führenden Rolle der Kaderpartei im Kampf um den Sozialismus.

Den 1. Weltkrieg deutete er als Beginn der allgemeinen Krise des Kapitalismus. Die Februarrevolution 1917 in Russland eröffnete L. die Möglichkeit, „den Krieg in einen Bürgerkrieg zu verwandeln" und so die proletarische Revolution herbeizuführen. Nach seiner Rückkehr , aus dem Exil, (16.4.1917) verkündete er in den „Aprilthesen": „Frieden um jeden Preis!", „Alles Land den Bauern", „Alle Macht den Sowjets!". Nach einer missglückten Arbeiter- und Soldatenrevolte (Juli 1917) flüchtete er nach Finnland, wo er in „Staat und Revolution" (1917) eine marxistische Staatstheorie entwickelte.

Mit dem Sieg der von L.D. Trotzki vorbereiteten Oktoberrevolution in Russland (25.10.1917 nach dem julianischen Kalender; 7.11.1917 nach dem heute gültigen gregorianischen Kalender) kam Lenin als Vorsitzender des Rates der Volkskomissare an die Macht.

Gegenüber dem Ausland verfolgte Lenin eine doppelte Politik: die langfristige der „Weltrevolution" mit Hilfe der 1919 gegründeten Komintern und eine kurzfristige des zeitweisen Auskommens mit den kapitalistischen Mächten. Im Innern ersetzte er den Kriegskommunismus der unmittelbaren Revolutionsphase durch die Neue Ökonomische Politik (NEP), schuf Politbüro und Sekretariat des ZK (1919), verbot die Fraktionsbildung (1921), wodurch die Macht innerhalb der KPdSU auf eine kleine elitäre Führungsgruppe konzentriert wurde. Die Abberufung J. Stalins vom Amt des Generalsekretärs der Partei konnte Lenin wegen seines schlechten Gesundheitszustandes nicht mehr durchsetzen."

(Quelle: Meyers Lexikon)

Der Rest ist schon fast Geschichte und scheinbar überlebt.

Wir müssen immer die Wahrheit sagen; oder wenigstens das, was wir denken. (J. Luzhkov)

Ein Kurzbesuch

November 1994

...war es jedesmal, wenn wir, das heißt anfangs Anatoli und ich, nach St. Petersburg fuhren. Nach einer bitteren Lehre im Winter 1994, - wegen schlechten Wetters in St. Pete- (so wird es angilzistisch von allen liebevoll genannt) hingen wir fast einen ganzen Tag am Flughafen in Moskau fest. Die späte Ankunft und ein schlechtes Hotel gaben mir den Rest. Zwei Tage später, in Moskau, legte ich mich mit Angina ins Bett. Aus dieser Lehre schlau geworden, wurde ab sofort der Zug benutzt. Mir gefällt es sehr gut, um 23.45 Uhr ab dem Leningradski voksal – Leningrader Bahnhof in Moskau - mit dem „roten Pfeil" („Crasnaja Strela") bequem und komfortabel (Frühstück und Tee sind im Preis inbegriffen) am nächsten Morgen um 8.00 Uhr dort einzutreffen. Im Dezember ´98 reiste ich sogar mit dem Kommunistenführer Sjuganow, der am Bahnhof in St. Petersburg mit sozialistischer Marschmusik empfangen wurde. Harald, ein Kollege aus Deutschland, der mitreiste, dachte schon, diese musikalische Darbietung gebe es unseretwegen.

Am Anfang wurden wir jedesmal von Arkadi abgeholt. Arkadi, der seine Jugend in Österreich verbracht hatte, spricht mit einem wunderschönen Wiener Akzent - er begleitete uns jeweils die zwei bis drei Tage. Nach dem Einchecken im Hotel (entweder Ladoga, Pulkovskaja, Marco Polo oder Rus) ging es häufig als erstes zu unserem Händler Pavlenko. Äußerst korrekt und gewissenhaft - eine Seltenheit im russischen Geschäftsleben.

Danach wurde VIZR, das Institut für die Prüfung von Pflanzenschutzmitteln besucht. Ein riesiges Institut vor den Toren St. Petersburgs. Überdimensioniert und ab 1997 mit immer weiter rückläufiger Besetzung nur noch zu einem kleinen Teil ausgelastet und auch genutzt. Dies hatte natürlich im Winter zur Folge, dass nur einige Räume beheizt wurden. Den riesigen Besprechungs-raum konnte die Heizanlage jedenfalls nicht richtig erwärmen. Ab 1995 war ich darauf vorbereitet, aber es ist trotzdem kein Zucker-schlecken, zwei Tage in einem solchen Raum zu sitzen, über Versuchsergebnisse zu diskutieren, neue Produkte zu präsen-tieren und neue Versuche gemeinsam festzulegen. So saßen wir oft in diesem ungeheizten Besprechungsraum und feilschten um einzelne Positionen bei den Kosten für die Versuchsdurchführung und die Erstellung entsprechender Gutachten.

Im Winter 1998 war ich mit Harald, einem Länder-referenten aus Deutschland dort. Wir hatten großes Glück. Unsere japanischen Wettbewerber hatten dem Institut einen elektrischen Heizofen geschenkt, und so nutzten Harald und ich unsere Chance und okkupierten die besten Plätze am Ofen.

Natürlich neidisch betrachtet von unseren Verhandlungspartnern und Arkadi sowie Oleg, meinem Registrierungsmanager.

Abends saßen wir oft mit den Fachleuten zusammen, entweder in St. Pete oder auch im sogenannten Holzhaus, einem Touristenrestaurant in der Nähe, welches angeblich schon Prinz Charles besucht hatte.

Der für das Protokoll und die internationalen Beziehungen des Instituts zuständige Valentin bot sich eines Tages an, mir die Eremitage zu zeigen. Das von Katharina II. gegründete und wohl berühmteste Kunstmuseum der Welt kann mit seiner Fülle von Meisterwerken und Kunstschätzen Besucher tagelang fesseln. Ich ahnte dies und erklärte Valentin: „Ja, gerne, aber ich habe nur ca. zwei Stunden Zeit". Valentin verwies auf seine Spezialkenntnisse und verschaffte mir in exakt zwei Stunden den besten Museumsbesuch meines Lebens: hochkonzentriert, wissenschaftlich fundiert, nur beschränkt auf die Meisterwerke.

Als Zar Peter der Große mit der Gründung der Stadt St.Petersburg 1703 Russland ein „Fenster zum Westen" öffnete, konnte er nicht ahnen, dass dieser Ruf dem späteren Leningrad einmal fast zum Verhängnis hätte werden können. Die einstige Hauptstadt des russischen Reiches, 700 km nordwestlich von Moskau an der Neva-Mündung gelegen, galt immer schon als offenherzig, intellektuell und widerspenstig. Grund genug für Stalin, Leningrad vielerlei Schikanen auszusetzen. Doch während Moskau die architektonischen „Säuberungen" über sich ergehen lassen musste, blieb die zweitgrösste Stadt Russlands glücklicherweise davon verschont.

Ca. fünf Millionen Einwohner zählt St. Petersburg, das 1914 in Petrograd umbenannt wurde, nach Lenins Tod im Jahr 1924 Leningrad hieß und seit 1991 wieder seinen alten Namen trägt.

Auf der Höhe von Alaska gelegen, scheint die Sonne mitsommers nicht unterzugehen, und die „Weißen Nächte" von St. Petersburg ziehen viele einheimische wie ausländische Besucher an.

(Quelle: Marko Polo Russland)

Auch Katharina und ich wollten uns dieses Spektakel nicht entgehen lassen. Nachdem der erste Versuch, am 3.06.1997 dahinzufahren, an unserer Arbeitsüberlastung gescheitert war, probierten wir es Mitte 1998 noch einmal. Doch diesmal machte uns Oliver mit einer Mittelohrentzündung den Plan zunichte. Endlich dann im Mai 1999 sollte es klappen, zusammen mit Tante Betty, einer Freundin Katharinas, schafften wir es.

Neben dem Gesamteindruck des „Venedig des Nordens" gefiel uns ganz besonders die einstige Sommerresidenz des Zaren in Puschkin, wo dieses „Prunkstück des Petersburger Barock" steht.

Einst prophezeite ein Mönch Peter dem Großen, dass seine Stadt nur 300 Jahre bestehen würde. Doch St. Petersburg existiert noch heute (was aber passiert im Jahre 2003?). Sie hat aber Schwierigkeiten, ihre Schönheit zu bewahren. Jedes Jahr sackt die Stadt zwei bis drei Zentimeter ab. Der Smog zerfrisst die Fassaden der historischen Gebäude und der Skulpturen und überzieht die Häuser mit einem grau-schwarzen Film.

Kein Brand, kein Krieg hat die Kunstschätze der Stadt je zerstört. Selbst in der schwersten Zeit während der 900 Tage dauernden Belagerung durch die Deutschen achteten die Bewohner auf ihre Stadt: Den Turmspitzen der Admiralität und der Peter-Paul-Kirche wurden „Kappen" übergestülpt, Paläste und andere historische Bauten erhielten einen Tarnanstrich.
Auch die Massenaufstände gegen den 1. Weltkrieg, die im damaligen Petrograd 1917 begannen (auf dem Panzerkreuzer Aurora) fegten den Zaren zwar hinweg, zerstörten aber nicht die Stadt.
An einen Erfolg, verbunden mit St. Pete, erinnere ich mich immer wieder gerne. Eines unserer Produkte war zu spät und falsch eingesetzt worden. Im Mai 1995 teilte mir dann plötzlich mein Regionenleiter lakonisch mit, uns stünde eine riesige Reklamationsforderung ins Haus, weil ...
Ich erinnerte mich an meinen alten Chef und sein Credo: Reklamation ist Chefsache; aus einer gut gelösten Reklamation kann man noch Nutzen ziehen.
Also ab am nächsten Abend in den Zug, um dann vor Ort mit allen Betroffenen zu sprechen. Zuerst einmal kam ich mir vor wie vor einem Tribunal, zumal es bei einigen Betrieben um viel Geld ging. Aber beruhigende Gespräche, ein gutes Zusammenspiel mit dem oben schon erwähnten Pavlenko und die Bereitstellung von 900 kg Muster beruhigten alle Gemüter und ersparten mir den Horror einer Reklamation, sprich finanzielle und Imageverluste in der Aufbauphase eines Produktes.

Essen Sie am Morgen eine lebendige Kröte, und schon kann Ihnen an diesem Tag nichts Schlimmeres passieren.
(Sprichwort)

Weihnachten im Schnee

Dezember 1994

Für mich eine ganz neue Erfahrung. Bei starkem Nachdenken konnte ich mich gerade mal an solche Schneemassen vor ca. 10 Jahren erinnern. Auf jeden Fall ist es toll. Meine Neuerwerbung, Langlaufski, wird öfter auf dem Kolomenskoe-Gelände, unserem Naherholungsgebiet, ausgeführt.

Die jährliche Weihnachtsfeier im Büro ist schon traditionell und wird immer mit der Verlesung der Umsatzzahlen begonnen. Ich kam dabei nicht so gut weg, habe aber in meinem selbstge-steckten 100 Tage Radius einige wichtige Ziele abgesteckt.
Mit Tanz und Umtrunk geht es weiter, angeführt von unserem Geschäftsführer, der unermüdlich das Tanzbein schwingt. Während der ersten Monate habe ich mich mit vier Kollegen, ebenfalls Neulingen, zusammengetan, sodass Heimweh oder Langeweile keine Chance hatten.
Eines Samstags haben wir sogar versucht, auf dem Moskauer Tiermarkt, auf dem vom Affen bis zum Zebrafinken alles zu haben ist, Veterinärprodukte zu vertreiben. Aus Spaß und um den Markt zu testen. Daraus entstammten dann einige Abnehmer, sogar Großhändler für unsere Abteilung Veterinärprodukte.

Ralf, mein Kollege, erzählte mir vom letzten Weihnachtsfest. Fröhlich und mit (durch Alkohol) verklärtem Blick war er 1993 nächtens gegen 3 Uhr heimwärts gestrebt. Nicht weit vom Büro fiel er einer der vielen Polizeikontrollen in die Hände, die natürlich sofort fette Beute witterte. Er wurde in ein ihm unbekanntes Polizeirevier gebracht, wo er verhört wurde. Aufgrund von fehlenden Sprachkenntnissen war das extrem schwierig, er verstand eigentlich nur „Gefängnis" und „Geld". Daraufhin übergab er sein Portemonnaie; die Polizisten bereinigten es um alle verfügbaren Geldscheine, und danach wurde er wieder in die Freiheit entlassen. Er freute sich, weil zum einen alles vorbei war und er zum anderen immer seine Dollars separat in einer Tasche aufbewahrte. Sonst wären sie (in diesem Fall 600 USD) auch noch weg gewesen. Bitter wurde für ihn jedoch der Heimweg. Ohne Stadtplan (lag natürlich im Büro) und ohne Orientierung geisterte er von 3.30 Uhr nachts bis 7 Uhr am nächsten Morgen durch das nächtliche Moskau - auf der Suche nach einer bekannten Strasse und unter Vermeidung eines weiteren Polizeikontaktes.

**Glaube nicht der Verkehrsampel,
glaube dem Auto, das auf dich
fährt. (Russisches Radio)**

Die Zwiebel auf den Türmen

Januar 1995

Moskau ist eine ungewöhnliche Stadt, unmöglich, sie mit irgendeiner anderen Stadt auf der Welt zu vergleichen. Moskaus Erscheinungsbild, aber auch die Sitten und Bräuche der Moskauer sind einmalig. Fremden erscheint das Panorama dieser Stadt wie ein Wald aus Kirchen und anderen ungewöhnlichen, überaus schönen Bauwerken.

Die vielen Zwiebeln auf den Türmen haben es uns, unseren Besuchern und speziell unseren Kindern angetan. Unter der Aegide von Boris Jelzin wurden die Kirchen wieder geöffnet. Renovierungen, Restaurierungen und sogar neue Kirchenbauten sind täglich zu entdecken. Dabei gleicht keine Kuppel der anderen.

So wie der christliche Glaube aus Byzanz übernommen wurde, hatten auch die Grundlagen der Kirchenbaukunst byzantische Wurzeln. Ebenso wurden auch orientalische Einflüsse angenommen. Die Russen haben nach und nach die Architektur mit ihrem eigenen Geist, mit eigenen Motiven und schließlich mit ihrer eigenen nationalen Kraft beseelt.

Fünf Kuppeln für Christus und die vier Apostel

Bei der Errichtung der Kirchen hielten sich die Russen an eine bestimmte Symbolik, die heutzutage nur noch den wenigsten geläufig ist. Wir bekamen es jedoch von verschiedenen Reiseführern häufig gesagt. Unsere Nelly fragte uns sogar manchmal und testete, ob wir beim letzten Mal aufgepasst hatten, so dass wir es jetzt endlich „gefressen" haben.

Die ersten Kirchen besaßen in der Regel eine Kuppel. Doch ab dem 11. Jahrhundert bauten die Russen ihre Gotteshäuser in Russland mit zwei Kuppeln, um die doppelte Natur von Jesus Christus zu symbolisieren. Drei Kuppeln verwiesen auf die Dreifaltigkeit, und fünf Kuppeln standen für Jesus Christus als Oberhaupt und die vier Evangelisten (oder sie symbolisieren die fünf Wunden Christi). Sakralbauten mit sieben Kuppeln standen als Zeichen der sieben Sakramente, der sieben Gaben des Heiligen Geistes und der sieben Konzilien; neun Kuppeln symbolisierten die fünf Engel, und dreizehn Kuppeln Jesus Christus und die zwölf Apostel.

Die Glockentürme baute man meistens westlich der Kirche. Wie alle anderen russischen Kirchen wurden auch die Moskauer Kirchen reichlich mit Ikonen geschmückt, da die Russen entsprechend ihrer Traditionen stets die Antlitze Gottes besonders verehrten. Die Ikonenwand mit grossen Abbildungen von Christus, der Gottesmutter, der Apostel und der vielen Heiligen vor dem Altar macht auf jeden in die Kirche kommenden Besucher einen großen Eindruck.

Kreuz über Halbmond

Üblicherweise schmückt ein Kreuz die Kirchen, unter dem sich mitunter ein Halbmond befindet – die Menschen interpretieren das gerne als Sieg des (christlichen) Kreuzes über den (muslimischen) Mond. In diese Symbole wurden auch die Erinnerungen an den Sturz des mongolisch-tatarischen Jochs projiziert.

Besonders gerne gehen wir mit Besuchern zum Roten Platz. Phantastisch und bizarr sind die in allen Farben schimmernden, teils gewundenen, teils facettierten und mit Schuppen bedeckten Zwiebelkuppeln der Basilius-Kathedrale in Moskau mit deren Bau 1554 unter Iwan dem Schrecklichen begonnen wurde, zum Andenken an die Eroberung von Kasan.

Abgesehen von der Faszination, die uns immer wieder neu in den Bann zog, haben wir eine besondere menschliche Beziehung zur Basilius-Kathedrale. Die Einschulungsfotos mit unseren Kindern haben wir dort gemacht und oft machen wir unseren Sonntagsnachmittagsspaziergang zum Roten Platz. Einfach so, wegen der magischen Ausstrahlung.

GLÜCK IST, WENN MAN MORGENS GERNE ZUR ARBEIT GEHT UND ABENDS NACH HAUSE. (RUSSISCHE VOLKSWEISHEIT)

Datscha zu vermieten

Februar 1995

Diese Anzeige in der deutschen „Hauspostille" elektrisierte mich sofort; träumte ich doch immer schon vom idyllischen Leben auf dem Lande inmitten eines kleinen russischen Dorfes; so richtig zum Entspannen nach einer anstrengenden Woche in Moskau. Meine Euphorie übertrug ich auf meinen Kollegen Rainer, und nach einem gemeinsamen Ausflug in das Dorf waren wir mit den Besitzern der Datscha schnell handelseinig; Mietzeit ab sofort mit allem Inventar. Vom Aschenbecher bis zum Zahnstocher war in diesem recht neuen Haus alles vorhanden, was das Herz begehrt. Ebenfalls ein großer Garten, der unsere Frauen sofort an blühende Landschaften, Gemüsebeete und eine Hängematte zwischen zwei Bäumen denken ließ. Natürlich sollten dabei die anstehenden Erdarbeiten von uns Männern bewältigt werden. Die Feinarbeiten wie das Säen und Ernten würden sie dann bewerkstelligen. Dieser Gedanke fand aber irgendwie nie die richtige Umsetzung. Sei es, dass wir einfach zu faul zum Arbeiten waren oder nur entspannen wollten. Sei es, dass wir einfach doch nicht oft genug die Zeit fanden, ein Datscha-Wochenende zu machen. Zu häufig hatten andere Dinge am Wochenende Vorrang: Dienstreisen, Kindergeburtstage oder Einladungen.

Unseren fleißigen Nachbarn, die sich aus der Tradition und heute eher wieder aus der Notwendigkeit heraus im Wesentlichen mit den Erzeugnissen ihres Gartens über Wasser halten, war es sehr suspekt, dass jemand einfach nur so zum Vergnügen in der Sonne liegt und seinen Garten nicht beackert.

Ein richtiger „Datschnik" (= Landhausbewohner) taucht demzufolge montags immer völlig abgearbeitet und mit angeschlagenen Fingern wieder aus der Versenkung auf – dies entsprach irgend-wie nicht unserem Entspannungsideal. Von uns wurden lediglich einige Bäume gepflanzt; von unseren Kindern, für die diese Ausflüge wirklich jedesmal ein großer Spaß waren, wurde eine unterirdische Höhle gegraben, die sich in U-Bahn-Manier quer durch den Garten bewegte.

Aber wir hatten eine Banja!!! (= russische Sauna)

Früher gab es in Russland die „Schwarze Banja", bei der man noch keine Trennung von Ofenraum und Schwitzraum kannte. Die Steine wurden unmittelbar im Schwitzraum durch Feuer erwärmt, und der Qualm blieb im Raum.

Erst wenn der Raum und die Steine richtig heiß waren, wurde kurz gelüftet und die Steine mit Wasser übergossen, um den Dampfeffekt zu erzielen. Später verlagerte man die Befeuerung nach außen, und der eigentliche Schwitzraum wurde indirekt erhitzt. Dies ist die Methode der „Weißen Banja", wie sie auf unserer Datscha vorhanden war.

Zum Abkühlen wird in manchen Saunen ein klarer kalter Bach über Leitungen in den Vorraum geführt. Eine weitere Möglichkeit ist ein vorbeifließender Fluss, den man zum Kaltbad verwendet, oder der kurze Gang in den See. Im Winter wirft man sich kurzer-hand in den Schnee – was wir auch taten. Ansonsten mussten wir uns mit Brunnenwasser, entweder aus dem hauseigenen System oder aus einem guten alten Ziehbrunnen, begnügen.

Vor dem Kaltbad bekommt man im Schwitzraum die Massage mit den Birkenzweigen (russisch: Wenik). Die jungen Birkenzweige sind frisch geschnitten und zu einem handlichen Bündel zusammengebunden. Kurz getrocknet werden sie vor dem Saunagang 10 bis 20 Minuten in warmes bis heißes Wasser gelegt, damit sie sich vollsaugen können.

Dann wird auf die heißen Steine im Schwitzraum ein Aufguss gekippt, der etwas abgestandenes Bier enthält. Über den entstehenden Dampf werden die Birkenbündel gewedelt, so dass sie einerseits den Dampf aufnehmen und andererseits der Dampf im Schwitzraum verteilt wird.

Der zu Massierende liegt mit dem Bauch auf einer Bank und hat eine Schüssel mit klarem kalten Wasser unter seinem Kopf. Dieses Wasser schafft unmittelbar vor Mund und Nase ein frisches Mikroklima; das Atmen wird erleichtert, und man ist voll entspannt.

Dann beginnt der Banschtschik, der Sauna-Mann, mit dem Schlagen des feuchtwarmen Birkenbündels auf den Rücken des Liegenden. Geschlagen wird langsam aber kräftig von den Schultern in Richtung Füsse. Zum Schluss werden noch die Fußsohlen bearbeitet. Bei den ersten Schlägen tut es noch ein bisschen weh; beim zweiten Mal stellt sich ein Wohlbefinden ein. Wer möchte, kann sich dann auf den Rücken legen und sich die Prozedur auf der Bauchseite gefallen lassen.

Nach dem Schlagen kommt das Ausstreichen der Birkenbündel auf dem Rücken. Zuerst fängt man bei den Füssen an und geht Richtung Schultern. Oben angekommen geht es wieder zurück zu den Füßen. Der Schlag auf den Hintern bedeutet: aufstehen und ab zum kalten Wasser.

Das kalte Bad erzeugt ein unbeschreibliches Gefühl auf der Haut und auch in Kopf und Körper.

Diesen gesamten Saunagang führt man nach Lust und abhängig von der körperlichen Leistungsfähigkeit ein- bis dreimal hintereinander durch. Danach gibt es – traditionell – im Vorraum der Banja ein üppiges Essen mit Bier und Wodka.

Wir verlegten dieses opulente Mahl fast immer nach draußen, wo Rainer über offenem Feuer Schaschlik, Würstchen und andere Köstlichkeiten zauberte.

Im Winter machte es unseren Kindern und auch uns jedesmal riesigen Spaß, mit Jeep und Schlitten die Umgebung zu erkunden, die moderne Variante der russischen Troika.

Es war wirklich so, wie das russische Sprichwort sagt:

Nach der Banja wie neu geboren.
(Russische Volksweisheit)

Sonnetanken ohne Ende

März 1995

Im Mai steht Moskau im Schmuck des aufblühenden Grüns seiner vielen Gärten und Parks, und in St. Petersburg herrscht Mitte Juni bis Mitte Juli die Zeit der „Weißen Nächte" - die Sonne sinkt dann nur wenig unter den Horizont und taucht die Stadt während der Nachtstunden in ein zauberhaftes indirektes Licht. Im Hochsommer treten in beiden Städten gelegentlich neben der oben erwähnten extremen Hitze kurze, heftige Regenfälle auf.
Die extreme Winterkälte haben wir kaum als belastend empfunden. (Waren früher die Steine und die Winter härter?) Lediglich die langen dunklen Wintertage zehrten etwas am Gemüt.
Im März habe ich mich deshalb über den Befehl meiner Zentrale, an einer Agrarmesse in Turkmenistan teilzunehmen, besonders gefreut; denn Turkmenistan kann die Sonnenrepublik Zentralasiens genannt werden. Nur 4 Mio. Menschen leben in dem ca. 500.000 km² großen Land, von dem jedoch 90 % zur großen Sandwüste Karakum gehört. Nach einem um 5 Stunden verzögerten Flug - das Flugzeug wollte und wollte nicht fliegen - keiner stand von seinem Sitzplatz auf, denn es schien das Motto zu gelten: Aufgestanden - Platz vergangen - kam ich spät abends in Aschgabat, der Hauptstadt Turkmenistans, an. Erstaunen über einen supermodernen, superhellen Flughafen und einen superfreundlichen Abfertigungsservice. Auch die Skyline der Stadt entsprach so gar nicht meinen Vorstellungen. Viele riesige, leider leerstehende hochmoderne Hotelkomplexe zeugen von den Erwartungen des Staatschefs Turkmen Baschi, durch die immensen Vorräte an Öl und Gas das Land in eine prosperierende Zukunft katapultieren zu können.

Meine Kollegen Ulli und Horst waren frühmorgens eingetroffen und hatten sogar schon unseren Messestand eingerichtet. Gekommen waren wir aufgrund des wachsenden Baumwollanbaus in Turkmenistan und der für uns daraus resultierenden Geschäftsmöglichkeiten.

Der Fluss Amu Darja und sein Nebenfluss werden sowohl von Usbekistan als auch Turkmenistan für die Bewässerung der riesigen Baumwollfelder genutzt. Leider ist dies der Grund für die dramatische Austrockung des Aralsees im Norden Usbekistans.

Erst die Bewässerung der weiten Wüstenzonen, in denen nur spärlich weißer und schwarzer Saxaul (eine Wüstenbaumart), Tamarisken und Salzkraut wachsen, schufen die Voraussetzung für einen lohnenden Anbau von Baumwolle (1994 etwa 400.000 t).

Neben der Baumwolle ist die Viehzucht der bedeutendste Zweig der turkmenischen Landwirtschaft. Hier steht die Gewinnung der wertvollen Karakul (zentralasiatische Schafrasse)-Felle an erster Stelle, die auch unter dem Namen Astrachan oder Persianer bekannt sind. Gute Erträge bringen vor allem die grobwolligen Schafe, insbesondere die Pelze der Araber (schwarze), Kamba (braune), Schirsai (silbrige) und Sur (goldfarbene). Daneben gehören Fettschwanzschafe, Ziegen, Rinder, Pferde und Kamele zum Reichtum der auch heute noch nomadisierenden Viehzüchter, die irgendwo in Karakum ein bescheidenes und von alten Traditionen geprägtes Leben führen. Nur dort nämlich, wo sie wie ihre Vorfahren mit Ledereimern aus einem der 20.000 Brunnen Wasser schöpfen können, machen sie halt und bauen ihre mit bunten Teppichen geschmückten Jurten auf. Aus dem an die Jurte gebundenen Nomadendasein entwickelte sich aber auch eine Kunst - heute eine beeindruckende Industrie, für die Turkmenistan in der ganzen Welt berühmt werden sollte: das Teppichknüpfen.

Leider musste ich die daheim gebliebene Katharina enttäuschen, was den Kauf eines turkmenischen Teppichs anging. Der Wille war zwar da, aber ich hatte zu viel von der guten Sonne getankt (nach einem langen russischen Winter!) und war froh, nach einem – fast - Sonnenstich mehr tot als lebendig wieder in Moskau einzutreffen.

Das Beste, was man nach Hause
mitbringt, ist die heile Haut.
(U. Vollmer)

Ein guter Arzt ist Goldes wert

April 1995

Oft wurden wir gefragt, wie wir es denn machen, wenn jemand krank ist. Ganz einfach: Eine stabile Gesundheit, Gottvertrauen und natürlich auch das in Moskau (heute, 1999) gut funktionierende Krankenhaussystem tun ihr übriges. Neben dem Arzt der Deutschen Botschaft, dem amerikanischen Gesundheitszentrum, dem europäischen Gesundheitszentrum und gegebenenfalls den russischen Krankenhäusern hilft Wolodja, freier Arzt, deutsch- und englischsprachig, immer weiter. Er ist unser Favorit, kommt er doch immer schnell ins Haus, diagnostiziert, repariert und läßt glückliche Patienten zurück.

Geplant war meine Dienstreise nach Maikop, weit im Süden. Sonntagnachmittag wollten meine Mitarbeiterin Irina und ich mit viel Werbematerialien für eine Ausstellung dorthin fliegen. Treffpunkt Flughafen Vnukuvo, 15.00 Uhr. Irina wollte das Material mit an den Flughafen bringen, weil ich erst am Samstag zuvor von einer anderen Reise zurückgekomen war.

Sonntags 13.00 Uhr Kofferpacken und Fertigmachen, danach Abfahrt per Taxi zum Flughafen. 13.05 Uhr Taxi ist nicht pünktlich; ich telefoniere mit der Zentrale. Währenddessen krabbelt unser Jüngster auf die Anrichte, um wohl im "Pumasprung" auf meinen Rücken zu springen. Aber leider hat der "Jungpuma" die Distanz falsch geschätzt. Er landet hart, Nase voran. Ruhe, Stille, dann – ein herzzerreißender Schrei – Blut, Panik, Schock, Unterlippe durchgebissen. Während Katharina ihn beruhigt, versuche ich es bei Wolodja. Fehlanzeige, nur sein Anrufbeantworter meldet sich, er ist wohl auf seiner Datscha. Was tun? Die anderen Ambulanzen sind uns auch fremd. Das blutende Kind vor Augen versuche ich es bei einem nahen russischen Krankenhaus. Fehlanzeige, der Arzt macht nur in Ausnahmefällen Hausbesuche. Zur Zeit ginge es aber sowieso nicht, weil der Ambulanzwagen unterwegs sei. Rück-ruf in 30 Minuten erbeten. Wir haben Glück, Wolodja meldet sich telefonisch, er war im Park spazieren. Er verspricht so schnell wie möglich zu kommen. Ich sage innerlich die Reise ab. Das wartende Taxi schicke ich mit dem grollenden Fahrer zurück. Nur, wie erreiche ich Irina am Flughafen? Handys hatten wir 1995 noch nicht.

Inzwischen kommt Wolodja, diagnostiziert und handelt schnell. Katharina hält Olivers Körper, ich seinen Kopf, während er auf dem Sofa liegt und Wolodja die klaffende Wunde näht.

In diesem Augenblick ruft Irina an; ich kann jedoch nicht an das Telefon, ohne den Kopf loszulassen. Die anderen Kinder, aus dem „Operationszimmer" verbannt, gehen ebenfalls nicht an den Apparat. So spricht Irina auf den Anrufbeantworter und beklagt ihre Einsamkeit am Flughafen. Ich kann ihr aber auch nicht helfen. Am nächsten Tag ruft sie aus Maikop an. Trotzdem ist alles gut gelaufen, obwohl ich nicht mitgeflogen bin.

Unser Oliver ist inzwischen wieder zusammengeflickt. Auch er ist glücklich, aber erst, nachdem ihm Wolodja eine Apfelsine schenkt. Seitdem erwartet er bei jedem Besuch von Wolodja Apfelsinen.

GESUNDHEIT IST, WENN ES TÄGLICH
AN EINER ANDEREN STELLE WEH TUT.
(SUREN)

Ufa: Kommunistisch Bus fahren, islamisch beten

Mai 1995

„In Ufa, der Hautstadt der Republik Baschkortostan, zwei Zeitzonen, 1500 km und auch heute noch mindestens 24 Stunden Zugfahrt östlich von Moskau, hat man sich damit abgefunden, dass die Winter hier ein wenig strenger ausfallen als im Westen Russlands. Vielleicht ist deshalb das neu eröffnete Eiscafe in der Innenstadt fast bis auf den letzten Platz besetzt, gerade so, als wäre draußen Hochsommer. Zudem hatten die Einwohner Ufas zum Jahreswechsel Grund genug zu feiern: Die Stadtverwaltung gratuliert ihren Bürgern auf großflächigen Plakaten nicht nur auf Russisch zum Neujahr, sondern auf Baschkirisch auch zum muslimischen Bairam-Fest, dem Ende des Fastenmonats Ramadan. Und dann gibt es noch ein ganz konkretes tagespolitisches Ereignis, auf das man anstoßen kann. Nachdem 1999 endlich Fahrpreise für die Benutzung des öffentlichen Nahverkehrs in der Baschkirenhauptstadt eingeführt werden sollten, haben sich die Politiker am Ende dann doch nicht getraut, diese Pläne in die Tat umzusetzen. Alle Passagiere fahren nun weiterhin kostenlos Bus und Straßenbahn, ein Überbleibsel des auch in Ufa nie so ganz erreichten Kommunismus, das noch eine neue Galgenfrist bekommen hat.

425 Jahre sind es jetzt, dass die Russen kurz nach der Eroberung des Tatarenkhanats eine Festung an der Stelle errichtet hatten, wo der Fluss Ufa in die Belaja mündet, inmitten einer Region, in der das muslimische Volk der Baschkiren lebte. Die Nachfahren mongolischer Einwanderer aus der Zeit Dschingis Khans mit einer Sprache, die eng dem Türkischen verwandt ist, hatten sich zum Ende des 16. Jahrhunderts freiwillig dem Russischen Reich angeschlossen. Am Ende des 20. Jahrhunderts ist aus der ehemaligen Festung eine Stadt geworden, die mit ihren Ölvorkommen in der Umgebung zum Zentrum der russischen Petrochemie wurde . Über eine Million Einwohner leben dort, und Ufa zählt zu dem Club der 16 Millionen Städte (Stadt über 1 Million Einwohner), die es in der RF gibt. Dennoch strahlt Ufa einen weitgehenden provinziellen und beschaulichen Charme aus. Die Festung hat man längst abgetragen, aber in Ufas Altstadt finden sich noch immer viele Straßen, die von alten Holzhäusern gesäumt sind. In einem dieser Häuser in Ufas Altstadt lebte Anfang des Jahrhunderts für kurze Zeit auch Wladimir Lenin, Grund genug zu Zeiten der Sowjetunion, die ganze Straße vorbildlich zu restaurieren und zu einem Museumskomplex zu machen.

Ufa liegt im hügeligen Voruralgebiet, vom eigentlichen Uralgebirge, der geographischen Grenze Europas zu Asien, noch weit über hundert Kilometer entfernt, und ist heute aber dennoch eine jener russischen Städte, an denen zu erahnen ist, dass die beiden Kontinente hier schon allmählich ineinander übergehen.

Das wird nicht so sehr an der nicht allzu originellen Architektur der Republikhauptstadt deutlich als vielmehr an ihren Einwohnern. Auch wenn heute etwas mehr als die Hälfte der Bürger Ufas ethnische Russen sind, fallen bei den übrigen, den Tataren und Baschkiren, deren mongolische Gesichtszüge oft deutlich ins Auge.

Wunsch nach Unabhängigkeit

Ähnlich wie die Nachbarn in der Republik Tatarstan hat man auch in Ufa die russische Trikolore weitgehend aus dem Stadtbild verbannt und statt dessen auf allen öffentlichen Gebäuden die baschkirische Nationalflagge gehisst. Baschkortostan hat sich in den neunziger Jahren von der russischen Zentrale eine ganze Reihe weitreichender Freiheiten genommen und wird heute in offiziellen Dokumenten als „souveräner Staat" bezeichnet. Damit geht einher das Wiederbeleben der nationalen Kultur der Republik sowie des islamischen Glaubens. Wie in der ganzen Republik, so werden auch in Ufa selbst in letzter Zeit alte Moscheen wieder hergerichtet oder auch ganz neue gebaut.

Aushängeschild der Stadt und außerdem auch im Wappen der Republik zu sehen ist das monumentale Denkmal auf dem hohen Ufer der Belaja für den Volksdichter Salawat Julaew. Weithin sichtbar für alle, die sich vom Süden her der Stadt nähern, sitzt der Nationalheld auf seinem schwarzen aufbäumenden Hengst. Als er sich zur Zeit Katharinas II. mit seinen Truppen dem Bauernaufstand Jemeljan Pugatschows angeschlossen hatte, hinterließ er damit im russischen Zarenreich einen so nachhaltigen Eindruck, dass es den Baschkiren lange Zeit bei hohen Strafen verboten war, ihre Kinder nach dem Aufrührer zu benennen.

Baschkirien ist außer für seinen bedeutendsten Sohn Salawat Julaew auch heute noch in erster Linie für Öl und seinen Honig berühmt.
Quelle: Moskauer Deutsche Zeitung, Nr. 3(10) 1999.

Honig bekamen wir häufig von unserem Außendienstmitarbeiter Sufar mitgebracht, jedes Mal wenn er zu Besprechungen nach Moskau kam. Oder ich brachte dann jeweils 1 kg Honig mit nach Hause, wenn eine meiner Dienstreisen mich in diese Region führte. Wobei sicherlich meine erste die schwerste und bemerkenswerteste war.
In Anknüpfung an bestehende Kontakte entschied ich mich relativ schnell, Anfang 1995 zusammen mit Roman dort einmal nach Geld (und Kunden) zu suchen. Der schon oben erwähnte Ölreichtum sollte dies eigentlich ermöglichen. Große, erfolgreiche landwirtschaftliche Betriebe wären dort, die natürlich nur so auf Lieferanten warteten. Unsere Produkte fänden einen reißenden Absatz.

So zumindest lautete unser Plan A. Später kam dann der Plan B zum Tragen; das heißt, Nachfrage ist da, nur das Geld ist schwierig zu beschaffen. So wie es schwierig ist, einem Hund einen Knochen aus der Hütte zu ziehen.

Doch dazu später. Wir landeten bei strahlendem Sonnenschein an einem Sonntagnachmittag. Statt eines Wienerwalzers, wie bei den österreichischen Fluglinien, ertönte bei der Landung basch-kirische Musik. Ungewohnt für mein Ohr, durchsetzt von Trällern und Tirilieren. Abholung, wie bereits in früherem Kapitel beschrie-ben, an der Gangway. Kaum dass wir den Flughafenbereich verlassen hatten, stoppte der Chauffeur. Eine Flasche Wodka, Schokolade und ein Stück Wurst wurden ausgepackt und kräftig zugelangt. Besonders beim Wodka ließ mich der Kolchosvor-sitzende, der extra 350 km zum Flughafen gekommen war, um den Gast aus Deutschland abzuholen, kräftig zulangen. Mit dem Argument „Chef ist Chef, überm Tisch und unterm Tisch" werden Ausfälle und Erschöpfungszustände des Gastes übersehen. Keinesfalls darf der Gast aber die ersten Trinksprüche auf den gemeinsamen Erfolg, die russische (baschkirische) Erde und die Frauen (immer der dritte Toast) ablehnen. Mehrmals wurde ich gefragt, ob ich denn nicht am Erfolg unserer Zusammenarbeit oder der Gesundheit unserer Kunden usw. interessiert sei, weil ich ja das Glas nicht austrinke (do dna - bis zum Boden!).

Also den Befehl gegeben: „Leber duck dich!" und runter mit dem Zeug, zumal es ja auch noch genug zu essen gab. Mich durch-zuckte plötzlich die Aussage meines Freundes Ulli: „In Baschkirien lieben dich die Leute zu Tode" - das konnte ja heiter werden. Wurde es dann auch.

Beduselt durch den Begrüßungstrunk, der auf der Fahrt noch mehrmals wiederholt wurde; zu Sicherheitszwecken, um Monu-mente, einen bedeutsamen Fluss oder auch den Zeitraum für das Auswechseln eines geplatzten Hinterreifens nicht ungenutzt verstreichen zu lassen, kamen wir dann in der Dämmerung auf dem Kolchos Tschakmagusch (7000 ha) an.

Das Gästehaus war für uns vorbereitet worden. In der Diele bog sich ein Tisch unter den Speisen, Früchten, dem selbst ge-backenen Brot und den Getränken: Wodka, Wein und Likör. Mir fiel sofort die geringe Anzahl an Mineralwasserflaschen ins Auge, besonders da mich bedingt durch die Fahrt schon ein leichter „Brand" quälte. Na ja, immerhin habe ich auf verschiedenen Reisen in meiner Jugend das mückenverseuchte Paraguay mit Sumpfwasser und das bolivianische Tiefland überlebt. Als Traveller immer mit dem Notfallpack und Kaliumpermanganat, um Wasser zu desinfizieren, ausgestattet, schrecken derartige Kleinigkeiten kaum, wenn Leitungswasser oder ähnliches da ist.

Vor dem Abendessen gingen wir noch kurz auf unsere Zimmer im Obergeschoss.

Gott sei Dank: Aufkleber von Claas (Mähdrescher), KWS (Zuckerrübensaatgut) und auch unser Bayer-Aufkleber waren liebevoll an den Schrank appliziert worden. Ein Beweis zumindest, dass einige Westler vor mir hier gewesen und anscheinend lebend wieder heimgekommen waren. Moment, mein Pendant von Schering (= deutscher Mitbewerber), hatte der nicht Hepatitis heimgebracht? Ja, aber glücklicherweise aus Rumänien.

Aber trotzdem, Händewaschen hat noch nie geschadet. Jedoch Ernüchterung: Es gibt kein Wasser; Reparaturen. Die Toilette befindet sich draußen. - Wodu net! Remont! Tualet nachoditsa na ulitse.

Aus Erfahrung weiß ich natürlich, dass solche Außentoiletten zwar praktisch und hygienisch sind, sofern man nicht abrutscht und in die Grube stürzt. Aber Wasser gibt es dort niemals.

Also runter zum gedeckten Tisch - die anderen sind noch nicht da - und erst einmal eine der drei Flaschen Mineralwasser (für jeden eine?) aufgerissen. In meinem Zustand mit roten Augen und Durst wie eine kaukasische Bergziege ist das natürlich nur ein Tropfen für den hohlen Zahn. Ich überlege. Nein, das wäre doch zu unhöflich, noch eine zweite Flasche nachzulegen, besonders wo Roman und der Kolchosleiter gerade reinkommen. Noch habe ich Hoffnung auf ein Wunder. Aber vergebens; außer Pfirsichsaft gibt es kein schönes klares, kaltes antialkoholisches Getränk. Wasser sei alle, kommt erst in einigen Tagen wieder, erklärt die Aufwartefrau. Während des obligatorischen opulenten Mahles spricht der Betriebsleiter wieder verstärkt dem Wodka zu. In der Nähe gebrannt (ekologischeski chisti - ökologisch rein) mit betriebseigenem Getreide. Unbedingt zu empfehlen! Und in Erwartung des großen Geschäftes trinken wir erst mal einen.

Ich möchte eigentlich nur ins Bett, ausruhen und vom kalten Wasser träumen.

Am nächsten Morgen früh bekommen wir eine Kanne und eine Waschschüssel auf unsere Zimmer gebracht. Also zumindest etwas Hoffnung. Mit dem Kaliumpermanganat wird das eisenhaltige Wasser zwar schön (violett), aber der Geschmack sackt auf der Skala ganz nach unten. Gelobt sei, was hart macht.

Die Gespräche während des Tages klingen alle ähnlich. Prinzip Hoffnung, aber zur Zeit kein Geld. Der Staat wird uns sicher mit Budgetgeldern helfen. Dies hat er früher immer getan. Dafür haben wir ihm dann alle unsere Erzeugnisse gegeben, und er hat uns das zurückgegeben, was wir brauchen. Gut, meistens zu wenig und Maschinen schon seit langer Zeit nicht mehr. Was soll man tun? Eigentlich schuldet die Bezirksverwaltung unserem Kolchos aus der letzten Ernte noch sehr viel Geld. Versprochen wurde es uns. Es soll bald kommen, dann haben wir Geld und dann können wir zahlen - Löhne, Soziales, Steuern, Maschinen usw.

Für Betriebsmittel (Saatgut, Dünger usw.) reicht es oft dann nicht mehr. Einer der Nachbarbetriebe macht einen guten Eindruck, zeigt Perspektiven auf. Zum Abschied noch ein kleiner Schluck - mich schüttelt es bald.

Spätnachmittags ist Sauna angesagt. Trinken, Essen, Sauna. Wieder nur wenig Wasser zum Trinken. Die anwesenden Honoratioren des Dorfes langen beim Essen und besonders Trinken zu. Die Gäste werden mit Trinksprüchen überschüttet und bedanken sich mit Gegensprüchen. Es ist eng in der Sauna und im Vorraum. Beim Trinken beachtet jeder den anderen, und der Betriebsleiter sorgt immer für gefüllte Gläser. Im Geiste überlege ich, wieviel Umsatz mich für diesen Spaß entschädigen könnte.

Ich fühlte mich eher wie Lenin in seinem Mausoleum in Moskau: eingelegt in Alkohol und unsterblich. Nach der Sauna, es ist noch hell, möchten Roman und ich eigentlich nur ins „Hotel". Man schüttelt den Kopf über diese Gäste. Der Tag ist noch jung; Essen und Trinken, alles ist noch da, und sowieso ist es zu früh, um ins Bett zu gehen.

Wollen Roman und ich auch nicht, uns genügt ein langer, sehr langer Spaziergang um das Dorf, um wieder zu Bewusstsein zu kommen. Nach ungefähr zwei Stunden habe ich wieder einen Sinn für die wirklich schöne Landschaft. Hügeliges, sehr schwarzes fruchtbares Ackerland, nur ab und zu unterbrochen von Windschutzstreifen, bestehend aus Birken und Erlen. Spätabends kehren wir dann zurück.

Nach 2 Tagen fliegen wir über Ufa zurück nach Moskau. Immerhin noch lebend.

... LAUT ALLGEMEINER ANSICHT IST WODKA EIN GIFT, WENN MAN IHN ALS NAHRUNGSMITTEL KONSUMIERT.
(K. MARX)

Saratov - mit Eleganz durch die Krise?

Juni 1995

Meine Unterkunft in Saratov gestaltete sich etwas schwierig. Als ehemals geschlossene Stadt wegen der Rüstungsproduktion verlangte man dort im Hotel im Juni 1995 meinen Reisepass mit Visa. Meine „Dienstkarte" genügte nicht. Keine schnelle Lösung in Sicht, deshalb entschieden wir, erst einmal pragmatisch vorzugehen, denn das Abendessen mit den Leitern der Pflanzenschutzstation, den Rayonsvertretern, einem Interessenvertreter der Deutschen Gemeinde im nahe liegenden Engels und unserem Händler Saratovski Semena hatte Vorrang.

Zumindest darf ich mein Gepäck auf das Zimmer von Anatoli stellen. Angereist sind wir mit einer großen Mannschaft, um neben groß angelegten Vortragsveranstaltungen auch unsere Versuchsergebnisse dem Fachpublikum vorzustellen. Nach dem Abendessen - wie immer Friede, Freude, Eierkuchen - hoffe ich, im Schutz der Gruppe in das Hotel zu kommen, um dann bei Anatoli auf dem Sofa zu schlafen. Aber leider habe ich die Rechnung ohne die Rezeption gemacht. Noch zu frisch ist denen mein Gesicht vom vorhergehenden Auftritt. Also alles retour. Ich setze mich mit Armesündermiene in die Hotelhalle bis die herbeige-rufene Polizei festlegt: Eine Nacht darf er hier schlafen, aber morgen früh um 7.00 Uhr bei der Polizeistation antreten, um eine Sondergenehmigung zu beantragen. Na, also.

Am nächsten Morgen wache ich sehr früh auf. Lampen-fieber vor dem Seminar. Die Einrichtung in seiner Schlichtheit passt irgendwie nicht zu dem stattlichen Hotelzimmer mit seinen samtroten Vorhängen. Fenster und Vorhänge reichen vom Boden bis zur Decke hinauf in drei Meter Höhe. Das Fenster schaut auf einen trister Saratover Hinterhof.

Der Ausblick zur anderen Seite des Hotels „Wolga" hinaus ist da schon reizvoller: Alte russische Häuser hinter Baumreihen ent-lang der Flaniermeile von Saratov, die je nach politischer Wetter-lage „Deutsche Straße" heißt oder „Kirow-Straße". Im Moment bevorzugt die Verwaltung wieder einmal Kirow; aber auf Visitenkarten oder beim Gespräch mit Einheimischen stößt man oft auf die „Deutsche Straße".

Dieser kerzengerade Boulevard gehört zum Schönsten, was Saratov zu bieten hat: Vom Krieg verschont haben die klassizistisch angehauchten Fassaden der zwei- oder dreistöckigen Häuser bis auf den heutigen Tag überlebt. Nur ab und zu trübt ein sozialistischer Bauklotz das harmonische Ensemble; zum Beispiel dort, wo die Sowjets aus der katholischen Kirche ein Kino und Warenhaus gemacht haben. Ein späterer Spaziergang entlang des Boulevards zeigt, dass es in der russischen Provinz nicht zwangsläufig so trostlos aussehen muss, wie man sich das in Moskau immer erzählt. Ein Geschäft neben dem anderen; Boutiquen verkaufen italienische Mode und Fotoläden japanische Kameras; Parfümerien und Reisebüros versprechen den Duft der großen weiten Welt. Dazwischen liegen Cafes und Bars, und auf der Straße bieten die Händler Computerbücher und Klassiker, russischen Pop und amerikanische Videos an. Besonders im Sommer, so erzählen die Leute, öffnet hier ein Straßencafe neben dem anderen. Vor allem die Damen sind elegant gekleidet. Clubs und Discos am Abend sind gut besucht. So mancher Absolvent des Konservatoriums verdient dort sein Geld als Schlagersänger. Bewundernswert, mit wieviel Stil und Erfindungsgeist die Menschen sich durch die Krise schaukeln.

An Geld fehlt es, nicht an Brot

„Am Westende des Boulevards liegt die Markthalle. Dort schieben sich die Leute vorbei an den Warentischen voller Fleisch, Fisch, frischem Gemüse und Obst bis hin zu Orangen aus Marokko. In den Marktzeilen kaufen die Kunden einfache Bekleidung und Wäsche, Reis und Nudeln, Zigaretten und Kaffee, Scheuerpulver und Waschmittel. Es gibt nichts, was es nicht gibt – bis auf eine Ausnahme: Es gibt kaum Geld. Wie fast überall im Lande herrscht auch hier kein Mangel an Waren, es fehlt vielen Menschen an Geld, um sich all die nützlichen und schönen Dinge zu kaufen.

Am anderen Ufer der Wolga liegt Engels. Eine Fabrik direkt am Eingang der Stadt hat lange Zeit aus Knochen Leim hergestellt und dabei infernalischen Gestank verbreitet. Nun arbeitet sie nicht mehr - und stinken tut sie auch nicht mehr. Der Rauch aus den Schloten eines großen Kombinats für Chemiefasern trügt: Das Kombinat liegt darnieder, der Rauch kommt aus dem Heizkraftwerk. Was noch funktioniert: Im Gebiet Saratov werden mit deutscher Beteiligung Zündkerzen hergestellt, die in ganz Russland verkauft werden. Auch die Trolleybusse, die in Russland unterwegs sind, stammen zum großen Teil aus Saratov. Doch trotz einiger Ausnahmen ist die Suche nach blühenden Firmen in der Provinz spätestens seit dem russischen Kollaps im vergangenen August (17.08.98) zu einer sinnlosen Beschäftigung geworden.

Wie überall im Lande ist auch im Gebiet Saratov seit dem Zusammenbruch Ebbe. Wie überall im Lande mangelt es an einem funktionierenden Banken- und Steuersystem. Die Rechtssicherheit für Investoren ist schmächtig und die Sorge vor

einem schikanösen Verwaltungsapparat groß.
Dabei haben die Gebietsgouverneure relativ große Freiheiten, um investitionsfreundliche Rahmenbedingungen zu schaffen. Allerdings haben die Erfahrungen in verschiedenen Gebieten gezeigt, dass sich die russische Seite schwer tut, entsprechende Rahmenbedingungen auch so langfristig aufrechtzuerhalten, dass es nicht spätestens nach der Wahl eines neuen Gouverneurs ein böses Erwachen für den Investor gibt. Oder anders gesagt: Das Umdenken von Plan- zur Marktwirtschaft geht langsam."
(Quelle: Moskauer Deutsche Zeitung,
Nr. 3(10) 99, Wolfgang Kehl)

Doch gerade mit dem Letztgenannten habe auch ich meine speziellen Erfahrungen. Nach dem sehr erfolgreichen Seminar - sogar Funk und Fernsehen berichteten - kamen bald die ersten Aufträge, die 1995 auch zufriedenstellend bezahlt wurden. 1996 wollten wir mit unserem Händler Saratovski Semena groß einsteigen. Mein deutscher Chef war beeindruckt von der Organisation und der Eloquenz, mit der die Gespräche in Moskau verliefen. Vorsichtshalber ließen wir uns vom Gebietsgouverneur in Saratov noch eine Garantie geben. Falls nicht rechtzeitig bezahlt würde, würde die Region bezahlen, „es sei schließlich von allgemeinem Interesse, dass die Landwirtschaft unterstützt würde".

Inzwischen, wir haben Anfang 1999, konnte (und wollte?) die Firma Saratovski Semena nicht zahlen. Der Gouverneur, der dann 1997 ausgetauscht wurde, erinnert sich an nichts mehr. Die Garantie hatte auch auf einmal keinen Wert mehr. Unsere seriösen Inkassoagenturen, Holms und KSB, traten nach einer anfänglichen Euphorie ganz schnell den Rückzug an, nachdem sie in Kontakt mit der mafiösen Schutzstruktur von Saratovski Semena getreten waren. Denn die war ganz einfach zwei Nummern zu groß. Ich habe das Geld fast aufgegeben. Manchmal, um Wut abzureagieren, schreibe ich noch einen Mahnbrief. Der wird sogar beantwortet. Höflich, aber bestimmt wird auf die finanzielle Krise des Betriebes hingewiesen. Trösten kann ich mich im Kreis der Wettbewerber. Ein deutscher Wettbewerber verlor einiges mehr, ein französischer Wettbewerber sogar 2 Mio. USD. Heute muss die Region quasi sehen, wo sie ohne unsere Produkte bleibt. Nur einige gute Betriebe kaufen noch gegen 100 % Vorkasse.
Nur so geht es in Russland, denn nichts festigt das Vertrauen zum Menschen so stark wie Vorauskasse.

Erst am Ufer ist der Fisch gefangen.
(Sprichwort)

Kolchos Gigant und Väterchen Wodka

Juli 1995

Mit diesen Begriffen verbinde ich immer Rostow. Und zwar das am Don, der 50 km weiter in das Azowsche Meer mündet. Leider haben die in der Stadt vorhandende Schwerindustrie und der Schiffbau keine Rücksicht auf die Umwelt genommen, so dass das Azovische Meer ökologisch betrachtet bedenkliche Schlagseite hat.

In der Region wird Wein angebaut, von hier stammt die Champagnerversion „Schiputschee". Das Klima in der Region ist kontinental, der Winter mit 7 Grad minus nur mäßig kalt.

Die Stadt wird manchmal auch als die heimliche Hauptstadt der russischen Mafia bezeichnet. Davon habe ich glücklicherweise nur wenig bemerkt, vielleicht war ich zu blauäugig! Ebenso ist die Stadt als die Heimat der Donkosaken bekannt. Habe ich ebenfalls nichts von gesehen! Na ja, die sind ja auch immer auf Tour in Deutschland.

Aufgrund des Weinanbaus und der ausgeprägten Landwirtschaft war ich natürlich häufig dort. Besonders den Kolchos Gigant, ehemals 130.000 ha groß und ein blühender Musterbetrieb, wollte mir mein regionaler Mitarbeiter Vitalij unbedingt vorführen. Also nichts wie los. Nach 5 Stunden Autofahrt trafen wir zusammen mit einem ukrainischen Kollegen, der gerne einen großen russischen Betrieb kennenlernen wollte, und einem Besucher aus Deutschland dort ein. Der erste Eindruck war eher ernüchternd. Der alte erfolgreiche Direktor war verstorben, und der Nachfolger hatte „das Ding" innerhalb von fast vier Jahren konsequent heruntergewirtschaftet. So sehr, dass kaum noch Geld für Maschinen und Betriebsmittel vorhanden waren. Eine deutsche Firma für Mehltechnik wartet heute noch vergeblich auf einen riesigen Auftrag für eine computergesteuerte Anlage mit angeschlossener Mehlverarbeitungsindustrie. Riesige Pläne nur keine Kraft, den ersten Schritt zu tun, der gegebenfalls auch organisatorische Änderungen mitbringen könnte.

Vom Äußeren ließen wir uns nicht entmutigen. Euphorisch unterbreitete ich dem Direktor unsere Pläne, gemeinsam Versuchsfelder anzulegen, danach ein gemeinsames Projekt, von beiden anteilmäßig zu tragen, zu starten. Zum Ersten erhielt ich Zustimmung, beim Zweiten war man eher verhalten. Aber wie schon häufig auch auf Regierungsebene gehört (und auch vorexerziert) hat eine Vereinbarung ohne Wodka keinen Bestand. Und deshalb lud uns der Chef ein, den „Stolz" des Betriebes anzuschauen – mit anschliessender Degustation. Beim „Stolz" des Betriebes handelte es sich um eine große Destillationsanlage für

Wodka, ewig alt zwar, aber voll funktionsfähig. Dafür sorgt unter anderem Swetlana, die zusammen mit einigen Untergebenen die Mess- und Kontrollapparaturen überwacht und dabei aufpasst, dass die Rektifikation (Trennung von Flüssigkeiten bei wiederholter Destillation) auch haargenau den technologischen Normen entspricht. Die Nase von Swetlana deutet in Form und Farbe an, dass sie den Messinstrumenten wenig vertraut, sondern statt dessen praktisch im Selbstversuch die Qualität des edlen Stöffchens überprüft. Der uns begleitende Agronom, nach eigenen Aussagen eine einsam in die russische Weite herausragende Kapazität, philosophiert: „In unserem Betrieb gibt es viele Probleme. In unserem Wodka steckt aber immer Trost und Tiefe – und manchmal auch Wahrheit. Jederman über die Fünfzig sollte täglich ein Gläschen trinken, um Energie zu tanken".

Beide, Direktor und Agronom, geraten angesichts der bevorstehenden Degustation direkt in Verzückung und preisen ihren Wodka als den besten mit der längsten Tradition. Ihm hätten die Sowjetbürger zu verdanken, dass sie die lange, siebzigjährige Nacht des Kommunismus durchstehen konnten. Sie sorgten dafür, dass siebzig Jahre lang dieser Wodkastrom nie versiegte, dass die Künstler aus ihm ihre Inspirationen schöpften, dass die Frontsoldaten ihre Angst vor den feindlichen Kugeln überwinden konnten. Ich denke mir meinen Teil! Auch von Erzeugnissen dieser Branche war der dornenreiche Weg der Parteiaktivisten gesäumt, und so manch ein Großbau des Kommunismus entstand unter den zittrigen Händen nach allzu üppigem Alkoholkonsum (Je mehr der Funktionär trinkt, desto weniger bleibt für den Alkoholiker).

Die beiden Entscheidungsträger fühlen sich sichtbar wohl. Wahrscheinlich haben sie in den letzten Zeiten nach einem Blick auf die Bilanzen ebenfalls Trost und Vergessen im Väterchen Wodka gefunden. Ich füge mich dem Protokoll: Essen, Trinkspruch (gehaltvoll, sinnig und mit Herz rübergebracht), Trinken und erneutes Essen. Zwischendurch ein Auftritt des regionalen Kosakenchores, einfach mitreißend. Da schmeckt der nächste Schluck noch mal so gut!

Nun endlich in Stimmung können wir auch zum Geschäftlichen kommen. Herr Direktor verspricht die Vertragsunterzeichnung und die Vertragstreue, und darauf trinken wir noch einige. Zum Wohl!

Auf die Gesundheit!

Nachdem ich am nächsten Morgen halb tot aufstehe und mir schwöre „nie mehr wieder", geht mir die Betrachtung des Moskauer Soziologen und Kulturhistorikers Alexander Golow durch den Kopf.

Wie soll man das verstehen? „Sich dem Suffe hinzugeben", sagt A. Golow, „das wäre eine Reise in die Vergangenheit, zum eigenen mythologischen Bewusstsein."

Dieser Hang sei der russischen Seele angeboren. Sie brauche das Extrem, die Grenzerfahrung, um zu testen, wie weit die eigenen Möglichkeiten reichen. Daher sei ja bei den hiesigen Offizieren das russische Roulette so beliebt gewesen. Trinken, behauptet Golow fröhlich, wäre doch nichts anderes als eine Kollektivform eben dieses Spiels, das den tief im russischen Unbewussten schlummernden Glücksspieltrieb befriedige. „Bei uns wird nicht wie bei Euch im Westen getrunken", behauptet Golow, „zur Entspannung, aus Geselligkeit, in Massen – also im Grunde fad. Nein, bei uns wird auch zur Flasche gegriffen, wenn es einem schwer ums Herz wird oder man sich langweilt. Und man langweilt sich, weil man nichts tut, aber doch mühelos etwas tun könnte. Genauso geht es einem aber auch in der umgekehrten Situation, wenn man nichts tut, weil von vornherein feststeht, täte man es, so wäre es ohnehin nicht machbar. Also muss sich der Russe irgendwie abreagieren, muss sich selbst eine Grenzsituation vorgaukeln, bei der er seine Möglichkeiten erproben kann oder zumindest erproben könnte."

Für mich persönlich bleibt nur zu hoffen, dass der Besuch des Kolchos Gigant auch mein mythologisches Bewusstsein geläutert hat.

Fast meine ich, es bei der Degustation geprüft zu haben…

ICH BIN DER ANSICHT, DASS IM VERGLEICH ZU KAPITALISTISCHEN LÄNDERN, DIE VON SOLCHEN SACHEN, WIE WODKA UND ANDEREN BETÄUBUNGSMITTELN, GEBRAUCH MACHEN, WERDEN WIR DAS NICHT ZULASSEN, WEIL SIE, ABGESEHEN VON IHREM NUTZEN FÜR DEN HANDEL, UNS ZURÜCK ZUM KAPITALISMUS UND NICHT VORWÄRTS ZUM KOMMUNISMUS FÜHREN WERDEN. (V. LENIN)

Der Weg ist das Ziel

August 1995

Moskauer Straßen sind sehr breit, kilometerlang und sternförmig auf den Kreml hin ausgerichtet. Riesengroß heißt immer 6-spurig (pro Seite 3 Spuren) am Ring können es aber auch sieben Spuren pro Seite sein. Das Wechseln von einer Spur in die andere fand ich am Anfang dermaßen aufregend, dass ich ganz hektisch in den Rückspiegel, dann in den Seitenspiegel, wieder in den Rückspiegel schaute, mich noch einmal umdrehte, einige Minuten lang den Blinker betätigte, um hinter mir fahrende Wagen vorzuwarnen: „Achtung, ich will links raus" und dann vorsichtig auf die linke Spur wechselte. Diese Zeiten sind vorbei. Jetzt heißt es: Lenkrad *festhalten!!* - Blinker raus und rüber, wobei das Wechseln von der ganz rechten in die ganz linke Spur besonderen Spaß macht.

Da man fast nirgendwo links abbiegen darf, gibt es Kringelpunkte. Das sind Streifen in der Mitte der Fahrbahn, auf denen man warten kann, bis der entgegenkommende Verkehr nachläßt und dann wendet man um 180 Grad, wobei die Autos, die vorher vor einem standen jetzt hinter einem sind und man aufpassen muss, dass man denen, die vorher hinter einem waren, nicht in die Seite fährt. Denn es kringeln ja immer 10-15 Autos gleichzeitig. In dieser Situation habe ich dem Erfinder des ABS-Systems mehrfach innerlich gedankt. Ihm – dem Erfinder des ABS-Systems - müssen die Ohren geklingelt haben.

Fußgänger haben es im Straßenverkehr sehr schwer. Man muss, um auf die andere Seite einer dermaßen großen Straße zu kommen, schon da drüben geboren sein. Alle 500 m gibt es Unterführungen, Zebrastreifen nur an kleineren Straßen, die übrigens keiner beachtet. Ich habe bis heute in den ganzen Jahren in Russland noch nie ein Auto am Zebrastreifen anhalten sehen, um Fußgänger hinüberzulassen. Auch wir Deutschen haben uns russischen Sitten angepasst, sausen mit 80 km/h über eine solche Straße und zwingen die Fußgänger, wie Hasen über die Straße zu hüpfen.

Man könnte fast meinen, bei diesen paradiesisch breiten Straßen ist das Autofahren eine wahre Wonne. Fast!! Damit es den Autofahrern nicht zu langweilig wird, ist die Straßendecke von Schlaglöchern übersät. Ein Auge immer auf der Fahrbahn, umfährt man geschickt 15 cm tiefe Löcher oder fehlende Gullideckel. Auch ein Blick auf die Ausweichmanöver des Vordermanns hilft, Löcher rechtzeitig zu erkennen.

Das Tollste für die Moskauer Straßenarbeiter aber sind die neuen Fräsmaschinen aus Deutschland, die in Null-Komma-Nichts üppige Stücke aus der Teerdecke auffräsen. Diese oft 20 cm tiefen Löcher bleiben dann 3-4 Tage offen, werden nicht gesichert und verhelfen der Reifenindustrie zu einem Rekordumsatz.

Unsere Straße, direkt vor unserer Haustür, wird zur Zeit neu geteert. Bei Tag und Nacht (auch Samstag und Sonntag) wurde die Straßendecke abgetragen, und wartet jetzt seit 14 Tagen auf neuen Teer. So fahren wir lustig auf dem Wellenprofil, müssen aber jetzt auch Gullis mit Deckeln ausweichen, da diese nun 30 cm aus der Erde ragen. Wir freuen uns alle schon sehr auf den Winter, da dann der Schnee gnädig alle Löcher verdeckt. Und im Frühjahr wird dann alles repariert und verschafft uns kurzfristig die gleiche „Freude am Fahren", die Ergriffenheit, die uns jedesmal neu in Deutschland überkommt... beim Anblick der bildschönen Straßen. (Barbara Bößmann)

Inzwischen können wir es. Haben „Stallgeruch" angenommen, wie es so schön heißt, wenn verschiedene Tiere zu einer neuen Gruppe zusammengestellt werden und diese dann nach diversen Rangkämpfen ihren Platz eingenommen haben. Auch wir haben unsere Position im Moskauer Straßenverkehr - nach unbedeutenden Schrammen an Auto und Seele - eingenommen.

Aber auch der Begriff „Zuckerbrot und Peitsche" soll russischen Ursprungs sein. Das Zweite sind für den Autofahrer sicherlich die überall anzutreffenden Gaischnikis, der deutschen Verkehrspolizei vergleichbar. Wobei die russischen Verkehrssittenwächter mit ihrer Omnipräsenz bei mir des öfteren schon fast traumatische Zustände auslösten.

Während Katharina mit drei Kindern im Auto kaum angehalten wurde (Mutterbonus und/oder diszipliniertes Fahren?) traf es mich häufiger. Aber das muss ich als Ehrenrettung für die Polizisten sagen, niemals ungerechtfertigt, sondern höchstens unvorbereitet. Nach der Bezahlung einer Strafe hat es sich meistens. Wobei natürlich die alte Regel gilt:
BAT (nicht Beamtentarif, sondern bar auf Tatze) verhindert, dass die Strafe bei der nächsten Sparkasse eingezahlt werden muss und danach erst die Papiere bei dem bestrafenden Polizisten wieder abgeholt werden können.

Häufig haben der Polizist und ich dann auch noch herzhaft miteinander gelacht.

In einem Fall habe ich einen Tag nach der Bezahlung eines Strafmandats bei dem Aufenthaltshäuschen des Polizisten gehalten, nachdem ich ihn wiedererkannt hatte. Es war nämlich am Vortag stark erkältet gewesen und hatte nach Aspirin gefragt. Das brachte ich ihm jetzt. Ungläubiges Staunen im Moment und keine weiteren Probleme an dieser Ampelanlage für lange Zeit waren sein Dank.

Ein anderes Mal war ich mit der Familie unterwegs. Auto voll mit Lebensmitteln und ca. 100 Liter Trinkwasser. Wir hatten es eilig, und es gab wie immer keine Linksabbiegemöglichkeit. Also schauen und das Auto über den Mittelstreifen (natürlich durch-gezogen) hinüber auf die andere Seite gelenkt. Leider hatte ich einen im Gebüsch lauernden Polizisten übersehen, der natürlich sofort einen Zuschlag witterte. Ausweispapiere, Fahrerlaubnis, Berechtigungsschreiben, verkehrstechnische Kontrolle usw. Natürlich auch Überprüfung des Kofferraumes. Der Polizist war erstaunt über die Menge an Wasser. Ich erklärte ihm, dass unsere drei Kinder mir die Haare vom Kopf fressen würden und dass deshalb die Strafe nicht zu hoch sein dürfe . Dieses Argument leuchtete ihm ein, und er schickte mich lachend weiter.

Eines Abends waren meine Frau und ich eingeladen. Hervorragende Stimmung, gute Musik im Radio und ein neuer PKW ließen mich unvorsichtig werden. Das heißt zu schnell und aus Spaß drei Spuren nutzend. Natürlich abruptes Ende durch eine Polizeikelle. Ich erklärte dem Polizisten, dass es mir sehr leid tue, aber eigentlich habe nur meine Frau Schuld. Erstens hätte sie mich zu spät über eine Einladung informiert, und zweitens hätte sie vorgegeben, den Weg zu kennen und erst die rechte Spur (am Manegenplatz vorbei) angewiesen, um dann plötzlich umzuschwenken und mich nach links (über den Novy Arbat) zu schicken. Also, wie soll ein Mann da normal fahren? Und ich traf einen Leidensgenossen. Er ließ mich nach einer kurzen Belehrung, in Zukunft langsamer zu fahren und nach einem prüfenden Blick auf meine Frau, weiterziehen. Katharina, glücklicherweise der Sprache nicht so mächtig, verstand erst nicht so recht. Einige Tage später hat sie mir jedoch verziehen.

Mein schönstes Erlebnis passierte spätnachts auf der Rückreise von Tula (Stadt 120 km südlich von Moskau). Ich kam völlig übermüdet von einem Kundenbesuch und verpasste die Abzweigung zu unserer Straße. Wiederum geschaut, kein Mensch, keine Polizei, geschweige denn ein anderes Auto zu sehen. Also in alter Manier das Auto zweimal über den Mittelstreifen gezogen und auf der richtigen Spur dem trauten Heim zugestrebt. Leider hatten sich die „Controller" auf einer Brücke versteckt und fingen mich mit aufgeblendeten Scheinwerfern ab. Die beiden Uniformierten von der Omon Spezialtruppe (Antiterroreinheit) kamen schnell zur Sache: 200 USD und alles sei vergessen. Mit dem Einwand, dass sei generell viel zu viel, ich sei schließlich Vater von drei Kindern, und außerdem würde ich höchstens in Amerika mit USD bezahlen, versuchte ich sie umzustimmen. Da dies nicht zog, änderte ich meine Taktik und fragte, ob sie als Hobbyfotografen kein Interesse an Agfafilmen hätten. Nein, ein Fotograf sei nur einer, aber beiden seien 200 DM lieber, um dieses Problem zu lösen. Ich konterte mit dem bekannten Argument, DM nur in Deutschland zu bezahlen. Danach einigten wir uns auf 200 Rubel (immerhin noch 60 DM). Schon mit laufendem Motor rief ich beide noch einmal ans Autofenster und übergab dem Hobbyfotografen einen Film mit dem Argument, dass er ja Verwendung dafür habe, sein Kollege hin-gegen nicht. Den traurigen Blick des Kollegen vergesse ich mein Lebtag nicht.

Der automobile Alltag wäre ohne diese zwischenmenschlichen Kontakte trist und öde. Welch ein Glück, dass es die GAI (Gossudarstvennaja avtoinspekzia) gibt.

ES GIBT ZWEI ARTEN VON FUßGÄNGERN: FLINKE UND TOTE. (RUSSISCHES RADIO)

Wolgograd

September 1995

Im Rahmen einer Landwirtschaftsausstellung kam ich im September 1995 erstmalig in die Stadt. Anatoli hatte alles organisiert! Fahrer, Termine bei Kunden und den noch allmächtigen Leitern des Bezirkes. Einen Stand hatten wir über eine deutsche Firma zusammen mit meinem Kollegen Rainer bestellt, bezahlt und aufbauen lassen. Die Messe dauerte glücklicherweise nur 3 Tage, zu kurz für einen Messekoller. So bezeichne ich den Zustand, der nach einer Woche Messeaufenthalt in einem klimatisierten Raum bei dauerndem Besucherandrang eintritt. Plötzlich verliert man das Gefühl für Zeit und Raum und braucht einfach mal Abstand. Am besten weit weg von dem Trubel.

Zum Abschluss unserer „Kurzmesse" fand ein „rauschender Ball" statt. Neben vielen Kollegen lernte ich den Landwirtschaftsreferenten der Moskauer Botschaft kennen. Wir, beide mit einem Agrarstudium, verstanden uns sofort und hatten in den nächsten Jahren häufig Möglichkeit zum Gedankenaustausch über die russische Landwirtschaft.

„Wohl kaum eine andere Stadt hat eine derart tragische Vergangenheit wie Wolgograd. Sie wurde 1589 - 930 km von Moskau entfernt - als Wachfestung Zaryzin am Unterlauf der Wolga errichtet. Schnell entwickelte sie sich wirtschaftlich und zählte im Revolutionsjahr 1917 135.000 Einwohner. Während des Bürgerkrieges 1918-1920 fanden in Zaryzin erbitterte Kämpfe statt. Der Ort wurde zum wichtigen Stürzpunkt der Revolutionäre. Damit hatte sich die Stadt 1925 den Namen Stalingrad erworben. Zahlreiche Fabriken entstanden, darunter das erste Traktorenwerk, in dem später der legendäre Panzer T-34 produziert wurde. Stalingrad wurde zu einem Wirtschaftszentrum der Sowjetunion.

Die erbitterten Kämpfe im zweiten Weltkrieg legten die Stadt in Schutt und Asche. Nicht ein einziges Haus blieb erhalten. 160 Tage und Nächte - von August 1942 bis Februar 1943 – dauerte die Schlacht an der Wolga. Dann war die eingekesselte 6. deutsche Armee zur Kapitulation gezwungen. Über eine Million Soldaten hatten ihr Leben verloren. Mit der Schlacht um Stalingrad nahm der Krieg seine Wende. Nach Kriegsende wurde die Stadt wieder aufgebaut und völlig neu gestaltet. Heute leben rund eine Million. Menschen in Wolgograd, die 1961 im Zuge der Entstalinisierung ihren jetzigen Namen erhielt.

Zeugen der Vergangenheit - Kirchen und Klöster etwa - sucht man in dieser Stadt also vergebens. Viele Gedenkstätten erinnern an die jüngste Geschichte und mahnen, Kriege nie wieder zuzulassen.

Mamajew-Kurgan
Nahe dem Zentrum - 3 km nördlich - liegt diese Anhöhe. Sie war 1942 wichtigster Punkt für die Verteidigung von Stalingrad. 1200 Granatsplitter und Munitionsreste, so ermittelten Experten später, sollen sich auf jeden Quadratmeter verteilen. 1967 wurde hier zu Ehren der Gefallenen eine Gedenkstätte errichtet. Dazu gehören die Ruhmeshalle mit dem ewigen Feuer, eine Ruinenwand mit Kampfszenen, ein Platz der Helden und der Platz auf Leben und Tod. Über allem erhebt sich das 52 m hohe Standbild der Mutter Heimat. "

(Quelle: Polyglott Russland 1993, S. 68/69)

Am Tag der Besichtigung des Denkmals wehte ein starker Wind. Trotz Sonnenschein, ausreichender Ernährung und Daunenjacke war mir eiskalt.

Flugreisen in Russland

Oktober 1995

von Roland Stopp

Dienstreisen in Russland, das heißt fast immer Reisen mit dem Flugzeug. Im Prinzip ist es das gleiche wie überall, man bucht einen Flug, wird auf dem Flughafen abgefertigt, setzt sich ins Flugzeug, wird bedient, kommt pünktlich an, steigt an einem Flugplatz aus.

Es gibt aber Unterschiede:

Besonderheiten am Boden:

Informationen sind spärlich. Man muss sich auskennen. Dann aber hat man Möglichkeiten, die es in Deutschland nicht gibt. Man kann sehr billig Salami, getrocknete Fische oder anderen Reiseproviant kaufen. Man kann zu Fuß über eisglatte Rollbahnen unter den geparkten Flugzeugen hindurchschliddern zur Abflughalle für Ausländer oder für Deputierte (das sind Politiker, sie haben traditionell Anspruch auf etwas Ähnliches wie „Senatorservice"). Deputierte dürfen sich sogar mit ihrem Dienstwagen direkt vor das Flugzeug fahren lassen. Wenn man es eilig hat, bittet man ein Flughafenfahrzeug, z. B. einen Krankenwagen, einen schnell zur richtigen Halle zu fahren.

Wenn eine Damenstimme den Zielort in den Warteraum ruft, folgt man dieser Dame, die einen dann zu Fuß oder in einem ausrangierten Stadtbus zum Flughafen bringt.

Die Flotte der Aeroflot und ihrer neuen Schwestergesellschaften:

Es gibt mehrere Flugzeugtypen der Hersteller Iljuschin, Tupolew, Antonow und Jak. Einige Flugzeuge fallen durch ihre Glaskanzel an der Spitze des Flugzeuges auf. Bei uns kennt man so etwas nur von Militärbombern. Bei der Iljuschin 86, dem russischen Airbus, steigt man durch den Gepäckraum ein, wo man seine Taschen auf mit Netzen gesicherten Regalen selbst abstellen kann, dann geht man eine Treppe hoch in den großen Passagierraum. Sehr praktisch! Ein Flugzeugtyp hat hinten ein ausfahrbares Heckstützrad. Hier ist es wichtig, dass vorne genügend Leute sitzen, sonst kann es nach hinten kippen. Bei einem anderen Flugzeugtyp werden vorn immer die ersten 5 Sitzreihen freigelassen, warum weiß ich nicht.

Beim kleinsten Flugzeug gibt es vorne, wo bei uns die erste Klasse ist, Vierertische, wo sich die Passagiere gegenübersitzen und Karten spielen oder sich zuprosten können.

Die ersten Eindrücke an Bord:

Sie sind sehr unterschiedlich, je nach Renovierungszustand des Passagierraums. Meine alarmierendste Erinnerung war eine von innen völlig ramponierte Kabine, wohl mal von einem als Frachtmaschine benutztem Flieger von Moskau nach Kazan. Die Passagiere in den durchgesessenen Sitzen machten jedoch einen vergnügten Eindruck. Die Reise war normal.

Allgemein ist die Stimmung in russischen Flugzeugen weniger feierlich als in deutschen, eher wie in einem Bus oder in einer Metro; man sitzt auch mal in Hut und Mantel. Oft gibt es trotz nummerierten Bordkarten freie Sitzwahl. Erst seit wenigen Monaten hat sich das Anschnallen beim Start durchgesetzt.

Die Stewardessen:

Freundlich, interessante Modenschau, besonders im Winter. Beim Einsteigen wie zu einer Schlittenfahrt mit Pelzmützen, Stiefeln, Mänteln und Handschuhen bekleidet. Während des Fluges dann dienstbereit in Schürzen, aus großen metallenen Tee- und Kaffeekannen servierend. Zur Landung schick, geschminkt, kurze Röcke, Pumps (obwohl es am Zielort nicht wärmer ist als beim Abflug).

Der Flug:

Ein wichtiges Wort in Russland ist „Technologie" zur Beschrei-bung der Art und Weise, wie ein Handlungsablauf verrichtet wird. Die Technologien in Russland unterscheiden sich in vielem von den Technologien in Deutschland. So ist das auch mit der Technologie des Fliegens. Obwohl dieselben aerodynamischen Gesetze gelten, fliegen die Flugzeuge in Russland anders oder werden anders geflogen. Der Start fühlt sich noch normal an, es geht vielleicht etwas weniger schnell in große Höhen, vielleicht werden steilere Kurven nach dem Start geflogen. Ein Reisender aus Deutschland wunderte sich letztens, dass unser Flugzeug ständig nicht gerade, sondern „schief" fliege. Für mich ist immer die Landung schlimm: Plötzlich verstummt das monotone Dröhnen der Triebwerke und es geht schnell abwärts. Nach dem, was ich von der Fliegerei weiß, müsste die Nase des Flugzeuges jetzt immer schräg nach unten gerichtet sein und darf erst beim „Abfan-gen", also kurz vor dem Aufsetzen nach oben gezogen werden. Ein Flugzeug, welches jedoch mit der Nase schräg nach oben fliegt, wird zu langsam, die Strömung reißt ab, und es fällt. Genauso fliegen aber die russischen Flugzeuge. Mit der Nase nach oben, langsam, 15 Minuten lang bis zur Landung. Als ich dies zuerst erlebte, war ich dem Herzinfarkt nahe.

Am liebsten wäre ich nach vorn gelaufen, um Gewicht nach vorne zu verlagern.

Dann gingen aber auch noch Leute nach hinten zur Toilette, ein Servierwagen wurde nach hinten gerollt. Ich wäre beinahe gestorben. Wir sind gut gelandet. Inzwischen habe ich eingesehen, dass dies hier die Art zu fliegen ist. Es wird immer so gemacht, russische Piloten gehören zu den besten der Welt, der Start ist eher das gefährlichere, nicht die Landung.

Unterhaltung an Bord:
Auf einem Fünfstundenflug von Krasnojarsk nach Moskau erlebte ich zum ersten Mal eine Iljuschin mit Videoausrüstung. Nicht nur Bild für jedermann, sondern auch Ton für alle aus den über jeder dritten Sitzreihe angebrachten Lautsprechern. Wir, ein Besucher aus Deutschland und ich, saßen genau in der Reihe unter dem Lautsprecher. Es lief ein Kung Fu-Film auf Englisch, welcher in der hier üblichen Art synchronisiert war, d.h. man hörte den Originalton, alle Stimmen wurden von nur einem russischen Sprecher übersetzt. Es war Mord und Totschlag, Todesschreie auf Englisch mit sonorer russischer Übersetzung. Der Höhepunkt war beim Landeanflug im schwankenden Großraumflugzeug die Szene aus der Gefängnistoilette, wo sich ein Verbrecher, der vergiftet wurde, minutenlang übergeben musste, bevor er starb.

Flugangst:
Die meisten Passagiere wissen, was gemeint ist. Es ist ein sehr subjektives, individuelles Gefühl, zum Beispiel hervorgerufen durch Zeitungsberichte oder Vorurteile. Es hat mit der tatsächlichen Sicherheit des Fluges nichts zu tun. Daher helfen auch sehr unterschiedliche Mittel. Am besten ist Wodka oder Cognac vor dem Start.
Eine andere Methode zur Selbsberuhigung hörte ich kürzlich von einem russischen Mitflieger: „Irgendeinen Fehler am Flugzeug finden. Wenn das Flugzeug irgendwo defekt ist, ist alles in Ordnung. Ein Flugzeug ohne jeden äußeren Makel ist dagegen sehr suspekt."

Fazit/Ausblick:
In den letzten Jahren bin ich viel in der GUS geflogen. Ich habe nie größere Verspätungen oder gar gefährliche Situationen erlebt. Der Service wird deutlich immer besser, denn schon heute,1999, fliegt Aeroflot vereinzelt mit Boing-Flugzeugen.

Unsere Mannschaft verabschiedet sich von Ihnen. Wir wünschen Ihnen einen angenehmen Flug.
(russische Bordansage)

Die ersten Erfahrungen - *die Erste*

November 1995

Sie kommen mit einer Wirtschaftsdelegation erstmalig in das für Sie unbekannte Russland; das Land über das es die widersprüchlichsten Berichte gibt.

Der Empfang ist herzlich. Direkt von der Gangway wird man abgeholt. Mit dem Auto oder Kleinbus geht es ohne größeren Aufenthalt bei der Passkontrolle in das Hotel, wo das Gepäck eingetroffen ist und die Anmeldung schnell erledigt wird. Mit dem Hinweis, sich erst einmal auszuruhen und abends dann zu einem gemeinsamen Abendessen zu erscheinen, verabschieden sich die Gastgeber. Das Abendessen ist ein kleiner Empfang mit vollen Tischen und reichlich Getränken. Ohne einen Trinkspruch wird kein Glas geleert. Es wird erwartet, dass jeder Gast einen Trinkspruch ausbringt und anschließend alle die Gläser in einem Zug leeren. Ist der Kreis klein, machen die Trinksprüche mehrfach die Runde und die Abstände zwischen den Trinksprüchen werden immer kürzer. Die Gläser sind trotzdem stets bis zum Rand gefüllt. Spät abends wird in zufriedener Stimmung das Essen beendet, ohne den Hinweis zu vergessen, dass man sich am anderen Morgen nicht zu zeitig trifft und nach dem Frühstück das Programm besprochen wird. Das Frühstück wird eingenommen und zur Programmbesprechung geht es ohne Hast. Das Programm ist bereits von den Gastgebern fertig gestellt. Ergänzungen sind möglich, bedürfen aber oft einiger Überredung; denn Umorganisation ist aufwendig. Dann geht es zum Mittagessen, das sich über längere Zeit – begleitet von vielen Toasts - hinzieht. Anschließend ein kurzes Programm - Empfang bei einem Würdenträger oder Sehenswürdigkeiten. Bei der nachfolgenden Erholung bis zum späten Abendessen haben Sie Gelegenheit, über die ersten Eindrücke auf Ihrem Zimmer nachzudenken. Man fühlt sich gut betreut, nur, wann beginnt die eigentliche Arbeit? Beim gemeinsamen Abendessen, das mit dem schon bekannten Zeremoniell abläuft, gestatten Sie sich die Frage, wann die intensiven Arbeitsberatungen beginnen. Sie werden beruhigt. Alles wird gut, weil schon viel Vorarbeit geleistet ist und man sich nach einer so langen Reise erst einmal erholen muss. Der zweite Tag endet wie der Ankunftstag.

Am kommenden Tag folgen die Besprechungen. Später sind Besuche der gemeinsamen Wirkungsstätten vorgesehen, während das Protokoll vom Gastgeber vorbereitet wird. Eine Rundfahrt durch Ihren Aufenthaltsort und seine Umgebung, die Besichtigung von Werken und Betrieben, der freundliche Empfang und jeweils ein kleiner Imbiss heben Ihre Stimmung und den Optimismus immer mehr. Das Protokoll ist fertig, und viele Ergänzungen und Änderungen werden gern entgegengenommen. Nach kurzem Zeremoniell erfolgt die Unterzeichnung des Protokolls, Händeschütteln und kurze Würdigung der geleisteten Arbeit. Abends Empfang. Er wird zu einem krönenden Abschlussessen. Je leerer die Flaschen, um so voller werden die Münder. Die Zusammenarbeit könnte noch erweitert werden, der Produktionsausstoß wird sich ungeheuer erhöhen lassen. Neue Projekte werden angedacht, Importe werden zugesagt, gemeinsame Gewinne werden versprochen, die in dieser Zeit unvorstellbare Größenordnungen erreichen. Am Morgen Verabschiedung und mit reichlich Geschenken und vielen Hoffnungen ausgestattet setzt sich der Bus zum Flugplatz in Begleitung der Gastgeber in Bewegung. Die nette junge Dolmetscherin hilft im Flugzeug, um die Möglichkeiten des Anschlusses des Computers an die Bordversorgung zu prüfen und ob man während des Fluges zur Vorbereitung der Geschäfte telefonieren kann. Inzwischen wenden die Autos und fahren ab. Wenig später sieht man die Dolmetscherin allein und verlassen auf dem Flugfeld stehen. Die Honoratioren haben sie vergessen. Auf dem Heimflug werden Pläne geschmiedet. Was für ein Land, was für ein Markt! Überall kann und muss man investieren. Man müsste komplette Projekte im Verbund mit vielen Firmen schaffen und die Kreditanstalten zur Finanzierung gewinnen. Zuletzt reichen die Vorstellungen vom Pflug bis zur abgefüllten Ölflasche mit internationalem Design.

**Der Mensch kann alles, bis er
etwas zu machen beginnt.
(Russische Weisheit)**

Deutsche Sprache – schwere Sprache?

Dezember 1995

Einer der Unterschiede zwischen deutschen und russischen Schülern ist, dass die deutschen auf eine Schule gehen oder sie immerhin besuchen, die russischen aber in einer Schule lernen. Das gilt auch für die Klassen: Wenn unsere Tochter in ansonsten perfektem Deutsch gefragt wurde „In welcher Klasse lernst du?" sah sie mich zuerst ganz groß an, bis sie verstand, was gemeint war. Man lernt; und nach einer Weile kam es ihr ganz normal vor, dass sie halt in der vierten Klasse lernt. Dass das Verb „lernen" von Russen gern ohne Objekt verwendet wird, ist kein Zufall. Der außenstehende Besucher hat oft den Eindruck, dass Lernen in Russland kein objektorientierter Prozess ist, sondern eine Geisteshaltung. Wenn man das transitive russische Verb benutzt, kommt dabei das deutsche „studieren" heraus; folgerichtig „studiert" man in der Schule Deutsch oder Physik, aber man lernt in der fünften oder sechsten Klasse.

Dieser Auszug lässt die Feinheiten in der russischen Sprache fast vermuten – und gibt jedoch nur einen kleinen Eindruck.
Anfangs versuchte unsere Lehrerin Anette uns die Schönheiten der russischen Sprache näherzubringen. Die ersten Stunden hat sie uns mit einem Phonetiklehrgang traktiert und ständig von weichen und harten Buchstaben gesprochen, so dass wir kaum etwas verstanden haben. Aber wir mussten tapfer durchhalten, um die kyrillische Schrift zu lernen, die mit der lateinischen nur 6 Buchstaben gemeinsam hat. Das große Problem ist, dass einige Buchstaben wie unsere sind, aber eine andere Bedeutung haben:

P = R, C = S, H = N usw.

Auch später noch mussten wir jedes Wort buchstabieren wie Erstklässler; während der Autofahrt musste man schon mal anhalten und die Straßenschilder Buchstabe für Buchstabe erlesen. Weil erst 1997 zum 850. Jubiläum der Stadt Moskau alles wirklich renoviert wurde, mit neuen Farben, prächtigen neuen Straßenbelägen und neuen Straßenschildern mit großer, lesbarer Schrift, lag bei uns im Auto anfangs ein Fernglas, um an Kreuzungen auch weit entfernte kleine Straßenschilder (falls vorhanden) lesen zu können. Zur Orientierung!

Ganz schlimm sind die Konsonantenhäufungen. Gleich in der ersten Stunde hieß es:
Sdjäss park = hier ist der Park
Tam dom = dort ist das Haus.

Dieses „sdjäss" locker herauszubringen setzt stundenlanges Zungentraining voraus. Heute wissen wir gar nicht mehr, was daran so schwer war, wir bringen jetzt auch solche Sätze wie:

dawaitepoznakomimsja = wir wollen uns vorstellen oder

gdjezdjesastanowkatrollejbusa? = wo ist die Autobushaltestelle?

ohne einen Knoten in der Zunge heraus.

An meinen Beispielsätzen merkt man, dass die Russen zwischen den einzelnen Wörtern keine Pause machen , so dass man erst mal die einzelnen Worte erkennen muss, ehe man ans Übersetzen denken kann.
Und solche Sätze wie „Kagdamagasinzakrjiwajetsja?" = Wann schließt der Laden? können wir heute locker in die Verkaufsverhandlung einfließen lassen.

LERNEN, LERNEN UND NOCHMALS LERNEN. (V. LENIN)

Herzlich willkommen !

Wir waren mal wieder unterwegs - mit Freunden, die zu Besuch gekommen waren. Generell war es ja schwierig, jemanden zu überzeugen, nach Moskau zu kommen. Überreden ja, aber zu überzeugen war schwierig. Nach Moskau, der lauten Metropole, dieser rasendschnellen Stadt, in der die Menschen hetzen, als seien sie ständig auf der Flucht; in der die Straßen so breit, die Häuser so hoch und die Plätze so weit sind. Moskau ist groß und grau! Wo die deutsche Presse nur schlechtes über Russland zu berichten weiß, und die Mafia hinter jedem Baum sitzt. Nur darauf wartend, den armen Touristen den Geldbeutel abzuluchsen. Später hatten wir es mit Besuchern einfacher. Die, die ohne Kratzer an Leib und Seele nach Deutschland, Österreich, Norwegen usw. zurückgekehrt waren, sorgten mit einem positiven Feedback für ein gutes Gefühl bei weiteren Besuchswilligen.

Also ein echter Beitrag zur Völkerverständigung. Neben den obligatorischen Touristenzielen wie dem Kreml, dem Kaufhaus GUM und der Tretjakow Galerie war natürlich auch der Kunst- und Antiquitätenmarkt Ismajlowo jedesmal ein Highlight. Dort lässt sich vom Abakus, Ikonen (echten?) bis zum Wolfsfell (echt!) alles erwerben, was der heutige Sammler und Jäger noch so braucht. Mit meinem Schwager Manuel gelang es mir sogar einmal, mich auf dem angrenzenden größten Ramschmarkt der Stadt Moskau zu verirren.

Hier schieben sich Tausende von Menschen über die Trampelpfade, ziehen Karren, schleppen pralle Taschen an Schuppen und verbeulten Blechcontainern vorbei. Es riecht nach Schweiß und Mottenpulver im Paradies der Billigwaren, und manchmal leuchtet es grell: pink wie die Pantoffeln aus Taiwan, die die Händler vor sich ausgebreitet haben, giftgrün wie das Shampoo aus Rumänien, orange wie Pelze aus der Türkei. Dort gibt es alles, was bunt, was falsch und billig ist.

In der Sowjetunion waren Jeans der letzte Schrei, weil es die eigentlich nicht geben durfte. Wer konnte, schneiderte gegen den lieblosen Einheitslook an: bunt und nach Mustern aus dem Westen. Als erstes italienisches Luxusmodehaus eröffnete Versace schon 1993 eine Boutique in Moskau, und der russische Jet-Set stand Schlange. Und auch viele andere zogen nach. Moskau war Boomtown. Die Moskauer, generell modebewusst, sogen gierig diese Mode auf und und nutzten mit dem wachsenden Einkommen die Möglichkeit, sich entsprechend auszustaffieren.

Befürchtungen einiger unserer Besucher, sich durch die Kleidung von den Moskauern zu stark zu unterscheiden, erwiesen sich als ungerechtfertigt. Manchmal war es genau umgekehrt. Dies mussten wir einmal erfahren, als wir mit unseren Kindern einen Sonntagsspaziergang im Kolomenskoye Park machten. Eine amerikanische Reisegruppe machte Fotos, und eine ältere Amerikanerin verteilte Spielzeug an die anwesenden Kinder; auch an unsere. Die freuten sich natürlich. Um die Dame nicht zu enttäuschen, radebrechte ich auf russisch mit ihr, um mich zu bedanken.

Heute kaufen die meisten auf den billigen Märkten. Man wählt schnell und nach Augenmaß. Beim Hosenkauf hilft das Maßband. Wer probiert schon Jeans an im Schnee und auf der Straße? Die Glitzerpassagen im Zentrum sind leer, weil die Leute seit der Finanzkrise kein Geld mehr für Schnickschnack haben. In den Designerläden an der Twerskaja und am Manegenplatz langweilen sich Verkäuferinnen, ziehen die roten Lippen nach und lesen Krimis. Wenn jemand kauft, dann die Frauen. Nur sie wollen, nur sie müssen schön sein in Russland. Ihre Blusen sind frisch gebügelt, die Schuhe selbst bei Schneematsch sauber, die Brauen ordentlich gezupft. Männer aber dürfen (ausnahmsweise!) flusige Fellkappen tragen und sich selbst die Haare schneiden.

Ein russischer Mann kennt in seinem Leben oft nur 2 Extreme, was seine Frau angeht. Entweder er liebt seine Frau und bettet sie auf Rosen oder die Frau ist auf Dornen gebettet, weil es keine Zuneigung mehr gibt oder sie eventuell zu viel gefordert hat. Denn wenn sie weiß, dass er sie liebt, fordert sie. Während zum 8. März, dem Internationalen Frauentag, ein Nelkenstrauss ausreicht, um die Gattin ruhigzustellen, kann (muss!) es in Bezug auf Schmuck schon mehr sein. Je grösser, desto besser – sonst lieber gar nichts. Durch meine Mitarbeiter bekam ich dies oft hautnah mit, wenn die Männer mal wieder unter den Wünschen der Lieben schier zusammenzubrechen drohten. Ein russisches Sprichwort sagt: "Eine Frau glücklich zu machen ist sehr leicht, aber teuer". Zumal, wenn der böse Chef keine Gehaltserhöhung gibt. Einer meiner Mitarbeiter ist nach dem Kauf einer Rado-Uhr jetzt beim Suzuki Jeep angelangt, mit dem sich die Gattin schmücken möchte. Von seinen Freunden wird er jedoch bedrängt, dies nicht zu tun. Das würde nämlich neue Standards setzen und eine bedrohliche Spirale in Gang bringen. Die Unverheirateten in meinem Team (davon gibt es drei) freuen sich natürlich; bleibt Ihnen dieser Beziehungsstress doch erspart. Aber anscheinend ist es in Russland wie überall auf der Welt mit der Ehe.

Sie ist wie eine belagerte Burg.
Die, die drinnen sind, wollen raus.
Die, die draußen sind, wollen rein.

Um nun doch noch eine typisch russische Hochzeit zu erleben, und etwas Stimmung in unseren Laden zu bringen, habe ich eine sogenannte Heiratsprämie (300 DM BAT/bar auf Tatze) ausgelobt. Bisher (Stand 1999)   hat sich aber noch niemand überzeugen lassen.

JE WENIGER MÄNNER FRAUEN LIEBEN, DESTO MEHR HABEN SIE ZEIT FÜR DEN SCHLAF. (RUSSISCHES RADIO)

Die ersten Erfahrungen – *die Zweite*

Februar 1996

Sie fragen mich, wie es Ihnen ergehen wird, was auf Sie zukommt? Nun, gerne werde ich dies aus meiner Erfahrung schildern:

Kaum zu Hause angekommen, werden die Vorbereitungen für die im Protokoll vereinbarte Ausstellung getroffen. Diese soll ein Erfolg werden. Viele Interessenten werden erscheinen, und gute Geschäftsabschlüsse sind zu erwarten. Die Ausstellungsware wird vorsichtshalber etwas früher auf die Reise geschickt, da man von den Staus an der Grenze zwischen Polen und Deutschland weiß. An die polnisch-ukrainische und ukrainisch-russische Grenze wird nicht gedacht. Waren es doch Länder, die Jahrzehnte eng zusammenarbeiteten und sicherlich den Grenzverkehr gut ausgebaut haben. In letzter Minute fällt Ihnen noch ein, dass man einige Werbegeschenke mitnehmen könnte. Schnell werden Kugelschreiber mit dem Firmenzeichen in den Koffer gelegt und ab geht die zweite Reise, die das Protokoll in die Tat umsetzen soll.

Bei der Ankunft empfängt Sie der russische Alltag. Etwas verstimmt warten Sie auf die Passkontrolle, die sich fast eine Stunde hinzieht, obwohl es nur wenige Fluggäste sind. Das Gepäck wartet schon auf seine Besitzer. Nun die Zollkontrolle - und schnell ab ins Hotel.

„Bitte die Zollerklärung! - Haben Sie gar nichts zu verzollen?" „Nein, ich bin nur wenige Tage zur Ausstellung hier!" - Die Verständigung ist etwas kompliziert, weil die eine Partei kein Russisch kann und die andere Partei nur schlecht mit den Fremdsprachen zurecht kommt. Meist reisen russlandkundige und spracherfahrene Ausländer ein.

„Öffnen Sie bitte den Koffer! - Was ist das?" „Kugelschreiber - Werbegeschenke." „Wieviel sind das?" - „Weiß ich nicht, ich habe sie nicht gezählt!" – „Bitte zählen Sie die Stifte!" Nach dem Zählen die Frage: „Die wollen Sie wirklich nicht verkaufen, sondern einfach so weggeben?" - Skepsis. Mit Pass und Zollerklärung verschwindet der Zöllner zu seinem Vorgesetzten. Erst beraten die beiden in einiger Entfernung. Der Uhrzeiger rückt weiter. Dann kommen beide Zöllner, um sich das *Corpus delicti* nochmals anzusehen. Wieder die Frage: „Das sind nur Werbegeschenke? Sehen Sie, ich gebe Ihnen je einen Kugelschreiber, damit Sie eine Erinnerung an unsere Firma haben." Erstaunliches tut sich. Die Kugelschreiber werden schweigend eingesteckt. „Packen Sie alles ein. Sie können gehen!" Die Zollerklärung wird mit dem Hinweis übergeben: „Diese Erklärung müssen Sie bei der Ausreise wieder vorlegen!" Die Einreise ist geschafft. Wird es noch ein Taxi geben?

Die Taxifahrer haben geduldig gewartet, denn jeder auf diesem Flugplatz weiß, dass die Abfertigung von Einreisenden bis zu zwei Stunden dauern kann. Die Fahrt zum Hotel scheint dieses Mal viel länger zu dauern als beim letzten Besuch. Wenn man nach dem Mond schaut, muss es eine Stadtrundfahrt sein. Der Fahrer beruhigt immer wieder. „Wir sind gleich da!" Endlich sind Sie am Hotel. Die Rechnung ist ansehnlich. Das Gepäck dürfen Sie selbst zur Anmeldung tragen. Bei der Anmeldung wird der Pass einbehalten. Der Zimmerpreis weist auf ein Luxusappartement hin.

Quer durch die Halle schleppen Sie Ihre Koffer. Vor dem Fahrstuhl warten viele Leute. Offensichtlich ist von mehreren Fahrstühlen nur einer in Betrieb. Nach einiger Zeit sind auch Sie an der Reihe, in eines der oberen Stockwerke zu fahren. In Ihrer Etage suchen Sie den Etagenservice. Horchen Sie, ob irgendwo ein Fernseher läuft. Denn dort könnte die Etagenfrau sein. Oder sie sitzt im Aufenthaltsraum Ihrer Etage, oder in einer anderen Etage, und hält bei einem Tee einen Schwatz mit einer ihrer Kolleginnen. Es ist üblich, dass in den Hotelgängen an einem Tischchen mit einer kleinen Lampe eine Bedienstete – eben die Etagenfrau – sitzt, um den Gästen in vielerlei Weise hilfreich zu sein.

Endlich haben Sie die Zimmertür hinter sich geschlossen. Schnell ein warmes Bad und noch ein kleiner Imbiss und dann ins Bett. Ein anstrengender Tag steht bevor. Wo ist der Stöpsel von der Badewanne? Die Etagenfrau muss helfen. Verlegen kommt sie nach einiger Zeit. Leider hätte sie keinen Stöpsel auftreiben können. Aber mit dem Stück Lappen und einem Sektverschluss - beides bringt sie mit - könne man den Abfluss verschließen. Die Leute wissen sich zu helfen. Nach einer Stunde sind Sie zum Imbiss fertig. Es ist schon spät. Es gibt keinen Etagenservice, und das Restaurant ist bereits geschlossen. Die Bar wäre noch offen. Leider gibt es dort nur Getränke und etwas zum Knabbern. Leicht missgestimmt warten Sie wieder auf den Fahrstuhl und lassen sich ins Bett fallen. Mitten im Schlaf klingelt das Telefon: „Hallo, ich bin die Tanja. Ich habe gehört, dass Sie kein Abendessen erhalten haben. Ich kenne in der Nähe ein kleines Restaurant, das noch offen ist und eine gute Küche hat. Ich würde Sie gern dorthin begleiten!" - „Es ist spät und ich habe morgen einen anstrengenden Tag vor mir!" - „Aber so ein junger kräftiger Mann wie Sie kann doch nicht hungrig ins Bett gehen! Ich besorge etwas zu essen und komme zu Ihnen!"

Je nach Mentalität legen Sie belustigt oder ärgerlich den Hörer auf oder....

Zeitig stehen Sie auf, um schnell eine Dusche zu nehmen und zu frühstücken. Warmes Wasser gibt es nicht, und auf das Frühstück muss noch eine halbe Stunde gewartet werden, obwohl alle Tische gedeckt sind. „Wir öffnen pünktlich, aber nicht früher.

Um diese Zeit schläft man sowieso noch!" Die Tür wird verschlossen. Ein Taxi zur nicht weit entfernten Ausstellungshalle ist schnell beschafft. Leider muss der Taxifahrer erst unterwegs tanken, was einige Zeit und den Geldbeutel in Anspruch nimmt, denn die Tankzeit wird selbstverständlich in den Preis eingerechnet. Zielstrebig gehen Sie auf Ihren Ausstellungsstand zu, um die Kisten auszuräumen. Wo sind die Kisten? Hin zur Ausstellungsleitung.

„Machen Sie sich keine Sorgen! Die Kisten kommen. An der Grenze gab es etwas Aufenthalt, weil die Begleitpapiere nicht in russisch ausgestellt waren, und die Zollbehörde musste erst bestätigen, dass es seine Richtigkeit mit in englischer Sprache ausgestellten Begleitpapieren hat."

Die Mittagszeit ist vorbei. Die Kisten sind nicht da. Auskunft der Ausstellungsleitung: „Der LKW ist da.... er muss nur noch verzollt werden!" „Wie lange dauert das?"

„Das kann schnell gehen, wenn alles in Ordnung ist."

„Ist alles in Ordnung?"

„Beunruhigen Sie sich nicht. Bis zur Ausstellungseröffnung wird schon alles da sein." Es ist Abend und nichts ist da. „Wo bleiben meine Kisten?"

„Nun ja, der Zoll hat viel zu tun und es ist nicht einfach, die vielen verschiedenen Güter zu deklarieren." „Kann irgendwie geholfen werden?" „Eigentlich nicht, denn heute arbeitet der Zoll nicht mehr!" „Morgen beginnt die Ausstellung. Es muss was unternommen werden!" „Was sollen wir unternehmen? Schließlich steht den Zollbeamten der Feierabend zu. Aber man könnte natürlich bitten, dass sie morgen etwas früher anfangen und zuerst Ihre Kisten abfertigen."

„Also, bitten wir sie!"

„Das kann man schon tun. Doch wenn sie früher anfangen, dann sind das Überstunden. Die bekommen sie nicht bezahlt." „Ich verstehe; wieviel kostet es?"

„Ja, wissen Sie, das ist auch für mich nicht so einfach zu machen und zu sagen."

Die schönen Eröffnungsreden, Tänze und Chorgesänge bis Ausstellungsbeginn sind wenig Trost. Der Stand ist noch leer, und gleich nach Ausstellungsbeginn machen die Honoratioren ihren Rundgang. Die leeren Vitrinen werden nicht beachtet. Zum Empfang wollen Sie sich bei den Verantwortlichen beschweren. Doch da stoßen Sie auf Unverständnis. Es ist doch alles gut gelaufen. Und wenn ein Stand nicht besetzt ist, was macht das schon. Dann wird er am zweiten Ausstellungstag besetzt. Die Besucher haben doch noch drei Tage Zeit, alles anzusehen. Der Ärger ist groß. Doch die folgenden Ausstellungstage lassen ihn vergessen. Viele Interessenten kommen, holen sich Prospekte und sprechen über den Abschluss von Verträgen. Sie brauchen viel Ausrüstung, und die nötigen Bankkredite würde man schon erhalten.

Die Administration wird ebenfalls Garantien geben, da das Gebiet entwickelt werden soll. Adressen werden notiert und sogar einige Aufträge besprochen.

Beim Abschiedsempfang wird die Ausstellung ein voller Erfolg genannt, denn nun würde sich die Zusammenarbeit zügig entwickeln. Der Abschied vom Land wird nur ein wenig getrübt. Irgendwie ist die Zollerklärung von der Einreise verloren gegangen und der darin notierte Computer dürfe nicht ausgeführt werden. Auch das geschenkte Bild könne ein Kunstwerk sein und dürfe nicht mitgenommen werden, weil ein Gutachten einer Behörde fehlt. Die Zeichnung für ein Projekt, die man gemeinsam mit einem Kunden angefertigt hat, wird beanstandet, weil es keine Dienstreisepapiere gibt, die den Transport von Dienstgut enthält. Nach 40 Minuten ist die Klippe umschifft. Alles dürfen Sie mitnehmen, und es gibt einen freundlichen Abschied beim Zoll und von der Passkontrolle. Alle Menschen sind freundlich und zuvorkommend. Doch Russland ist nicht Westeuropa. Was dort sofort geht, geht auch in Russland, nur etwas umständlicher. Doch alles ist in Russland möglich, wenn man Freunde, Geduld und eine kleine Aufmerksamkeit hat.

Am Ende wird alles gut. (A. Bobrowa)

Ostern

März 1996

Von Karl Krieghof jr.

Freie Tage zu Ostern gibt es nicht. Doch an diesem Wochenende sind die Straßen belebter als gewöhnlich. Eine Reihe von Veranstaltungen, die nationalen Charakter tragen, kann man besuchen. Am Freitag wurde mit Moskauer Künstlern die „Fledermaus" aufgeführt. Die Operette ist der russischen Seele jedoch nicht verwandt. Das Orchester und der Chor werden durch Band und Lautsprecher ersetzt. Es wurde mehr gesprochen als gesungen. Das Wiegende der Strauss-Musik kommt nicht zum Tragen. Doch wurden oft spaßige Sätze in die Reden eingeflochten, die der russischen Mentalität entsprechen und zu Gelächter und Applaus auf offener Bühne Anlass geben. Trinksprüche auf Rostow und die Rostower kommen sehr gut an. Vielleicht sind das Orchester und Ensemble der Operettenbühne Rostovs gar nicht so schlecht. Es heißt ja auch im Russischen „Musikalische Komödie". Mit dem Abend nahm ich wohl endgültig Abschied von der russischen Operettenbühne. Begeisternd war dagegen am Sonnabend ein russisches Volksmusikinstrumenten-Orchester mit hervorragenden Gesangssolisten. Bekannte russische Volkslieder wurden gesungen. Hier zeigte sich, dass man auf einer Balaleika und einem Bajan, mit Querflöte und Xylophon hervorragend Strausssche Melodien intonieren kann, die auch bei mir voll ankamen.

Nach diesem Erlebnis, das etwas die Probleme des Betriebes in den Hintergrund rückte, zog ich nach Hause zum Abendessen. Bald klopfte es, und die Nachbarin holte mich mit einem Bekannten zur Weihe des Osterkuchens ab. Es regnete etwas, und der Weg zur kleinen Kirche war eine Schlammwanderung. Auf dem Kirchenvorplatz und auf der Umzäunung lagen durchnässte Zeitungen. Die Menschen standen im Halbkreis um den Kircheneingang mit den hier beliebten Plastiktüten und Kerzen in der Hand. Auf den Stufen saßen alte Frauen mit Kopftüchern, dunklen dicken wollenen Röcken und gestrickten Strümpfen. In der Kirche las ein junger Pfarrer in gleichmäßigem Ton aus einer handgeschriebenen Bibel die Ostergeschichte. Die Besucher kauften Kerzen, suchten das Bild ihres Heiligen oder Reliquien auf, zündeten Kerzen an und und stellten Leuchter auf. Bekreuzigung und Verneigung vor den Ikonen und Reliquien sind ständige Handlung in der Kirche. Zwischendurch ein Blick auf die Uhr. Langsam verlassen die Menschen die Kirche, stellen sich im Halbkreis um den Eingang, breiten Zeitungen und darüber Tücher aus. Auf Tellern und in Schüsseln werden bunte Eier und der Osterkuchen - der sich am Ostersonntag Pas-cha nennt, ab Montag als Kulitsch bezeichnet wird - aus einem Korb geholt und auf die Tücher gesetzt. Kerzen zieren den Kulitsch, einen runden Kuchen mit bunter Zuckerglasur. Dann wird geduldig gewartet. Im Hintergrund hält sich viel Polizei auf. Die Jugend spricht auch an diesem Tag dem Wodka zu; da kann es dann schon einmal zur Störung der heiligen Handlung kommen. Die Gespräche sind meist ganz unheilig und profan. Arbeit, Geld - Alltagssorgen sind der Hauptinhalt. Ostern ist eine Tradition, aber so heilig geht es nicht zu. Inzwischen werden die alten Zeitungen zusammengerollt. Dann kommt der Pfarrer - hier Pope genannt. Vor ihm geht ein Mann mit einem Korb, der Geld sammelt. Hinter ihm kommt ein Mann mit einem angeschlagenen weißen Emailleeimer voll Weihwasser und ein Mann, der Eier als Kirchengaben einsammelt. Der Pope hat einen Reisigbesen in der Hand, taucht ihn in das geweihte Wasser und besprengt zuerst Eier und Kulitsch, dann die Menschen. Dabei werden ein paar freundliche Worte gewechselt. Kaum ist die Weihe vorbei, sammelt jeder seine Sachen ein. Die Zeitungen werden achtlos auf dem Boden zertrampelt. Die Männer rauchen, die jungen Mädchen nehmen ihre bunten Tücher von den Köpfen und man begibt sich auf den Heimweg, um Tee zu trinken und vom Pascha zu kosten. Nach dieser Stärkung geht es um Mitternacht in die Kathedrale. Die Straßen sind leer. Nur Autos verstopfen um die Kirche die Straßen. Die Polizei hat ein wachsames Auge, denn alle Kioske bleiben bis weit nach Mitternacht geöffnet, wo man nicht nur Pas-cha kaufen kann, wenn er nicht selbst zu Hause hergestellt wurde, was für ältere Frauen selbstverständlich ist und fast die ganze vorhergehende Nacht einnimmt, sondern auch Wodka. In der Kirche herrscht Gedränge. Jung und Alt sind da, haben Kerzen in der Hand und wogen im Kirchenschiff hin und her. Die alten Frauen sitzen auf mitgebrachten Hockern und hören nur zu. Die Jugend, modern gekleidet, fast alle Mädchen mit bunten Kopftüchern und einer Kerze in der Hand blicken andächtig vor sich hin, bekreuzigen sich mit drei Fingern. Ob mit zwei oder drei Fingern das Kreuz geschlagen wird, unterscheidet die Altgläubigen von den Neugläubigen. Früher war das Anlass, um tödliche Fehden zu veranstalten. Heute wird alles gelassen hingenommen. Die Männer scheinen meistens nur auf Drängen ihrer Frauen in der Kirche zu sein. Die jungen Burschen halten mehr Ausschau nach den Mädchen. Die Älteren kommen als Paar in die Kirche. Es ist ein ständiges Kommen und Gehen. Man schlängelt sich bis zur Brüstung vor, macht dann Nachrückenden Platz und verlässt die Kirche.

Die Popen tragen weiße Gold bestickte Talare. Es werden Gebete gesprochen und gesungen. Abwechselnd fallen die drei Frauen-chöre auf den Emporen mit ihren Gesängen ein. Die Chormitglieder tragen weiße lange Gewänder und weiße über den Kopf gehängte Tücher.

Zwischen den Wechselgesängen kommen eilig Kerzenträger und Weihrauchgefäße schwenkende Popen aus dem Altarraum und rufen dreimal: Chrestos wos-chres (Christus ist auferstanden) und die Menge antwortet: woistinu wos-chres (wahrlich er ist auferstanden). Danach bekreuzigen sich alle und verneignen sich zum Altarraum hin. Auch ein hoher Offizier steht sichtbar auf den Stufen zum Altarraum. Mit seinem Bart im runden Gesicht und dem Haarschnitt hat er Ähnlichkeit mit Stalin, der in Moskau und Rostow die Zentralkirchen abreißen und durch Schwimmhallen und Administrationsgebäude ersetzen ließ. Der Offizier bekreuzigt und verbeugt sich oft vor den Popen. In seinem Alter und seiner Stellung ist er sicherlich früher ein guter Pionier, Komsomolsk und Kommunist gewesen. Das russische Volk, so mein Eindruck, ist tiefgläubig - und abergläubig.
Diese Zeremonie wiederholt sich oft und kann Stunden dauern. Zwischendurch wird die Ostergeschichte von den Stufen vor dem Altarraum verlesen. Dann entsteht eine kurze Pause und die weißen Talare werden durch rosa Talare mit Goldstickerei ersetzt. Die Zeremonie setzt sich immer noch fort, als ich mich nach einer halben Stunde entschlossen habe, zu gehen.

**In unserer anormalen Zeit ist jeder
normale Mensch schon dadurch
anormal, dass er normal ist.
(Russisches Radio)**

Freier Blick für freie Geister

April 1996

Der Traum vom motorisierten Fliegen verfolgt mich schon seit 1983. Schon damals hatte ich die Idee, mit einem Motordrachen von Alaska nach Feuerland zu fliegen. Damals fehlte mir nur das Geld für ein solches Vorhaben. Leider sind mir auch inzwischen einige Leute zuvorgekommen. Aber so etwas in Russland wäre ja auch nicht schlecht. Neu auf den Dreh gekommen bin ich auf der Agrarmesse in Omsk. Dort wurde so ein handliches Ultralight Modell angeboten, preiswert und aus vaterländischer Produktion. Der Vertreter der Firma versicherte mir, das Fliegen sei kinderleicht und sogar (für mutige Naturen) ohne Lehrer erlernbar. Am liebsten hätte ich das Gerät vom Fleck weg gekauft. Aber ganz so robust und mutig war ich dann doch wieder nicht. Meine Sprachlehrerin Larissa, in allem bewandert, fand dann tatsächlich die Adressen von Flugschulen heraus. Am Schluss entschied ich mich für Michail. In der Nähe des Flughafens Vnukovo wohnend, mit freiem Zugang zu einem ungenutzten Militärflughafen und einem Fluglehrerdiplom, schien er mir der Solideste von allen zu sein. Über meinen Freund Wolfgang in Deutschland, der als Besitzer eines Flugzeuges versteht, was es heißt, wenn man vom Flugfieber gepackt ist, wurde ich mit entsprechenden Unterlagen versorgt.

Der erste Kontakt war fantastisch, Larissa begleitete mich und übersetzte die für mich ungewohnten Passagen. Michail hatte sich seinen Drachen aus verschiedenen Komponenten zusammengestellt. Der Motor, ein Zweitakter, kam aus einem russischen Schneemobil. Überaus langlebig, nur für den Betrieb im Sommer mit Vorsicht zu genießen. Deshalb flog Michail nur frühmorgens oder spätabends. Der Motor und natürlich die Thermik setzten Grenzen. Das in Deutschland übliche Rettungsgerät, ein Fallschirm in einer Blechdose über dem „Ganzen", war ökonomischen Überlegungen zum Opfer gefallen.

Besonders gefiel mir der Hangar von Michail. In einem dieser riesigen Garagenhöfe, die die russischen Wohnblocks umgeben, lebten in einer kleinen Garage ein Saporoshez (ukrainischer Kleinwagen, NSU Prinz-Nachbau) und besagter Drachen, letzterer zerlegt. Beides gesichert durch ein überdimensionales Schloss. Nach dem obligatorischen Abhören des Wetterberichtes ging es los. Auto raus, Motor, Benzintank und Kleinzeug ins Auto, den Rest auf den Dachgepäckträger. Jedesmal hatte ich Angst, dem Auto dieses Gerät aufzubürden und vor den rauchenden Trümmern zu stehen, aber es funktionierte.

Am ersten Abend ging es zu einer Wiese. Michail baute das Ganze auf, warf den Motor an und flog das Teil warm. Währenddessen standen Larissa und ich unten, bewunderten ihn und ließen uns von den Mücken zerstechen. Danach Landung, alles soweit paletti. Dann durfte ich mich auf den rückwärtigen Sitz setzen und Michail startete auf dem Feldweg durch. Schöne Beschleunigungsphase, dann ein Sprung auf 2 m Höhe und in einer Steilkurve in den Himmel. Ganz schön mulmiges Gefühl. Nichts ist mehr unter mir, nur noch die Luft und 200 m tiefer die gute Erde. Michail wollte mir unbedingt seine nahe liegende Datscha und auch den Hund seines Nachbarn zeigen, beides in Sturzflugmanier. Beim Anflug auf den Hund meinte ich schon, ein Rad hätte die Hundehütte gestreift. Die Landung danach war etwas kippelig. Spurrillen auf dem Feldweg und wechselnde Winde hätten fast noch meinen ersten Flug im hohen Gras enden lassen. Mir zitterten irgendwie die Knie. Immerhin war noch genug Euphorie für ein nächstes Mal da. „Dann wird die Landung besser, wir nehmen eine andere Wiese, da gibt es 2 Feldwege in unterschiedlichen Richtungen. Da können wir dann auch bei wechselnden Winden landen", tröstete mich Michail.

So geschah es. Und bis zum Sommer 1996 hätte ich fast das selbstständige Fliegen gelernt. Aber leider nur fast. Für ein wirklich dauerndes Training fehlte mir einfach die Zeit. Auch im Sommer 1997 kam ich nicht über ein paar Übungseinheiten hinweg.

Aber wer weiß, vielleicht finde ich später einmal genug Zeit für einen Kompaktkurs mit Diplom (das hebt!) und Rettungsfallschirm. Wäre doch schön, meinen alten Plan zu verwirklichen.

Es ist ganz klar, dass die Freiheit für verschiedene Revolutionen, sozialistische oder demokratische, eine sehr wesentliche Lösung ist. Und unser Programm erklärt: Wenn Freiheit mit der Befreiung der Arbeit von dem Druck des Kapitals in Widerspruch steht, ist sie ein Betrug.
(V. Lenin)

Kasachstan – Hochzeitspalast inclusive

Mai 1996

Kasachstan ist die nördlichste Republik Zentralasiens und mit 2,8 Mio. km² fünfmal so groß wie Frankreich oder halb so groß wie Westeuropa - jedoch mit riesigen Steppengebieten. Je weiter man vom Norden Kasachstans in den Süden reist, um so mehr bemerkt man den orientalischen Charakter dieser nördlichsten Republik Zentralasiens.

Das von türkischen und mongolischen Völkern besiedelte Land geriet 1837 unter russischen Kontrolle und wehrte sich bis 1936 verzweifelt gegen die Sowjetisierung. Anlässlich einer Führung durch das zentrale Staatsmuseum erklärte mir die Führerin, dass am Todestag Stalins (1953) jeder in Kasachstan geweint habe. Die meisten jedoch aus Erleichterung. Seit 1991 ist Kasachstan eine selbstständige Republik.

Während der größte Teil des Landes als eben oder leicht hügelig angesehen werden kann, liegen etwa 10 % des Territoriums im Bereich der Ausläufer des Tienschan, wo die Bergketten des Alatau 5000-6000 m hoch aufsteigen. Im Gegensatz zu den anderen Republiken verfügt Kasachstan über immense Wasservorräte: 2724 Gletscher sowie viele tausend Flüsse und Seen. Reich und vielfältig sind Flora und Fauna Kasachstans. Mehr als 6000 verschiedene Pflanzen sind hier heimisch. In der Tierwelt zählt man unter den Säugetieren über 170 Arten, nahezu 500 Vogelarten und 50 verschiedene Kriechtiere. Ebenso wie für die anderen Republiken Zentralasiens gilt auch für Kasachstan, dass weitere Gebiete, die früher unberührtes Land waren, heute das Fundament für eine aufstrebende Industrie oder – als Neuland urbar gemacht – für eine ertragreiche Landwirtschaft bilden.

Letzteres war der Grund für meine Teilnahme an einer Agrarmesse (im Mai 1994) in Almaty, der (noch) Hauptstadt. Ab 2000 soll das im Norden gelegene Akmola diese Rolle vollständig übernommen haben (wenn die sich widersetzenden Beamten mitmachen).

Mit Daniel, einem Kollegen aus Frankreich, hielten wir die Stellung und unseren Messestand immer sauber.

No Sex, no Drugs, no Rock-n-Roll!

Die Stadt selbst ist terrassenförmig angelegt und wirkt wie ein großer Park, in dem sich hinter Pyramidenpappeln, Birken, Scheinakazien und Linden die Wohnsiedlungen der Stadt – alte Häuschen mit schweren hölzernen Fensterläden, weniger schöne Häuserblocks und die heute mehr bevorzugten Kleinbezirke – verbergen. Kilometerlange Kanäle, die neben den Straßen verlaufen, bewässern die ausgedehnten Grünflächen und sorgen zusätzlich für eine angenehme Frische in der Stadt.

Bei der Einreise in das Land hatte ich nur ein 4 Tage-Visum bekommen. Sofort am ersten Tag bemühten wir uns, das heißt Nadshij, unser Mann vor Ort, und ich um die Verlängerung. Diese wurde letztendlich auch gewährt; jedoch erst in letzter Minute, nachdem wir jede Menge Schweiß, Mühen und besonders Geld investiert hatten. Leider – oder glücklicherweise – war es zu spät, um wie geplant vor dem Wochenende nach Usbekistan weiterzureisen. Der nächste Flug mit freien Plätzen ging erst am folgenden Montag wieder. Also ein freies Wochenende, noch dazu gut ausgewählt. Denn es wurde das Frühlingsfest gefeiert. Mit Tanz und Gesanggruppen, vielfältigen Sportveranstaltungen sowie die auf alten Traditionen beruhenden Reiterspiele, *beiga, shorga, jarys, kukum:* z.T. recht verwegene Wettkämpfe um ein Mädchen oder – wenn es sein musste – auch nur um einen toten Bock. Wir genossen es in vollen Zügen, erhielten wir doch auch Einladungen zum Essen in die im Stadtzentrum aufgebauten Jurten.

Anderntags war die Besichtigung des nur 16 km außerhalb der Stadt Almaty liegenden Hochgebirgs-Eisstadions Medeo geplant. Diese Arena liegt am Fuß des 1691 m hohen Mochnataya-Gebirges. Abends im Hotel hatte mir noch jemand gesagt: „Kein Schaschlik da oben essen!" Daran habe ich mich auch gehalten. Daniel konnte, heißhungrig wie er war, nicht widerstehen. Er hat es 2 Tage im Bett liegend bitter bereut. Ich schaute mir währenddessen mit der Intouristführerin die verschiedensten Museen und die berühmte Puschkin-Bibliothek an. Sie umfasst mehr als 1 Mio. Bücher und besonders wertvolle orientalische Handschriften. Auch kamen wir am Hochzeitspalast vorbei, den ich, wissbegierig wie immer, natürlich auch von innen sehen wollte. Ähnlich unserem Standesamt dient er als offizieller und festlicher Rahmen bei Hochzeiten. Schon an der Tür wurden wir von einem sehr seriös gekleideten Herrn empfangen, der uns mit vielen Verbeugungen und salbungsvollen Sprüchen in die innen liegenden Kemenaten führte. Dort angekommen, erschien eine noch besser gekleidete Person und fragte, wo denn die Eltern seien. Beide, sowohl die Führerin als auch ich, fühlten uns überrumpelt. Ich dachte schon, jetzt stecke ich in einer Falle. Erst einige Minuten später klärte sich die Situation. Kurz zuvor hatte ein heiratswilliges Paar – er Amerikaner, sie Kasachin – angerufen und einen kurzfristigen Besuchstermin anberaumt. Dem Amerikaner, der sich mit der Kasachin verehelichen wollte, schwebte wohl eine Zeremonie „à la Dallas" vor.

Wir hatten unseren Spaß, den beiden Herren war es sichtbar peinlich.

Im Gegensatz zur Landwirtschaft hat die Viehzucht in Kasachstan ihre eigene Tradition. Schon vor Jahrhunderten trieben Nomaden ihre Herden (Schafe, Pferde, Kamele) durch die Steppen des Landes und legten auf der Suche nach günstigen Futterplätzen nicht selten fast 1000 km im Jahr zurück. Auch heute gibt es noch die großen Viehherden, die jedoch aufgrund der veränderten Umwelt- und Arbeitsbedingungen nicht von Nomaden, sondern von mehr oder weniger ortsgebundenen Hirten begleitet werden. Aber noch immer lautet die Begrüßungsformel nach Väterart: "Wie geht es dem Vieh und deiner Familie?"

Die Hauptsache der ganzen Arbeit und Politik besteht nur darin, Menschen und den faktischen Vollzug zu prüfen. (V. Lenin)

Anna Karenina

Jeder, der sich mit Russland beschäftigt und von der Kultur und dem Land fasziniert ist, kommt über kurz oder lang mit der Literatur in Berührung. Sei es Puschkin, dessen zweihundertster Geburtstag am 12.06.99 als riesiges Volksfest in ganz Russland gefeiert wurde (wir waren natürlich dabei), oder seien es Bulgakow, Dostojewskij oder Tolstoi, der mit seinen Erzählungen „Krieg und Frieden" oder „Anna Karenina" Weltruhm erlangte. „Anna Karenina" hat er angeblich 100mal umgeschrieben; das habe ich mit diesen Geschichten nun wirklich nicht vor.

Aus „Anna Karenina" stammen auch folgende Geschichten.

Jede Übereinstimmung mit den aktuellen Ereignissen oder lebenden Personen ist natürlich rein zufällig, und ich sehe mich auch nur zufällig manchmal in der Rolle jenes genannten Lewin.

„Doch nun ergab sich, dass die erst im letzten Herbst angefertigten Krippen in dem während des Winters nicht benutzten Gehege zerbrochen waren. Er schickte nach dem Zimmermann, der gemäß seinen Anweisungen mit der Reparatur der Dreschmaschine beschäftigt sein musste. Aber es stellte sich heraus, dass der Zimmermann noch mit der Ausbesserung der Eggen beschäftigt war. Lewin war darüber sehr verstimmt. Er ärgerte sich über diese unaufhörliche Unordnung im Wirtschaftsbetrieb, gegen die er nun seit Jahren mit seiner ganzen Energie ankämpfte. Man hatte, wie er nun erfuhr, die im Winter nicht gebrauchten Krippen in den Stall der Arbeitspferde gebracht, und dort waren sie zerbrochen, weil sie, da für Kälber bestimmt, von leichter Bauart waren. Und zugleich musste er nun feststellen, dass man die Reparaturen an den Eggen und an den übrigen landwirtschaftlichen Geräten, die er schon im Winter angeordnet hatte und für die eigens drei Zimmerleute eingestellt worden waren, nicht ausgeführt hatte und die Eggen erst jetzt ausbesserte, wo sie schon gebraucht wurden. Lewin schickte nach dem Verwalter, machte sich aber auch zugleich selbst auf, um ihn zu suchen. Der Verwalter, in einer kurzen, mit Lammfell besetzten Pelzjoppe, kam ihm, in der Hand einen Strohhalm zerdrückend, von der Tenne entgegen und strahlte wie alle an diesem Tage.

„Warum arbeitet der Zimmermann nicht an der Dreschmaschine?"

„Ja, ich wollte es schon gestern melden: die Eggen müssen ausgebessert werden. Wir wollen doch pflügen."

„War denn im Winter nicht genug Zeit dazu?"

„Brauchen Sie den Zimmermann zu einem besonderen Zweck?"

„Wo sind die Krippen vom Kälberhof geblieben?"

„Ich habe angeordnet, sie wieder anzubringen. Aber was macht man schon mit diesem Volk", sagte der Verwalter mit einer verächtlichen Handbewegung.

„Nicht mit diesem Volk, sondern mit einem solchen Verwalter!" brauste Lewin auf.

„Wozu habe ich Sie denn eigentlich?" schrie er ihn an. Doch als er sich dann besann, dass mit dem Schimpfen nichts geholfen war, brach er es mitten in der Rede ab und seufzte nur. „Wie ist es nun mit der Aussaat? Kann damit angefangen werden?" fragte er nach kurzem Schweigen.

„Hinter Turkino wird es sich morgen oder übermorgen machen lassen."

„Und der Klee?"

„Ich habe Wassili und Mischka losgeschickt, die säen. Nur weiß ich nicht, ob sie damit weit kommen werden, weil solcher Morast ist."

„Auf sechs Hektar."

„Warum denn nicht auf allen?" rief Lewin empört.

Dass für den Klee nur sechs Hektar statt zwanzig vorbereitet waren, ärgerte ihn noch mehr als alles andere. Er wusste sowohl aus der Fachliteratur als auch aus eigener Erfahrung, dass mit einem guten Klee nur dann zu rechnen war, wenn die Aussaat sehr frühzeitig, womöglich noch bei der Schneeschmelze vorgenommen wurde. Doch das hatte er nie durchsetzen können.

„Es fehlt an Leuten. Was soll man mit diesem Volk machen? Drei Mann sind ausgeblieben. Und Semjon, der …"

„Dann hätten Sie doch ein paar Mann vom Stroh wegnehmen können."

„Das habe ich sowieso schon gemacht."

„Was tun denn all diese Leute?"

„Fünf sind mit dem Kompott beschäftigt." (Er meinte Kompost) „Vier schütten den Hafer um; wenn er nun nicht muffig geworden ist, Konstantin Dmitritsch."

Lewin wusste nur zu gut, dass dieses „wenn er nur nicht muffig geworden ist" zu bedeuten hatte, dass der englische Saathafer bereits verdorben war, dass man seine Anweisungen wieder nicht befolgt hatte.

„Ich habe doch schon in der Fastenzeit gesagt, dass man ihn umschütten muss!" schrie er den Verwalter an.

„Seien Sie unbesorgt, es wird alles rechtzeitig gemacht."

Lewin winkte wütend mit der Hand ab, ging in den Speicher, um sich den Hafer anzusehen, und kehrte dann mit zum Pferdestall zurück. Der Hafer war noch nicht verdorben. Aber die Arbeiter schütteten ihn mit Schaufeln um, statt ihn durch Rohre unmittelbar in das untere Stockwerk abzuleiten; nachdem Lewin die Arbeiter entsprechend angewiesen und zwei von ihnen zum Aussäen des Klees abkommandiert hatte, legte sich sein Zorn über den Verwalter. Der Tag war so schön, dass man unmöglich lange zornig sein konnte."

Lew Tolstoi: Anna Karenina, Rütten & Loening. BDW Bibliothek der Weltliteratur, Teil 1, Seite 215 f.f.

„Die Pflüge erwiesen sich auch als unbrauchbar, weil der Bauer nicht auf den Einfall kam, das aufgerichtete Pflugmesser herunterzulassen, und durch gewaltsame Bewegungen die Pferde quälte und den Boden verunstaltete; er aber wurde gebeten, sich nicht zu beunruhigen. Die Pferde waren in den Weizen eingebrochen, weil keiner der Arbeiter den Nachtwächter spielen wollte und die Leute sich, obwohl er es verboten hatte, in der Nachtwache ablösten; Wanka aber, der nach der ganztägigen Arbeit müde war, hatte seine Zeit verschlafen und bekannte sich schuldig, indem er sagte: „Wie Sie belieben." Drei seiner besten Kälber verendeten, weil man die Tiere, ohne sie zu tränken, ins Kleegrummet getrieben hatte, und man wollte durchaus nicht glauben, dass der Klee ihnen den Leib aufgebläht hatte, und tröstete Lewin damit, dass beim Nachbarn innerhalb drei Tagen hundertzwölf Tiere krepiert seien. Alles dies geschah aber nicht etwa deshalb, weil jemand Lewin oder seiner Wirtschaft hätte Schaden zufügen wollen; im Gegenteil, er wusste, dass er bei den Leuten beliebt war und von ihnen als „einfacher" Herr bezeichnet wurde (was das höchste Lob bedeutete); es war lediglich darauf zurückzuführen, dass alle vergnügt und sorglos arbeiten wollten und dass seine Interessen ihnen nicht nur fremd und unbegreiflich waren, sondern darüber hinaus in einem fatalen Gegensatz zu ihren eigenen, durchaus berechtigten Interessen standen."
Lew Tolstoi: Anna Karenina, Rütten & Loening. BDW Bibliothek der Weltliteratur, Teil 1, Seite 451 f.f.

Die Menschen haben weniger Scheu, gegen einen beliebten Herrscher vorzugehen, als gegen einen gefürchteten. Das Band der Liebe zerreißt schneller als das der Furcht. (Machiavelli)

300 Jahre russische Flotte - auf der Kamtschatka

Juli 1996

Im nördlichen Teil Russlands, nahe der sibirischen Packeisgrenze liegt, eingerahmt von der Beringsee, dem Ochotskischen Meer und dem Pazifik, die zu Russland gehörende Halbinsel Kamtschatka. Kaum jemand kennt diesen Landstrich im Nordosten Sibiriens. Denn die Kamtschatka war in den vergangenen Jahrzehnten, während der Zeit des Kalten Krieges, militärisches Sperrgebiet. Kein Fremder durfte die Halbinsel besuchen. Deshalb wurde auch nur sehr wenig über die Vulkanausbrüche bekannt, obwohl mehrere hundert Wissenschaftler dort stationiert sind, welche die Feuerberge beobachten und erforschen. Denn Kamtschatka zählt nicht nur zu den aktivsten und spektakulärsten Vulkanlandschaften der Erde, sondern auch zu den vielfältigsten. Von explosiven Eruptionen über ruhig ausfließende Lavaströme bis hin zu Fumarolen, Solfataren und Geysiren ist dort alles geboten, was man sich unter Vulkanismus vorstellen kann. Nur etwa 500 000 Einwohner siedeln auf dem 1200 Kilometer langen und bis zu 480 Kilometer breiten Landsporn. Gut zwei Drittel davon leben im Umkreis von Petropavlovsk, der Hauptstadt Kamtschatkas. Ihre Haupteinnahmequellen sind der Fischfang und der Schiffsbau. Der Rest des Landes, in dem sich große Waldgebiete mit Sümpfen und weiten Tundralandschaften abwechseln, ist bis auf ein paar kleinere Ortschaften nahezu menschenleer und völlig unberührt. Deshalb konnten die insgesamt 160 Feuerberge, von denen an die 30 derzeit tätig sind, auch keinen großen Schaden anrichten.
Die aktiven Vulkane Kamtschatkas sitzen alle innerhalb eines 700 Kilometer langen und 80 Kilometer breiten Streifens entlang der Ostküste der Halbinsel. Dort schiebt sich in breiter Front die Pazifische unter die Eurasische Platte, und das mit einer Geschwindigkeit von etwa zehn Zentimeter pro Jahr.
Die Ureinwohner der Halbinsel, die Itelmenen, Korjaken, Ewenken und Tschuktschen, haben sich von jeher ferngehalten von den aktiven Vulkanbergen entlang der Pazifikküste. Sie wollten die Geister, die ihrem Glauben nach dort wohnten, leicht in Zorn gerieten und Feuer spuckten, nicht stören.
Das hatten wir, mein Schwager Manuel, Roman, mein Mitarbeiter, und ich auch nicht vor, als wir Mitte Juli 1996 zu einer Vulkan- und Riverrafting-Expedition aufbrachen. Unser Führer Igor hatte im Jahr zuvor bereits Freunde geführt. Begeistert waren sie zurück-gekommen, einzig mit der Warnung , genug zu essen und genug Mückenrepellent mitzunehmen. Sie selbst hatten, aufgrund einer durch Hochwasser eingestürzten Brücke, einen zweitägigen Umweg laufen müssen.

Mit knapp bemessenen Nahrungsmitteln konnten sie am Schluss der Reise kaum noch stehen, nur das „Zauberkraut" des Führers Igor hielt sie noch wach.

Das sollte uns nicht passieren. Eine Sonderation von 1 kg Müsli pro Nase sollte wohl ausreichen. Aber Igor hatte auch dazugelernt, denn der umsichtige Führer hatte erkannt, dass hungrige Touristen ganz schlecht zu führen sind. Deshalb begleiteten uns auf der Vulkantour und der nachfolgenden River-Tour die Köchin Tanja und deren Freundin Larissa.

Nach der Übernachtung bei Igor ging es am nächsten Morgen früh los; nach einem ausgiebigen Frühstück, bereits zubereitet von Tanja. Besser hätte es das Mariott-Hotel auch nicht gekonnt.

Der einzige Feuerberg, der den auf Kamtschatka lebenden Menschen gefährlich werden kann, ist der 2725 Meter hohe Avachinsky. Er gehört zusammen mit dem Kegel des Korjakski zu den Hausbergen von Petropavlovsk und liegt nur 25 Kilometer vom Stadtrand entfernt. Während seines jüngsten Ausbruchs im Januar 1991 konnten die Einwohner der Stadt tagelang von den Fenstern ihrer Wohnungen aus die Lavafontänen auf seinem Gipfel beobachten. Die Lavaströme erreichten die Stadt allerdings nicht.

Wir wollten mit einem schweren Militärtruck zum Tolbachik fahren. Dieser Vulkan ist wohl der bekannteste der Region. Der Ausbruch am 16. Juni 1976 konnte genau vorhergesagt werden.

Auch ausländische Fotografen durften damals in das Sperrgebiet einreisen – die Bilder gingen um die ganze Welt. In den bizarren Lavafeldern des Tolbachik testeten russische Wissenschaftler und Ingenieure zusammen mit ihren amerikanischen Kollegen den Prototyp des Marsmobils, das bei der Mission zu diesem fernen Planeten dessen Oberfläche auskundschaften sollte.

Das ehemalige Lager der Forscher sollte uns als Basislager dienen. Mit dem Truck kamen wir nur zum Teil an unseren Zielort heran. Später Schnee (zu unserem Glück!) zwang uns, die letzten zwei Stunden zu wandern. Dabei vertraute Igor auf die russischen Spezialschuhe, hüfthohe Fischerstiefel, die mit Fußlappen getragen werden. Wir ließen uns bereden, hatte Igor doch die Erfahrung, aber spätestens bei der nächsten Rast dämmerte es Manuel und auch mir, dass unsere Treckingschuhe doch bequemer und aufgrund der festen Schneedecke auch „angesagter" seien.

Igor ertrug es protestierend, ebenso unser „unkontrolliertes" Wassertrinken. Selbst die Überlebensregel der australischen Armee, demzufolge es das Wasser im Bauch ist, was rettet, konnte ihn nicht überzeugen; er beharrte auf kleinen Wassermengen, aufzunehmen nur während der Rast.

Schließlich erreichten wir unseren geplanten Standort. Holz, Bretter, sogar Werkzeug gab es noch genug. Während wir dann das Lager aufschlugen, kochten Tanja und Larissa. Gebratener Lachs, Felsquellwasser und zum Nachtisch eine Süßspeise. Sogar Beeren aus windgeschützten Niederungen gab es. Igor meinte, dass nur ein fauler Mann im Sommer dort verhungern könne, so viel Wild, Fisch und Beeren gäbe es. Den wunder-schönen Abend nutzten wir, um mit unseren Thermomatten die schneebedeckten Abhänge herunterzusausen. Einfach wundervoll! Igor hatte vor unserer Abfahrt einige Flaschen mit reinem Alkohol erstanden, die er mit Kennermiene abends mit Fels-quellwasser und Kräutern zusammendistillierte, ein wunderbarer Schlummertrunk.
Anderntags dann unser Aufstieg zum beeindruckenden Vulkanmassiv des Mutnovsky.

In den Kratern des zerfurchten Bergrückens ruht ein großer Gletscher. Auch den Mutnovsky würde wohl niemand beim ersten Hinsehen als Vulkan identifizieren. Doch sobald man seine Abhänge hinaufsteigt, merkt man, dass man es mit einem der aktivsten und gefährlichsten Feuerberge der russischen Halbinsel zu tun hat. Die Erde scheint hier zu leben. Ständig lösen sich vereinzelt, aber auch in großen Massen Felsbrocken von den Wänden und poltern laut zu Tal. Für den Menschen nicht spürbare Mikrobeben bringen sie ins Rollen. Dazu kommt der Temperaturwechsel zwischen Tag und Nacht, der das an sich schon bröselige Gestein lockert und in Bewegung setzt. Direkt neben den bizarren Eistürmen des Gletschers zischt heißer, stechend riechender Dampf aus dem Erdboden. Die Austrittslöcher werden von leuchtend gelben Schwefelnieder-schlägen umgeben, die oft kaminartige Gebilde aufbauen. Kochend heiß brodelt das Wasser in den mehrere Meter breiten Schlammkesseln. Manchmal spritzt es weit über deren Rand hinaus.

Weitere Tagesausflüge führten uns zu verschiedenen umliegenden Vulkanen und zum Maly Semiachik, dessen türkisblauer Kratersee uns zum Baden einlud. Davon riet Igor allerdings ab. Aus dem Boden ausströmende Schwefeldämpfe machen das Wasser zu einer ätzenden Säure (pH-Wert 1).
Beim letzten Aufstieg waren unsere beide Mädchen nicht mit dabei, es war ihnen zu windig. An den anderen Tagen wurden wir täglich mit strahlendem Sonnenschein verwöhnt, was die beiden jeweils dazu veranlasste, im Bikini und Gummistiefeln zu wandern. Das hängt sicherlich damit zusammen, dass Licht und Finsternis in dieser Region ungleich verteilt sind.

„Während der Italiener sonnenverwöhnt die Leichtigkeit des Seins genieße, starre der Norden in stetem Eise. Seine Menschen waten in zäher Melancholie, ihre Seelen sind tristessegetränkt. Das Mammut entschloss sich vor längerer Zeit, von einem Leben in dauernden Dunkelheit enttäuscht, zum Aussterben." (Quelle SZ „Das Streiflicht")

Das sollte den beiden nicht passieren! Denn sie nutzten jede Gelegenheit zum Sonnenbaden.

„Nur Sehnsucht nach Licht erklärt auch die Zähigkeit, mit der sich die russischen Kosmonauten in der verrottenden Mir-Weltraumstation auf halbem Wege zur Sonne festgekrallt haben, nicht zu erschüttern durch klemmende Sonnensegel, mittelgroße Zimmerbrände, steuerloses Trudeln nach Ausfall des Zentralcomputers. Unvergesslich der schwermütige, von Herzrhythmusstörungen geplagte, Tubenborsch lutschende Commander Ziblijew, sein Kampf mit abgebrochenen Schraubenschlüsseln, vernagelten Luken und undichten Modulen!"
(Quelle: SZ „Das Streiflicht")

Nach 4 Tagen inmitten der Vulkane ging es dann per pedes zurück. Übernachtung in einem ehemaligen Goldgräbercamp, das Igor und seine Freunde als Wochenend- und Wintercamp nutzen. Erlen, Birken und wuchernde Ebereschen bilden einen fast undurchdringlichen Dschungel, dazwischen die hochgelagerten Wohncontainer (aufgrund von bis zu 10 Meter hohen Schneefällen im Winter!), die über Laufgitter miteinander verbunden sind. Nach einem entspannenden Bad in heißem Quellwasser saßen wir beim Abendessen, als wir plötzlich unseren Manuel vermissten. Suchen, rufen – nein, hier gibt es zumindest keine Bären; endlich kommt Larissa ganz aufgeregt und teilt mit, dass Manuel zwischen zwei verrutschenden Planken ca. 5 Meter tief in Brennnesseln abgestürzt sei. Es sei nicht viel passiert. Lediglich seine Nase, mit der er den Sturz abgebremst habe, sei schwer angeschlagen.
Heute, im Nachhinein, können wir sagen: Ende gut, alles gut. Damals lag Manuel in seinem eigenen Blut, was sich anfangs kaum stillen ließ. Dafür bekam er dann aber eine Extraportion Wodka, was ihm anscheinend auch half. Denn stöhnend zwar, aber lebend schafften wir es am nächsten Tag zurück in die Zivilisation.
Der zweite Teil unserer Reise verlief genauso aufregend und leider auch genauso schnell. Per PKW ließen wir uns 300 Kilo-meter entfernt an einem Fluss aussetzen, um dann per Schlauchboot zurück zur Hauptstadt zu treiben.

Das aus Armeebeständen (wie fast alle Ausrüstungsgegenstände Igors) stammende Schlauchboot hatte seine besten Zeiten schon hinter sich; häufige Rast zum Kleben neuer Risse und Löcher war angesagt. Das tat unserem Spaß keinen Abbruch, denn die Landschaft und der Fischreichtum entschädigten für jede Rast.

Nachts musste das Boot immer versteckt werden, bevor wir uns in die oberhalb des Flusses liegenden Camps zurückzogen. Denn vorbeifahrende Fischer hätten es durchaus gebrauchen können, und wir hätten das Nachsehen gehabt.

Aber dieses, den Kontakt mit dem russischen Bären (siehe nächstes Kapitel) und sogar den 300. Geburtstag der russischen Flotte, den Igor zum Anlass nahm, mit uns alle Wodkavorräte an einem Abend zu leeren, überstanden wir unbeschadet. Eventuell war es gerade diese Feierlichkeit, die die Nase von Manuel nur noch schneller heilen ließ; denn

IN RUSSLAND IST ALLES MÖGLICH.
(MANUEL DISSE)

Der russische Bär

August 1996

Das Verhältnis meines Gastgeberlandes zum Bären ist innig. Der Volksmund sagt, dass zwei Bären in einer Höhle keinen Platz haben. Das wird oft mit Herrn Jelzin in Verbindung gebracht, der sich durch Umbesetzungen, Absetzungen oder Einsetzungen vieler Konkurrenten entledigt hat. Der Bär ist auf vielen Volkskunstgegenständen abgebildet: Einzeln oder in Gruppen von Dreien. Außer im Moskauer Zoo, den wir oft und gerne besucht haben, sind mir Bären besonders auf der Kamtschatka-Halbinsel begegnet. Während meines Urlaubes zusammen mit Manuel und meinem Mitarbeiter Roman, kreuzten öfter Bären unseren Weg, im wahrsten Sinne des Wortes. Beim Camp auf einer Halbinsel direkt am Fluss stießen wir auf viele Bärenspuren. Wir machten unsere Witze und streiften unverzagt durch den Wald. Beim Abendessen stand dann wirklich plötzlich ein Bär in Sichtweite. Die zwölf Meter hätte er sicherlich schnell überwinden können, wenn er gewollt hätte. Er stand aber nur herum; bis der Autofocus meiner Kamera ihn gefunden hatte, war er fast wieder weg. Leider, oder glücklicherweise. Unser Führer Igor hatte sofort beim Anblick des Bären zu lärmen begonnen, unsere Köchin und deren Freundin waren so verunsichert, dass sie die ganze Nacht in der Nähe des hellen Feuers saßen. Am nächsten Morgen zeigte sich: zu Recht, frische Bärenspuren in der Nähe unseres Lagers zeugten vom Interesse des Bären an uns.
Weniger Glück hatte der bekannte Tierfilmer Michio Hoskino (*Moscow Tribune*, 10.08.96), der zur gleichen Zeit ebenfalls auf der Kamtschatka war. Wir hatten ihn und seine Crew in der Hauptstadt Kamtschatkas, Petropavlovsk, vorher noch gesehen.
Während fünf Teammitglieder in einem kleinen Holzhaus schliefen, benutzte er ein Zelt, mit der Bemerkung, Bären seien zu dieser Zeit gegenüber Menschen nicht aggressiv. Leider hörten dann die anderen nachts sein Geschrei und sahen, wie ein 250 kg schwerer und zwei Meter hoher Bär ihn wegschleppte. Sein Leichnam wurde später geborgen, der Bär wartet wohl heute noch auf weitere unvorsichtige Touristen.
Was habe ich daraus gelernt?

„Menschen halten keinen Winterschlaf. Obwohl der Hypothalamus im verrinnenden Herbst schon die aktivitätshemmenden Hormone ausspeit, glaubt der Mensch, er könne sich eine Zeit des Nichtstuns nicht leisten. Das hat fatale Folgen, weil die Hirntemperatur deutlich absinkt. Winter-Demenz äußert sich vielfältig: Manche glauben, Autos könnten bei Glatteis fahren. Wer als erster in die Straßenbahn steigt, bleibt prinzipiell an der Tür stehen, weil er sich für den Allerletzten hält. An den Zigarettenautomaten sind Gestalten zu beobachten, die in Ermangelung von Münzen halbe Zehnmarkscheine in die Schlitze stopfen. Frauen versuchen, Männer zum Reden zu bringen, obwohl diese nichts zu sagen haben. Männer träumen von Huren auf St. Pauli, flüchten aber zu ihren Müttern. Sie zählen nur noch zehn Herzschläge pro Minute, riechen nach essigsaurer Tonerde und rennen dennoch hektisch zur Arbeit wie verhärmte Nagetiere.

Bären sind anders. Bären halten Winterschlaf, weil sie dem Ruf des Hypothalamus folgen. Seit Urzeiten wissen sie, dass ständige Bereitschaft zur Fortpflanzung krank macht. Dito immerwährendes Essen und Trinken. Bären träumen dann nur davon, zarte Menschenohren abzubeißen, mit Honig zu beträufeln und in der Sonne zu rösten. Sie schlafen aber nicht ununterbrochen, wie schon der alte Brehm feststellte. Sie „duseln vielmehr in halbwachem Zustande und sind sofort rege, wenn sich etwas Verdächtiges ereignet". Zeigt sich der Bär – wie jüngst in Polen und Kroatien -, so erschrecken die Menschen und suchen nach Erklärungen. Einige sagen, es liege an der milden Witterung. Andere schließen von sich auf andere Kreaturen: Es sind dies vor allem Männer, die mit fortschreitendem Alter damit leben müssen, dass sie nach dem Genuss von drei Bieren nicht mehr durchschlafen können. Eine bittere Erfahrung, gewiss, aber nicht ohne weiteres übertragbar. Bären *müssen nicht* im Winterschlaf. Ihr Körper wirtschaftet dann so nachhaltig, dass er Harnstoff in Eiweiß verwandelt.

Duselnde Bären erwachen, wenn sie essigsaure Tonerde riechen. Der Mensch ist ihnen nun grundsätzlich verdächtig, weil er keinen Winterschlaf hält. Es ist dann ratsam, die Ohren zu bedecken. Für Österreicher gilt: Nicht die Pisten und Loipen verlassen! Österreicher haben harmlose Petze als „Problembären" abgestempelt, das verzeiht ihnen die ganze Ursiden-Sippe so schnell nicht. Und Vorsicht bei betagten Tieren! Brehm hat nämlich auch über Bären herausgefunden, „dass im Alter sich das Vieh immer mehr herauskehrt, d.h., dass sie tückisch und reizbar, zornig und boshaft sind, die starken mithin gefährlich werden". Der Mensch, von der Winter-Demenz geschwächt, kann bei solchen Begegnungen leicht jenen Schlaf finden, der noch andauert, wenn die Bären schon die ersten Knospen pflücken."

(Quelle: SZ „Das Streiflicht")

**ZWEI BÄREN HABEN KEINEN
PLATZ IN EINER HÖHLE.
(RUSSISCHES SPRICHWORT)**

Aus Gründen der Hygiene oder
Romeo und Julia neun Monate später...

Wie entbindet man in Russland!

September 1996

Von Ute Couraudon

Die Frage – wo möchte ich entbinden – stellt sich nicht für die meisten russischen Frauen. Das Viertel, in dem die künftige Familie lebt, bestimmt den Ort der Entbindung: D.h., das dem Wohnort am nächsten liegende Krankenhaus wird der Familie automatisch „zugeteilt". Die Entbindung ist in diesem Fall kostenlos, wie übrigens auch die kinderärztliche Betreuung. Wenn die Frau ihr Kind aber in einem anderen Krankenhaus zur Welt bringen möchte, bessere Bedingungen und mehr Komfort verlangt, wie zum Beispiel im Einzelzimmer schlafen möchte, die Möglichkeit, ihren Mann immer an ihrer Seite zu haben, dann muss sie bezahlen. Wenn sie beispielsweise das Zentrum für Familienplanung und Fortpflanzung am Sewastopolskij Prospekt auswählt, eine der renommiertesten Kliniken, würde sie für Entbindung und Aufenthalt ungefähr 800 $ bezahlen müssen.

Alte Entbindungshäuser und Neugeborenenabteilungen müssen ihre Tore mehrmals im Jahr für 10 bis 14 Tage schließen: aus Gründen der Hygiene. Man sollte es miteinkalkulieren bei der Geburtenplanung!

Wie verläuft eine Entbindung?

Die Frauen besitzen einen Schwangerschaftspass, in dem alles Wissenswerte über ihre Schwangerschaft verzeichnet ist, und in dem eine Telefonnummer steht, die, wenn Wehen auftreten, angerufen werden kann. Auf den Anruf hin wird der schwangeren Frau ein Krankenwagen von der Klinik geschickt. Es ist dieses Auto, das die künftige Mutter in die Klinik fahren wird, mit oder ohne Ehemann. Man könnte meinen, alles sei bestens organisiert, damit der künftige Papa nicht teilzunehmen hat... nicht teilzunehmen braucht...

Den Weg in das Krankenhaus treten die meisten Frauen alleine an. Manche Männer begleiten ihre Frau zum Krankenhaus, machen dann aber an der Eingangspforte kehrt. Ebenso für die Dauer ihres Aufenthaltes in der Klinik sind die Frauen auf sich allein gestellt. Die Frauen treten im Allgemeinen alleine ein, bleiben dort alleine und gehen fünf Tage später, nachdem sie entbunden haben, wieder nach Hause. Ein Kreis schließt sich. Denn tatsächlich kümmern sich auch zu Hause die russischen Papas überhaupt nicht um ihre Kinder.

Es stimmt, sehr oft hat der künftige Papa nicht einmal das Recht, in die Klinik einzutreten, und zwar wegen der Krankheitserreger, die er „miteinschleppen" könnte. Es stimmt auch, dass er oft nicht bei der Entbindung seines Kindes dabei sein darf, einmal mehr wegen „seiner" Krankheitserreger, allerdings da auch zum Teil die Kreißsäle sehr klein sind und oft gerade mal Platz bieten für drei Frauen. Dabei kommt dem russischen Mann das sehr gelegen; denn die allerwenigsten unter ihnen wollen bei der Entbindung anwesend sein. Was erstaunlich ist, die russischen Frauen selbst wollen ihre Männer mitunter nicht dabei haben. Dafür gibt es mehrere Gründe: Die Frauen wollen nicht vor ihren Männern daliegen, mit schmerzverzerrtem Gesicht, schreiend, und ungeschminkt! Sie sehen nicht ein, warum der Mann bei einer Geburt dabei sein sollte, zu welchem Zweck. Letztendlich können nur sie pressen, nur sie können das Baby zur Welt bringen. Man muss dazu sagen, dass viele Frauen auf die Frage, ob sie ihren Mann bei der Entbindung neben sich haben wollen, Nein sagen, und zwar weil sie von vornherein wissen, dass er es auf keinen Fall will. Und sie wollen nicht zugeben, dass ihr Mann sie während der Entbindung nicht sehen will.

Man täte also dem russischen Mann Unrecht, es nur ihm zur Last legen zu wollen, dass seine Frau das gemeinsame Kind allein zur Welt bringen muss. Es ist, wie gesehen, ein vielschichtiges Problem und vor allem auch ein gesellschaftliches Phänomen, wie es in Deutschland noch vor gut 20 Jahren herrschte. Auch der deutsche werdende Vater war kein „gern gesehener Gast" in den Kreißsälen. Dies hat sich gewandelt. Heutzutage ist es für eine Vielzahl von Frauen undenkbar, ohne ihren Mann entbinden zu müssen, und ebenso für die meisten Väter unvorstellbar, bei der Geburt des eigenen Kindes nicht anwesend zu sein. Aber dieses andere Denken kommt nicht von ungefähr und unterliegt vor allem einem langen gesellschaftlichen Prozess. In gängigen Heften für werdende Eltern werden die Männer auf ihre Rolle als Vater vorbereitet. Frauenärzte befürworten mit Nachdruck die Anwesenheit des Mannes bei den Untersuchungen während der Schwangerschaft und bei der Geburt. Und schließlich darf der westliche Papa nach der Entbindung die Nabelschnur durchtrennen. Die öffentliche Meinung in Russland zur Vaterrolle ist eine völlig andere: Während der sowjetischen Ära und auch früher, im alten Russland, galt es als ungeschriebenes Gesetz, dass die Entbindung (ebenso wie die Kindererziehung) alleinige Sache der Frau sei. Der Mann blieb draußen vor der Tür, bzw. zu Zeiten der sowjetischen Geburtshilfehäuser „unter dem Fenster", weil er nicht in das Zimmer der Frau durfte. Heute gilt dies nach wie vor für Krankenhäuser außerhalb Moskaus. Nur in Moskau selbst, und auch hier nur vereinzelt, haben Geburtshäuser und Kliniken auf westlichem Niveau die strengen Besuchszeiten für Väter gelockert, und auf ausdrücklichen Wunsch hin darf der Vater bei der Geburt dabei sein.

Die Babys werden im Krankenhaus eingewickelt und oft auch danach zu Hause. Diese Methode wird angewandt nicht nur weil es billiger ist, als Wegwerfwindeln und richtige Kinderkleidung zu gebrauchen. Sie wird auch von den Ärzten für die ersten zwei, drei Wochen empfohlen: Wenn Arme und Beine eingewickelt sind, kann sich das Baby, das seine Bewegungen noch nicht kontrolliert, erstens nicht wehtun und zweitens nicht im Schlaf wachmachen. Mit neun Monaten dann wird das Baby in der Regel auf den Topf gesetzt – dies war früher der Fall, weil es kaum Windeln zu kaufen gab; heute gibt es Wegwerfwindeln zu kaufen, sie sind aber für die russische Durchschnittsfamilie zu teuer.

Die Mutter bleibt im Normalfall fünf Tage mit ihrem Kind in der Klinik Nr. Soundsoviel. Die Kliniken hierzulande tragen Nummern, aus dem einfachen Grund, weil es in Russland nie kirchliche Träger gab, die Krankenhäusern oder Schulen ihren Namen hätten geben können. Während der Zeit im Geburtshaus darf die Frau oft keinen Besuch auf ihrem Zimmer empfangen, d.h. weder von den Großeltern, Freunden noch von ihrem Ehemann einmal mehr aus hygienischen Gründen. In einer bekannten Klinik treffen sich zum Beispiel die Besucher zu einer bestimmten Uhrzeit in einem bestimmten Raum und übergeben den Krankenschwestern die Geschenke für Mutter und Kind. Diese verteilen Blumen und Stofftiere dann an die betreffenden Mütter. Um aber trotzdem mit seiner Frau sprechen und sein Neugeborenes sehen zu können, stellt sich der Mann draußen im Hof vor das Zimmer seiner Frau, die Frau öffnet das Fenster und … Man könnte sagen: Romeo und Julia neun Monate später, es fehlt nur noch die Gitarre!

Die Dauer des Schwangerschaftsurlaubs beträgt 140 Tage, während derer das Gehalt der Mutter voll ausbezahlt wird. Früher war streng geregelt, dass die Frau exakt 70 Tage vor und genau 70 Tage nach der Entbindung ihren Urlaub zu nehmen hatte. Heute liegt es im Ermessen der Frau zu entscheiden, wieviele Tage vorher bzw. nachher sie zu Hause bleiben möchte. Bis das Kind 18 Monate alt ist, erhält die Familie 80 % des gesetzlichen Minimalgehaltes, d.h. ungefähr 46 Rubel zuzüglich eines gewissen Prozentsatzes des Monatsgehaltes. Bis das Kind 18 Jahre alt ist, wird das Minimalgehalt von ca. 46 Rubel (zum damaligen Wechselkurs ca. DM 15) ausbezahlt. Auf Antrag hin gibt es einen einmaligen Zuschuss für die Familie. Was den Arbeitsplatz der Mutter anbelangt, so ist dieser gesichert, bis der Sprössling 18 Monate alt ist. Und der Mutter droht keine Entlassung, solange das Kind nicht 3 Jahre alt geworden ist. Die Russinen machen in der Regel von diesem Anspruch Gebrauch und bleiben in den ersten drei Jahren mit ihrem Kind zu Hause.

Dem russischen Aberglauben nach darf das Neugeborene in den ersten sechs bis acht Wochen seines Lebens außer seinen Eltern niemanden zu Gesicht bekommen. Vielleicht kennen Sie die Geschichte, die sich in Moskau ereignet hat. Eine Mutter, die ins Krankenhaus gehen wollte, um sich bei der Geburtshelferin zu bedanken, hatte ihr Neugeborenes vor der Tür gelassen. Als sie kurz danach wieder zu ihrem Kind ging, musste sie feststellen, dass der kleine Sohn entführt worden war. Die Mutter nahm sich später das Leben. Solche traurigen Folgen kann das Festhalten am Aberglauben haben.

Und ein anderer russischer Aberglaube: „Oh, ist das Baby süß!" Die Russen mögen es nicht, wenn Fremde ihre Kinder loben. Tun sie es doch, folgt dem Lob ein Spucken über die eigene Schulter und der Ausspruch „Bloß nicht!", um (das Kind) nicht zu verwünschen.

Mein Mann ist so untreu, dass ich nicht weiß, von wem meine Kinder sind.
(Russisches Radio)

Lehrer ohne Furcht und Tadel

Oktober 1996

Von Andreas Steppan

Mit diesem Titel bezeichnet Andreas, der Vater von Theresas Freundin Linda, das Fremdsprachenlehrerkollegium in der russischen Schule, an dem er 2 Jahre als deutscher Programmlehrer tätig war. Dass dieser Aufenthalt sicherlich nicht immer ein Zuckerschlecken war, ist vorstellbar. Auch die Kluft, die sich auftut zwischen den Idealen eines engagierten, westlich geprägten Pädagogen und dem östlichen Kollektiv, dem die westliche Didaktik fremd ist und häufig auch „gestohlen" bleiben kann, wird deutlich. Auszüge aus den Briefen, die er mir dankenswerterweise zur Verfügung gestellt hat, belegen, wie es so ist, in Moskau und an russischen Schulen. Viel anders als an deutscher Schulen, aber nicht weniger interessant.

… Ich möchte mich, wenn auch kurz, hiermit zum ersten Mal aus meiner neuen Wirkungsstätte melden. Das Wetter ist gut, die Sonne scheint, und es ist warm. Dennoch sprechen alle vom bevorstehenden Winter und fragen sich, welche üble Überraschungen er diesmal mit sich bringen wird. Noch vor zwei Wochen hatten wir einen jähen Temperatursturz bis in den Nachtfrostbereich, dies kann täglich wieder passieren. Im übrigen warten wir auf den 1. Oktober, dem traditionellen Beginn der Heizperiode. Dann wird es in allen Moskauer Wohnungen mollig warm (auch in der Schlafzimmern, denn die Heizkörper kann man nicht abstellen).
In meiner Schule habe ich es jetzt endlich das, was ich mir in Bochum immer erträumt habe: ein Kabinett, das ich nach Belieben ausgestalten und das ich den ganzen Tag als Büro nutzen kann. Die Bürotätigkeit wird nur unterbrochen von meinen Schülern, denen ich nicht nachzulaufen brauche, sondern die mich für den Unterricht besuchen kommen. Leider ist mein Kabinett nicht geheizt, aber bis zum Winter wird sich etwas finden.
Mein Büro ist nicht groß, aber das ist nicht schlimm, denn es kommen auch nicht viele Schüler: in der Regel zwischen 8 und 12! Allerdings habe ich zehn Kurse von diesem Kaliber, und zwar jeweils nur eine Stunde in der Woche. Zusätzlich habe ich zwei Gruppen mit je vier Stunden die Woche, so dass mein Stundenplan „eine Stavka" von 18 Stunden umfasst. Aber wie alle Russen habe ich natürlich noch eine andere Arbeitsstelle, auf der ich den Rest meiner Zeit verbringe. Hier handelt es sich

um eine Experimentalschule, die sowohl verstärkten Englischunterricht anbietet als auch einen B-Zweig Deutsch, für den ich zuständig sein soll.

Soll - das kommt daher, dass die Moskauer Schulen größtenteils noch „schwimmen", d.h. noch keinen festen Stundenplan haben. Da die Schulen ihre Lehrer selber auswählen, das Gebietsbildungskomitee aber für die Bezahlung zuständig ist, muss zu Beginn jedes Schuljahres eine penible Aufstellung über die Ausbildung der Lehrer und die Unterrichtsversorgung eingerichtet werden, die bei den meisten Schulen zunächst einmal abgelehnt wird. Dies liegt daran, dass in den Schulferien neue Stundentafeln erlassen wurden, nach denen eigentlich schon seit dem 2. September unterrichtet werden muss. Nur leider fehlen die Lehrer für die neu hinzu gekommenen Fächer (Moskaukunde, Hauswirtschaft), oder durch die Neugewichtung können einige Lehrer nicht die vielen Stunden unterrichten, die sie brauchen, um ihren Lebensunterhalt zu bestreiten. Das Ergebnis ist z. B. in unserer Schule, dass der Physiklehrer (Physik hat weniger Stunden als bisher) an eine Privatschule geht, wo er besser verdient.

... Mein Tagesablauf sieht ganz ähnlich aus wie in Bochum. Morgens um sieben verlasse ich mein Haus (11. Etage), fahre mit dem Bus (hier ist es ein Trolley) zur U-Bahn und von der U-Bahn wieder mit dem Bus zur Schule. Die Prozedur dauert etwa eineinviertel Stunden, was für Moskauer Verhältnisse nicht lang ist. Besonders gut dran bin ich, weil ich von Endhaltestelle zu Endhaltestelle fahre und nicht umzusteigen brauche. Dadurch habe ich immer einen sicheren Sitzplatz. In der Metro ist es warm; vor allem auf dem Nachhauseweg schlafe ich schon mal ein – aber auch das ist nicht so schlimm, da ich ja, wie gesagt, bis zur Endstation fahre. Im Übrigen nicken alle gerne in der Metro ein. Hier kommen dann die Bedenken: Ist das nicht gefährlich? Wird man da nicht überfallen? Nein, davon abgesehen, dass Raubüberfälle ohnehin eher selten sind (Auftragsmorde sind schon häufiger), wirkt sich die massive Präsenz uniformierter Zeitgenossen in dieser Hinsicht positiv aus. Die Feiern zum 850. Jahrestag der Stadtgründung brachten es mit sich, dass Polizei und Armee aus ganz Russland in Moskau zusammengezogen wurde und unablässig kontrollierte. Als dann der Verkehr am Wochenende zusammenbrach, die Metrostationen geschlossen und die Ausfallstraßen gesperrt waren, traten die feiernden Moskowiter den häufig stundenlangen Heimweg diszipliniert zu Fuß an; von Uniformierten war plötzlich nichts mehr zu sehen; ob sie in der Masse integriert oder längst die Flucht angetreten hatten, war nicht eindeutig zu entscheiden.

Das tägliche Leben unterscheidet sich ebenfalls wenig von dem in Bochum. Die Arbeit beginnt etwas später, da die Anfahrtswege lang sind, dafür beginnen die Abendveranstaltungen etwas früher, in der Regel um 19.00 Uhr. Wer auf die Metro angewiesen ist, muss ohnehin um ein Uhr den Heimweg angetreten haben, denn dann schließen die Umsteigebahnhöfe und man kommt nur noch weiter, wenn man Privatautos anhält und mit den Fahrern einen Preis für die Heimfahrt aushandelt. Auf diese Weise verdienen sich die russischen Autofahrer schon seit eh und je ihr Benzin oder vielleicht auch etwas mehr.

Das Versagen meines Laptops war ja generell nicht so schlimm, wenn ich den Drucker nicht auch als Kopierer benutzen müsste. Meine Unterrichtsvorbereitung sieht nämlich im Wesentlichen so aus, dass ich Texte abtippe und dann in der Klassenstärke ausdrucken lasse (Ihr wisst ja mittlerweile, wie klein hier die Deutschklassen sind). Die Schüler müssen die Blätter dann natürlich am Ende der Arbeit wieder abgeben, damit ich sie nochmal gebrauchen kann. Jedenfalls ist es durch dieses System ausgeschlossen, dass man als Schüler mit Kopien „totgeschmissen" wird. Wenn Ihr fragt „Ja, kann man denn nicht...?", so muss ich sagen, dass man wohl kann, aber auch wieder nicht, bzw. nicht sofort jedenfalls, wenn man`s brauchen würde. In der Schule gibt es einen Fotokopierer, aber der ist natürlich abgeschlossen. Die Dame, die ihn bedient, ist meistens geschäftlich oder krankheitsbedingt außer Haus. Wenn man sie erwischt, ist meistens das Papier alle oder der Toner; manchmal gibt es natürlich auch Schwierigkeiten mit der Stromversorgung oder er hat einen Papierstau. Name it, we have it. Alles ist möglich, nur nicht, dass man von heute auf morgen an der Schule Kopien besorgen kann. Also vielleicht im Laden?
Spezielle Kopierläden gibt es zwar nicht, aber Geschäfte, in denen ein Kopierer steht, schon. Heute morgen – ich habe samstags Schule – wollte ich ein paar Kopien kaufen. Es stellte sich aber heraus, dass der Mensch, der den Kopierer – in einem Elektronikladen – bedient, samstags und sonntags frei hat. Was bleibt, ist Diktat. Zusätzlich schreibe ich die Texte mit dicken Filzschreibern – die gibt es nämlich überall zu kaufen - auf Kartonpapier – gibt`s in der „Kinderwelt" – und hänge dieses über die Tafel. Warum ich die Tafel nicht nutze, ist schwer zu erklären, denn dafür gibt es mehrere Gründe, die ganz von den individuellen Gegebenheiten der Tafel abhängen. Auf der Tafel kann ich prima schreiben, aber die Kreide frisst sich so tief in die Tafeloberfläche ein, dass ich sie anschließend mit Topfputzern wieder abschmiergeln muss. Die Lebensdauer einer solchen Tafel ist natürlich begrenzt. Eine andere Tafel lässt sich gar nichts anmerken, denn sie ist im Prinzip eine Blechwand, auf der Magnete gut haften, aber keine Kreide. Natürlich gibt es auch

eine optimale Abstimmung der Kreide auf die Tafel, aber so weit bin ich in meinen Kombinationsversuchen noch nicht gekommen.

In meinem Kabinett – und auch in allen anderen Schulräumen – habe ich immer ein wenig Angst, eingeschlossen zu werden. Aus irgendwelchen Gründen gibt es nämlich von innen keine Schlüssellöcher. Der Spaß ist leicht vorstellbar, wenn der Lehrer mit einer ganzen Klasse für Stunden eingesperrt ist, bis der Notdienst kommt. Eine interessante Entdeckung machte ich während der Ferien: Mein Kabinett hatte sich in ein Wohnzimmer mit Fernsehgerät, Hausbar und Rauchecke verwandelt. Es stellte sich heraus, dass ich den Raum, ohne es zu wissen, schon wochenlang mit dem Nachtwächter geteilt hatte. Wie Sonne und Mond hatten wir uns natürlich nie zu Gesicht bekommen. Als ich dahinter gekommen war, wurde das Nachtwächterquartier leider verlegt, so dass ich nie wieder in den Genuss der Fernsehecke kam.

Schüler haben lange Ferien, Lehrer nicht. In den Ferien besteht - außer einigen Wochen Sommerferien - Anwesenheitspflicht. Allerdings wird sie, wie alles in Russland, nicht so ganz genau genommen. Schüler haben 2,5 Monate Sommerferien, wenn sie nicht in der 3., 9. oder 11. Klasse sind; denn dann müssen sie Prüfungen ablegen und haben nur 2 Monate Ferien. Im Herbst und Winter kommt noch eine Woche hinzu, und im Frühjahr – glaube ich – zwei. Viele Schulen arbeiten aus Platzgründen in zwei Schichten. Wenn man Pech hat, muss man nachmittags zur Schule. Ein Mittagessen – das bezahlt werden muss – kann jeder in der Schule einnehmen. Eine Klasse besteht aus 30 Schülern, aber im Fremdsprachenunterricht werden die Klassen geteilt. In Spezialschulen mit erweitertem Deutschunterricht werden sogar drei Gruppen pro Klasse gebildet, so dass nur wenige Lehrer so schöne kleine Klassen haben. Addiert man die umfangreichen Hausaufgaben hinzu, so ist der fremdsprachliche Unterricht eindeutig wesentlich effizienter als in Deutschland. Die Grundschule besteht aus den Schuljahren 1-3; im Kindergarten muss man allerdings schon Lesen und Schreiben lernen. Eins der vielen Wunder des neuen Russland besteht darin, dass es keine vierte Klasse gibt, sondern die Schüler – sofern sie die Aufnahmeprüfung schaffen – von der dritten unmittelbar in die fünfte Klasse übergehen. Schulen beherbergen gewöhnlich alle Klassen von der ersten bis zur elften unter einem Dach. Die russischen Schüler lieben die Musik von Prodigy, sagen „spazieren gehen" zu „Schule schwänzen" und lernen insgesamt zehn Jahre auf der Schule. Ihr Abschlusszeugnis berechtigt sie dazu, die Aufnahmeprüfung an einer Hochschule zu machen.

Dafür besuchen sie in ihrem letzten Schuljahr Vorbereitungskurse an der Uni. Da diese jeden Nachmittag stattfinden, ist die Schule nur noch ein lästiges Übel; Hausaufgaben werden praktisch nicht mehr angefertigt. Vorher allerdings arbeiten sie sehr viel für die Schule. Hier gibt es nur fünf Zensuren, wovon 5 die beste ist. Eine 4 bekommt man, wenn man sich nicht besonders dumm anstellt, und eine 3 eben dann, wenn man sich besonders dumm anstellt. Eine 2 bekommt man praktisch nur, wenn man sich schrecklich aufführt, eine 1 nie. Zwei Zweien auf dem Zeugnis bedeuten Sitzenbleiben; das kommt aber selten vor, denn wenn man eine Abschlussprüfung nicht bestanden hat, wird man gebeten, es nochmal zu versuchen. Andererseits bekommt man eine Goldmedaille nur, wenn man das ganze Jahr über in keinem Fach etwas anderes als eine 5 bekommen hat. Wenn Ihr Euch klarmacht, dass man für jede einzelne Stunde eine Zensur bekommt – also jeden Tag sechs Zensuren! – dann könnt Ihr diese Leistung richtig einschätzen. Allerdings gilt auch hier: Wenn man schon mal 100 Fünfen hat, wird sich kaum noch ein Lehrer trauen, einem eine 4 zu geben!
Die Schüler haben hier auch Klassenlehrer und Klassenräume. Das ist eine ganz witzige Angelegenheit, denn eigentlich sind das ja die Räume der Klassenlehrer. Aber die Schüler machen sie nach dem Unterricht sauber und sind auch ansonsten für sie verantwortlich: Klassenbuch, Kreide, Tafel… genau wie bei uns. Nur, dass ihr eure Klasse nicht putzt. Hier verdienen die Putzfrauen so wenig, dass sie nur gerade mal den Flur des Erdgeschosses rein machen können. Wenn sie die oberen Etagen säubern sollen oder gar die Klassenräume, muss man sie dafür bezahlen. Bei uns wird seit neuestem jeden Freitag geputzt. Die Schüler schrubben die Böden und Wände, die Lehrer beaufsichtigen sie dabei und geben Tipps. Übrigens kommt man im Winter nicht mit Straßenschuhen in die Klasse. Im Erdgeschoss befindet sich eine Garderobe, in der man nicht nur seinen Mantel ablegt, sondern auch Hausschuhe anzieht.
Viele Schüler rauchen hier, auch schon ganz kleine. Schon mit 11, 12 Jahren fängt das an. Natürlich nicht alle, aber mehr als in Deutschland. In den Bussen sieht man schon morgens junge Leute mit offenen Bierflaschen. Das ist sehr traurig, aber nicht alle sind so. Wenn man sich vorstellt, dass sich das ganze Land in einer völligen Umbewertung aller Werte befindet, kommt einem das Verhalten der meisten Jugendlichen noch äußerst zivilisiert vor – oft viel besser als das der Erwachsenen!

… Vieles ist so bizarr, dass man es nicht einfach benennen kann, sondern lange erklären muss. Das Grundübel ist natürlich, dass die Kinder machen, was sie wollen, aber es gibt auch bestimmte Traditionen, die das wieder einschränken.

Eine dieser Tradition ist noch ganz frisch, deshalb will ich sie rasch erzählen. Vorgestern war Appell, russisch freundlicher „linejka" genannt. Das heißt, dass die Schüler einer Jahrgangsstufe in die Aula kommen und sich dort klassenweise aufstellen. Dann pflanzt sich vor ihnen die stellvertretende Schulleiterin auf und schimpft, was das Zeug hält: dass sie nicht genug lernen, dass sie oft blau machen, dass sie ihre Schuhe nicht wechseln (in Moskau, so sagte sie, sei es nicht so sauber wie in Berlin und Stuttgart, und deshalb müssen die Schüler saubere Schuhe mitbringen, die sie nur in der Schule tragen) und dass sie vielleicht besser auf einer anderen Schule aufgehoben wären. Dann gehen die Kinder ungerührt nach Hause. Auf meine Frage sagten sie, das sei so halt eine Tradition, das müsse man über sich ergehen lassen. Eine ähnliche Tradition ist der Elternabend, auf dem die Lehrer vor allen Ohren über die einzelnen Schüler herziehen und die Eltern herunterputzen. Natürlich lassen sich die Eltern der schlechteren Schüler dort bald gar nicht mehr blicken.

Andererseits machen sowohl die Eltern als auch die Schüler sehr viel selbst in der Schule: Sie säubern mittags die Klassen und Flure, sorgen für neue Türen und Vorhänge usw. und halten sich über das Schüler-"Tagebuch" ständig auf dem Laufenden. Der Lehrer gibt nämlich nach jeder Stunde eine Zensur und hält diese auch im Tagebuch fest. Dieses wird am Wochenende von den Eltern abgezeichnet, so dass immer alle Bescheid wissen. Nur ist das Ganze deshalb ein Witz, weil man eben nicht nach jeder Stunde ein Urteil abgeben und diese Urteile am Schluss zusammenrechnen kann. Deshalb gibt es im Prinzip nur zwei Noten im Heft: 5 für gut und 2 für schlecht. Ansonsten bleibt die Spalte leer, was aber schon bedeutet, dass man nicht gut genug war. Es lässt sich leicht ausrechnen, wieviel unnötige Konflikte dieses System heraufbeschwört.

... Ein schönes russisches Paradoxon ist die Disziplin. In der Schule zum Beispiel wird sehr viel auf Disziplin geachtet, aber nur bei denjenigen, bei denen das geht, nämlich bei den Lehrern. Da es den Schülern ziemlich schnurz ist, ob sie ausgeschimpft werden, richten sie sich nicht weiter danach. Gerade heute hatte ich den Fall: ein Schüler, der nur bei Lust und Laune in den Unterricht kommt. Empfehlung: Wir lassen ihn am Schluss des Jahres durch eine Prüfung nachweisen, dass er den Stoff trotzdem beherrscht. Anderer Fall: Ein junger Mann, der seine Lehrer mit Vorliebe so ansieht, als seien diese die Idioten, kommt nur noch sporadisch zum Unterricht, da er jetzt auf einem College „lernt" (wie der Ausdruck lautet). Das College wird natürlich bezahlt, und so kann er seinen Blick nun an zwei Schulen kultivieren, hat aber wenigstens die Sicherheit das Abitur zu schaffen.

Und danach? Nein, nicht danach, sondern schon während der Abschlussklasse sind die Schüler nur noch mit halbem Herzen bei der Sache. Sie belegen nämlich Kurse an den Universitäten, an denen sie studieren wollen, also zum Beispiel Deutsch. Wenn ich die Aufnahmeprüfung schaffen will, muss ich einen Jahreskurs absolviert haben (selbstredend gegen Dollars), der mir die (abseitigen) Kenntnisse vermittelt, die dort abgeprüft werden. Abiturprüfung? Natürlich müssen sie auch dafür lernen, aber der Notendurchschnitt spielt keine Rolle, weshalb man sich eben auch nicht weiter anzustrengen braucht. Könnte die Schule vielleicht höhere Anforderungen stellen (z. B. bei Hausaufgaben, Anwesentheitspflicht am Vormittag usw.), damit die Kurse erst nach erfolgreichem Schulabschluss begonnen werden? Dann verlieren die armen Schüler ein Jahr, werden, weil sie nicht so viel zu tun haben, faul und fallen hinterher sogar noch durch die Aufnahmeprüfung. Nein, dann lieber so: ein Jahr Stress und dann Ruhe.

Allerdings muss man sich unter dem russischen Abitur nichts Schlimmes vorstellen: Der Schüler zieht eins von zwanzig Kärtchen mit Themen. Diese Themen hat er im Laufe der 10. und 11. Klasse auswendiggelernt (in jedem Fach 20!) Jetzt spult er den auswendiggelernten Text ab. Wenn er Pech hat, bekommt er ein „dialogisches Kärtchen" und muss seine Lehrerinnen fragen, ob sie auch gegen die Haustierhaltung sind oder Urlaub im Wald dem Urlaub an der See vorziehen. Man kann verstehen, wenn eine Universität nicht nur diesem Kriterium Vertrauen schenkt bei der Auswahl ihrer künftigen Studenten. Doch hier liegt der Hund gar nicht begraben: Die Aufnahmeprüfungen sind auch nicht viel anders. Lediglich eine zusätzliche Pfründe für die armen Hochschullehrer (als „Budgetniks" des Staates beziehen sie Gehälter, die unterhalb der mittleren Monatseinkommen liegen) kommt dabei heraus. So ist für jeden gesorgt, so lange er für sich selbst sorgen kann. Das Nehmen ist so verbreitet, dass das Geben schon automatisch geschieht; man muss nicht einmal mehr darum bitten. Nur der Preis für eine Gefälligkeit variiert marginal. Grundsätzlich sind aber die Dollarbeträge festgelegt, und ein Hund ist der, der weniger als den örtsüblichen Durchschnitt nimmt.

... Das Problem besteht allerdings in einer schleichenden Demotivation der Schüler, die dazu führt, dass Neunklässler schlechter sind als Sechsklässler oder gar noch jüngere. Die russische Fremdsprachendidaktik ist – eigentlich ganz vernünftig – an Themen mehr orientiert als an grammatikalischer Systematik. Die Themen jedoch beinhalten immer eine zu übernehmende Meinung; diese Meinung wird gleichzeitig mit dem Thema vermittelt, so dass dem Schüler das Auswendiglernen eines ganzen Aufsatzes als sinnvollste Arbeit erscheint, er aber zum Thema über diesen Text hinaus kein einziges Wort sagen kann. Natürlich macht das keinen Spaß, wenn man 20 Themen von dem Kaliber „Theater in meinem Leben" auswendig lernen muss (bei monologischen Themen: 20 Sätze, mindestens 10 Nebensätze, bei dialogischen: 15 Repliken), die etwa so verlaufen: 1. Das Theater spielt in meinem Leben wie im Leben jedes Moskauers eine hervorragende Rolle. 2. Moskau ist eine Hauptstadt des Theaters, und ich bin, wie man so sagt, ein richtiger Theaternarr. 3. In den Moskauern Theatern kann man täglich die Werke der großen russischen Klassiker Ostrowski, Tschechow, Tolstoi, Gorki, aber auch die ausländischen Stücke von Shakespeare, Schiller, Goethe, Lope de Vega und vieler anderer bedeutender und ein-flussreicher Dramatiker sehen. Usw. usw. Bei meinen Themen-wiederholungen fehlten mir in den vorbereiteten Vorträgen oft noch wichtige Aspekte, wegen denen ich darum bat, sie mit aufzunehmen. Die niederschmetternde Antwort war gewöhnlich: Nein, nicht nötig, schon 20 Sätze. Ich denke, wenn man die Gesichtslosigkeit solcher Texte und die Stereotypie der Themen beendet, kann sich der Unterricht weiter entfalten.

Ein bisschen kann man die russischen Lehrmethoden mit dem russischen Zirkus vergleichen: gleichviel, ob es Elefanten, Seelöwen, Bären oder Tiger sind, das wichtigste ist, sie können auf den Hinterpfoten stehen und tanzen. Von der Würde des Tieres ist nicht viel zu spüren; man merkt ihnen die Scham darüber förmlich an, dass sie hier vorgeführt werden und ihre Artgenossen praktisch verraten. Dabei wäre es für alle Beteiligten viel befriedigender, wenn die Tiger durch brennende Reifen springen und die Schüler ihre intellektuellen und kreativen Fähigkeiten nützen könnten.

Es stimmt einfach nicht, was immer wieder zur Verteidigung vorgebracht wird, dass so viele Russen so hervorragend Deutsch sprechen. Es ist eine winzige Minderheit, die auch ohne Unterricht Deutsch gelernt hätte. Alle anderen – das schließt die an „normalen" Schulen und viele an Spezialschulen mit verstärktem Deutschunterricht lernenden Schüler ein – alle anderen bekommen von diesem Unterricht beklagenswert wenig mit. Was wohl stimmt, ist etwas anderes: dass Lernen offensichtlich zu Können führt, und dass russische Lehrerinnen das Lernen viel stärker einfordern als deutsche. Wieviel Kapazität in den Kindern steckt, weiß ich selbst erst, seit ich hier arbeite (und seit ich eine Tochter in schulpflichtigem Alter habe, die genervt nach Hause kommt, wenn sie keine Hausaufgaben aufhat).

Wenn Sie meine Briefe verfolgt haben, wird Ihnen nicht entgangen sein, dass dieses Jahr ein ständiges Auf und Ab an Emotionen gebracht hat: Ärger, Zorn, Unverständnis, Zweifel wechselten sich ab mit Freude, Zuneigung und Enthusiasmus; am Schluss überwogen die positiven Gefühle, deretwegen ich mich beim „letzten Klingeln" der Abiturienten dazu hinreißen ließ, zu sagen, wenn dies die neue Generation Russlands sei, sei mir um Russland nicht bange. Beim anschließenden Empfang wurde ich eines Besseren belehrt: Soweit diese Generation männlich ist, nimmt sie die Beine in die Hand, um Russland zu verlassen, bevor die Armee ihre Hände nach ihr ausstreckt. Die Aussicht auf eine unbarmherzige Grundausbildung und den Einsatz in Krisengebieten wie Tschetschenien treibt gerade die Feinsinnigen und Klugen nach Deutschland – ein verständlicher, aber nicht unbedingt zukunftsweisender Entschluss.

**Schule außer dem Leben und der
Politik ist Lüge und Heuchelei
(V. Lenin)**

Eine Wintergeschichte

November 1996

Es war im Februar, in einer kalten Winternacht, in einem verkommenen russischen Dorf.
In einem alten Haus lagen ein Alter und eine Alte auf dem Ofen. Jemand klopfte an die Tür. Der Alte lag am Rande, darum musste er vom Ofen runterklettern und an die Tür kommen.

„Wer ist da?"
„Der Reichtum. Lasst mich bitte übernachten!"
„Alte! Der Reichtum bittet um Übernachtung. Soll ich aufmachen?"
„Bist du denn verrückt, Alter? Was für ein Reichtum? Unser ganzes Leben lang haben wir in Armut und Not gelebt, nur Brot und Kartoffeln gegessen. Der Tod ist nicht mehr weit. Wir brauchen nun keinen Reichtum. Mach nicht auf!"
Nach einer halben Stunde klopfte jemand wieder an die Tür. Diesmal war es **das Glück**.
„Lasst mich bitte übernachten!"
„Was für ein Glück! Zwei Kriege haben wir überstanden, unsere Söhne begraben, kein Glück gesehen! Jetzt brauchen wir es nicht mehr. Mach nicht auf!"
Zum dritten Mal wurde angeklopft. Nun stand **die Freundschaft** vor der Tür.
„Alte! Vielleicht machen wir doch auf?"
„Wozu brauchen wir die? 50 Jahre lang zanken wir uns miteinander. Im Dorf ist keiner mehr geblieben. Mit wem willst du denn Freundschaft schließen? Mach nicht auf!"
„Was redest du, Alte? Na gut, wir brauchen kein Glück, keinen Reichtum. Aber wer wird uns begraben?" – sagte der Alte und machte die Tür auf.

Ins Haus kam die Freundschaft, und ihr folgten das Glück und der Reichtum. So lebten der Alte und die Alte noch viele Jahre einträchtig und sorgenfrei.

**Wollen wir also die Freundschaft
einladen und unsere Türe für sie
immer offen lassen!
(Volksweisheit)**

Freie Fahrt für freie Bürger

Dezember 1996

Bus- oder Trolleybusfahren ist ein echtes Abenteuer, aber so ganz nach unserem Geschmack. Von unserer Haustür fährt ein sogenannter Trolleybus ab, ein Bus mit elektrischer Oberleitung. Womit schon das erste Problem umrissen ist. Der Bus muss ja auch mal in eine Kurve fahren und wenn er dann zu weit von der Oberleitung wegfährt, verlieren seine elektrischen Stangen die Verbindung, und der Bus bleibt stehen. Dann steigt der Fahrer aus, klettert auf das Dach und verbindet die Stangen wieder mit der Leitung. Ist die Reparatur nicht so schnell möglich, steigen alle Fahrgäste ohne zu murren aus, stellen sich geduldig an den Straßenrand und warten auf den nächsten Bus.

Die Busse selbst sind sehr antiquiert, und die Türen schließen auch oft nicht mehr richtig. Wenn dann im Berufsverkehr der Bus gedrängt voll ist, sollte man sich möglichst nicht in der Nähe der Türen aufhalten.

Im Inneren der Busse gibt es in Kopfhöhe Stangen zum Festhalten und ich habe es schon erlebt, dass in einer besonders rasanten Kurve diese Stange herunterfiel, weil sich die seitlichen Schrauben gelöst hatten. Aber das war kein Problem. Die Fahrgäste setzten die Stange wieder ein, suchten die verlorengegangenen Schrauben und schraubten alles, so gut es ging, mit der Hand wieder fest.

Zum Aussteigen braucht man jedoch große Entschlossenheit und die Formel „Wy seytschas wychodite?" („Steigen Sie gleich aus?"), untermalt von entsprechenden Richtungsbewegungen. Es gibt auch Busse, an denen fährt man mit dem Auto möglichst zügig vorbei, weil die Räder dermaßen unwuchtig sind, dass man Angst hat, sie lösen sich gleich und rollen über die Straße. Martin, meinen Chef aus Deutschland, hat dies immer am meisten beeindruckt.

Auch eines der technischen und architektonischen Paradestücke des modernen Moskau muss man kennenlernen: die Metro. Ihre Stationen sind wahre unterirdische Paläste, ausgestattet mit Marmor und Mosaiken, Gemälden und Plastiken, Kronleuchtern und Kandelabern.

Das Moskauer Metronetz ist weltweit unübertroffen. Zwar sind die Menschenmassen und unterirdischen Labyrinthe auf den ersten Blick beängstigend, bringen aber den Geübten nicht mehr aus der Fassung.

Die Komsomolskaja ist die größte Metrostation in Moskau. Hier kreuzen sich die Ringlinie und die rote Radiallinie. Dieser Knotenpunkt spielt eine wichtige Rolle bei der täglichen Bewältigung des Schienenverkehrs, sowohl unterirdisch als auch über der Erde. Denn über den beiden Metrostationen befinden sich drei wichtige Bahnstationen: 1. Der Leningrader Bahnhof, von dem alle Züge in Richtung St. Petersburg abfahren; 2. Der Jaroslawer Bahnhof, er ist Ausgangspunkt für die Züge in Richtung Nordosten und 3. Der Kazaner Bahnhof, hier fahren alle Züge in Richtung Osten ab. Da alle Bahnstationen Sackbahnhöfe sind, beginnen und beenden alle Züge hier ihre Fahrt. Demzufolge herrscht seit fast 150 Jahren ein ständiges Kommen und Gehen.
Viele Besucher wurden zu wahren Metrofanatikern. Auch ich fahre gerne mit der Metro, bin ich doch dann sicher, dass ich wirklich in 30 Minuten zu Hause bin. Noch im Sommer 1998 (vor der Krise) war so eine zeitliche Aussage mit dem Auto nicht zu machen. In der Rushhour wurden es häufig 90 Minuten oder mehr. Dann doch lieber die Metro.

Besser schlecht gefahren als gut gelaufen. (Autor)

Scheremetjewo

Januar 1997

Von Karin Pape-Hoffer

Unsere Männer gehören sicher zu den Vielfliegern (ohne unbedingt Miles and More in Anspruch nehmen zu können, da Aeroflot oder Kasachstan Airlines sich an diesen Vielfliegerprogrammen nicht beteiligen), aber auch wir fliegen mit oder ohne unsere Kinder vergleichsweise oft. Kleine Hürden werden von uns mittlerweile souverän bewältigt, und Verspätungen oder Änderungen des Flugplanes lassen uns nicht die Fassung verlieren. Eine gewisse Routine hat sich entwickelt – und dennoch habe ich das Gefühl, dass jeder Flug sein eigenes kleines Abenteuer birgt.

Es fängt alles in Scheremetjewo, dem internationalen Flughafen, an. Die Zollkontrolle hat ihre Schrecken und vor allem ihre lange Schlange verloren, seitdem es auch in Russland einen grünen und roten Kanal gibt. Die Passkontrolle ist nach wie vor einzigartig: unfreundliche Mienen und zeitaufwendige bürokratische Kontrollen. Als ich das letzte Mal mit meinen Kindern geflogen bin, war es allerdings nahezu idyllisch: so gut wie keine Schlangen. Es waren wenig Leute und trotzdem mehrere „budkas" auf. Nur zwei Fluggäste waren vor uns. Direkt vor uns war ein Einzelreisender, der lange stehen musste und plötzlich wild gestikulierend vor dem Fenster auf die korrekte Dame hinter demselben einredete. Eine zweite Frau erschien, die mit seinen Dokumenten verschwand. „Wie kann man nur zum Flughafen fahren, ohne seine Dokumente in Ordnung zu haben?!", dachte ich insgeheim. Der Mann wurde freundlich zur Seite gebeten und wir waren dran. Obwohl wir nicht lange gewartet hatten, war mein Kleiner (2) schon etwas ungeduldig geworden. Ich zeigte alle Pässe und Visa vor. Die zweite Dame war wieder hinter der Scheibe erschienen und zu zweit wurden nun unsere Dokumente lange begutachtet. Ich guckte etwas gelangweilt in der Gegend umher. Plötzlich sagte Dame Nr. 2: „Oh, oh, was machen wir nun mit Ihnen?" „Was ist los?" fragte ich, in einem Ton, der (noch) absolute Sicherheit ausstrahlte. „Der Kinderausweis von Ihrem Sohn ist abgelaufen". In solchen Momenten überkommen mich immer eine sofort einsetzende Übelkeit und ein leichtes Schwindelgefühl. Mein Großer (10), um dessen Ausweis es ging (und der Russisch spricht und versteht), guckte ebenfalls entsetzt. Ich hatte gelernt in solchen Situationen die Fassung zu bewahren und sagte zunächst gar nichts. In meinem Kopf fing es sofort an zu rotieren: Botschaft anrufen, Faxe veranlassen, Telefongespräche mit wichtigen Leuten organisieren. Die Frau hatte einen mitleidigen Gesichtsausdruck; eine Gefühlsregung, die ich von einer Passkontrolleurin am Flughafen in Moskau am wenigsten erwartet hätte und was einen gewissen Optimismus in mir bestärkte. Sie trug auch unsere Dokumente fort und meinte, wir sollten einen Moment warten. Scheinbar Ewigkeiten warteten wir. Ein kleiner Tip am Rande: Fahren Sie nie nach Scheremetjewo ohne Zeitreserve! Mein Kleiner wurde wieder ungehalten, meinen Großen ergriff mittlerweile die Panik, die durch meinen Scherz geschürt wurde, nun müssten wir wohl ohne ihn fliegen. Solche Witze schätzt er nicht. Die Dame erschien wieder und bat uns um Geduld. Es verging insgesamt nur eine Viertelstunde. Sie kam zurück. Mein Kleiner hatte angefangen zu weinen (ohne dass ich hätte nachhelfen müssen). Sie sagte: "Kleiner, nun weine nicht, es ist alles in Ordnung". Mit dem hochheiligen Versprechen, dass wir uns in Deutschland sofort um einen neuen Kinderausweis kümmern würden, ließ sie uns die Passkontrolle passieren! Mein Gefühl hatte mir die ganze Zeit gesagt, dass wir wohl ohne „Skandale" diese Hürde passieren würden, denn ich hatte in Russland gelernt, dass im Prinzip alles unmöglich ist, es sei denn, man will es unbedingt und ICH WOLLTE unbedingt abfliegen! Dennoch – So einfach hatte ich es mir nicht vorgestellt!

Ich jedenfalls lasse nichts mehr auf das Personal in Scheremetjewo kommen!

Immer gibt es einen, der wusste, dass eben diese miserable Geschichte Ihnen passiert. (Volksweisheit)

Das Rotkehlchen fliegt nur für einen verlorenen Freund
Frühlingsbräuche im alten Russland

Februar 1997

Wie schon oft gesagt, halten die Russen auf Tradition. Obwohl heute schon einiges *„abgeschafft" ist, finde ich einen Rückblick für den interessierten Leser – für angebracht.*

Die Russen sind gewandte Redner, und eine Mischung aus Weisheit und Wortspielen charakterisiert ihre Sprache. Besonders die Moskauer haben einen großen Schatz an Redewendungen und Sprichwörtern parat. Die meisten dieser Weisheiten sind dem Frühling gewidmet, den die Russen mit Vorfreude und Ungeduld erwarten: „Der Frühling lockt sogar den Wurm aus seinem Loch".

Sobald der Schnee schmilzt und die ersten Eiszapfen von den Dächern tropfen, sagten die Alten zu den Kindern: "Der Frühling ist da. Der März bringt viel Wasser, der April frisches, grünes Gras und der Mai bunte Blumen" oder „Schneeglöckchen bricht Schneeflöcken". Die Moskauer Jungen kletterten auf die Dächer, um die Abdeckung von den Schornsteinen zu nehmen. Aus Furcht vor dem schmutzigen Tauwasser benutzten die Hausfrauen kein Fluss- oder Brunnenwasser. Statt dessen kochten sie mit eingelagertem Eis. Wohlhabende Moskauerinnen ließen sich Eis aus dem Petersburger Fluss Newa bringen, das als sauberer galt.

Der erste Feiertag im Frühling, im alten Russland war Mariä Verkündigung. Nach dem alten Kalender feiert man ihn am 25. März (nach dem neuen am 7.April). Wenn Ostern auf ein frühes Datum fiel, konnte es vorkommen, dass Mariä Verkündigung nach dem Palmsonntag (Einzug des Herrn in Jerusalem) war. Solch einen seltenen Festkalender wird es auch in diesem Jahr geben. Palmsonntag wird in Russland am 4. April gefeiert, Mariä Verkündigung drei Tage später. „Kyrie-Ostern" wird im Russischen der Feiertag genannt, wenn Ostern und Mariä Verkündigung auf einen Tag fallen.

Während der Fastenzeit gehörte es sich nicht, den Tisch reich zu decken. Deshalb war Mariä Verkündigung ein ruhiges und bescheidenes Fest. In den Siedlungen nahe Moskaus war es üblich, dass sich die Familien bei Sonnenuntergang zur Mühle begaben, im Stroh saßen und Jung und Alt über den Frühling, die Aussaat und die Ernte sprachen. Man sagte, dass es von Mariä Verkündigung bis zum Sommer vierzig frostige Morgen sind. „An Mariä Verkündigung zieht der Zigeuner seinen Pelz aus".

„Von April an schwitzt die Erde". An diesem Tag wurden die Bienenstöcke aus ihrem Winterlager hinaus getragen und nachts die Strohbetten angezündet, um Krankheiten vorzubeugen. Das Nachtlager wurde in die Vorräume verlegt, da es als gesund galt, in kalten Räumen zu schlafen. Nur die Alten, Kranken und Kinder blieben nachts im Bauernhaus.

Kleine Gauner klauten an Mariä Verkündigung mindestens eine Kleinigkeit, um das ganze Jahr über in ihrem Handwerk erfolgreich zu sein. Wenn der Dieb an diesem Tag nicht erwischt wurde, so hieß es, dann wird er auch in Zukunft nicht erwischt.

Die Arbeit ruht für einen Tag

Mariä Verkündigung galt als strenger Feiertag, an dem nicht gearbeitet werden durfte. Deshalb kämmten sich die Mädchen schon am Abend vor Mariä Verkündigung die Haare und banden sich ein Kopftuch um, damit sie bis zum nächsten Tag nicht zerzausten und sie am Feiertag keinen Zopf flechten mussten. „An Mariä Verkündigung der Vogel sein Nest nicht baut, die Jungfrau ihren Zopf nicht flicht". Selbst die geringste Tätigkeit galt als Sünde; sogar die Abreise zur Arbeit.

Es gibt eine Legende über den Kuckuck und den Dompfaff. Der Kuckuck wurde dafür bestraft, dass er an Mariä Verkündigung sein Nest baute. Nun kann er es nicht mehr, so dass er seine Eier in fremde Nester legen muss. Der Dompfaff jedoch hat den Kuckuck nicht in sein Haus gelassen, sondern mit dem Männchen gekämpft und es besiegt. Seitdem ist das Kuckucksweibchen eine traurige Witwe und der Dompfaff mit dem ewigen Zeichen des Kampfes und Sieges ausgezeichnet: das Rot an seinem Schnabel sind die Spuren vom Blut des Kuckucksmännchens.

Vielerorts beschwor man an Mariä Verkündigung den Frühling, tanzte Reigen um Lagerfeuer, sang Frühlingslieder und backte Vogelfiguren aus Kuchenteig (Lerchen und Strandläufer). Dieser Tag ist ein Segen für alles Gute, ein Tag, an dem sogar die Sünder in der Hölle nicht gequält werden, da man sie ausruhen lässt und ihnen die Freiheit schenkt. Nicht aus der Hölle, aber aus dem Gefängnis kaufte man an diesem Tag Verurteilte frei. Später setzte sich die Ansicht durch, dass man der Welt damit keinen Gefallen täte, und ließ die Bösen weiter schmachten.

Einen Vogel für die arme Seele

In Moskau waren lebhafte Frühlingsmärkte von jeher Tradition, auf denen Vögel verkauft wurden, damit sie dann in die Freiheit entlassen werden konnten. Den Moskauern gefiel es, zum Frühlingsanfang Vögel fliegen zu lassen und ihnen nachzuschauen.

Der Trubnaja-Platz im Zentrum Moskaus war der Hauptplatz für den Vogelverkauf. Tausende von verschiedenen Vogelarten, vor allem Rotkehlchen, Zeisige und Finken, wurden paarweise, im Dutzend oder manchmal auch zu mehreren Dutzenden verkauft.

Die Vögel wurden zum Andenken an einen verstorbenen Freund freigelassen: „Auf dass es seiner Seele leichter werde". Man schaute lange dem Vogel und seinem Flug nach. Flog er leicht und gut, bedeutete es etwas Gutes; tat er sich schwer in der Freiheit, brachte er keinen Nutzen. Deshalb kaufte man den Vogel auch erst nach gründlicher Untersuchung, um das Geld nicht nutzlos auf den Kopf zu hauen.

Das taten vornehmlich solide und ordentliche Leute. Und nicht irgendwelche naive Gymnasiastinnen, die den erstbesten Vogel fliegen ließen, ohne ihn zu begutachten, ohne mit dem Händler um den Preis zu feilschen. Diese Mädchen interessierte meist nur, wie der Vogel flog, und sie freuten sich, kreischten und klatschten vor Freude in die Hände. Die Händler verkauften ihnen die Vögel doppelt so teuer, und wenn die Kundinnen versuchten, den Preis herunterzuhandeln, wurden sie grob. Kein russischer Verkäufer ertrug es, wenn man Geld ohne Sinn und Verstand ausgab. „Sie werfen das Geld zum Fenster hinaus", urteilte er. „Solche Leute kann man nicht respektieren!"

Wenn aber ein Junge einen Vogel kaufte, versuchte er, einen erhöhten bzw. freien Platz zu finden, um dem Flug des Vogels besser folgen zu können. Ihn erfüllten, genauso wie die Mädchen, Freude und Glücksgefühle, in Gedanken flog er selber davon.

Der Weidenzweig heilt Kranke

In der Palmwoche, der sogenannten Blüten tragenden Woche, begannen die ersten Frühlingsfeste in Moskau. Doch auch diese waren wegen der Fastenzeiten nicht ausgelassen und überschwenglich. Überall in Moskau wurden Weidenzweige verkauft. Auf dem Roten Platz, vor dem Denkmal für Minin und Poscharskij, wurden für drei Tage Verkaufsstände aufgestellt. Das Wichtigste war das „Weiden-Fest". Im Zentrum Moskaus fuhren innerhalb der abgesperrten Straßen elegante Moskauer und Gäste in ihren Kutschen spazieren. Jeder andere Verkehr, sogar die städtischen Transportmittel, wurden ausgesperrt und umgeleitet.

Warum gerade der Weide zum Frühlingsbeginn diese Bedeutung zukommt, hat zwei Gründe: die biblische Palme wächst in Russland nicht, und die Weide ist der Baum, an dem als erstes die Knospen sprießen.

Noch zu Zeiten des Heidentums hatte die Weide eine besondere Bedeutung, die sich dann mit dem Übergang zum Christentum veränderte. Eine Überlieferung der alten Mythologie erzählt von einer Frau Namens Blinda. Blinda hatte eine besondere Fähigkeit, Kinder zu gebären. Sie gebar unglaublich leicht und zahlreich.

Und nicht nur auf gewöhnliche Art und Weise, sondern auch aus Händen, Füßen und dem Kopf. So kam es, dass die Erde, die fruchtbarste aller Mütter, auf Blinda eifersüchtig wurde. Eines Tages, als Blinda auf einer sumpfigen Wiese spazieren ging, blieb sie mit den Beinen im Sumpf stecken. Die Erde zog so sehr an ihren Beinen, dass sie sich nicht befreien konnte, und sie verwandelte sich sofort in eine Weide. Die Heiden hielten die Weide für einen heiligen Baum, der Einfluss auf die Fruchtbarkeit hat.

Am Palmsonntag (russisch Werbnoje Woskressenje – Weidensonntag) schlagen sich die Russen oft gegenseitig leicht mit geweihten Weidenzweigen, um gesund zu bleiben; Kinder sollen dadurch schneller wachsen. Die Einheimischen, die an die Heilkraft der Weide glauben, essen neun Knospen und baden kranke Kinder im Wasser mit Weidenzweigen. Wenn das Vieh nach dem Winter zum ersten Mal auf die Weide gebracht wird, wird es ebenfalls mit einem Weidenzweig getrieben, damit es gesund bleibe. Aus dem gleichen Grund werden Weidenzweige an die Stalltür gesteckt. Man glaubte, dass die Weide das Haus zuverlässig vor bösen Kräften schützt.

Tatjana Birjukowa (Quelle: Moskauer Deutschen Zeitung
                     Nr.4 (11)99)

Tradition darf man nicht brechen.
(A. Bobrowa)

DIE ALLMÄCHTIGE STADT

März 1997

Nachdem im Oktober 1957 der erste von Menschenhand geschaffene künstliche Himmelskörper, der Sputnik, erfolgreich gestartet wurde, ernannten einige euphorisch Moskau zur Hauptstadt des Alls; wir merkten davon relativ wenig. Katharina und die Kinder passierten täglich das Gagarin-Denkmal auf dem Leninski Prospekt, der erste Kosmonaut. Oft sorgte der berühmte Wettkampf, „wer sieht zuerst das Gagarin-Denkmal?" für Spannung, Spaß und manchmal Streit im Auto. Die Raumfahrtausstellung auf dem WDNH-Gelände, da, wo die einzelnen Unionsrepubliken früher ihre Paradestücke präsentierten, ist heute eher zu einer Rumpelkammer verkommen. Die Exponate machten Verkaufsständen und Umschlagsplätzen für Großhändler von Elektronik, Videos und Kameras Platz und liegen heute verstaubt und traurig in der Ecke.

„Immerhin wurden mehr als 2870 Flugkörper von sowjetischen Kosmodromen seit den Anfängen (bis Spätsommer 1990) ins Welttall geschossen. Rund 17000 Tonnen Nutzlast beförderten sowjetische Raketen in die Schwerelosigkeit. 30 automatische Stationen wurden in Richtung Mond entsandt, fotografierten die Mondrückseite, holten lunare Bodenproben zur Erde und setzten das Mondfahrzeug Lunochod ab. 18 Sonden nahmen Kurs auf den Morgen- und Abendstern und erforschten sehr erfolgreich die Venus.

Paradestück der russischen Raumfahrt ist die orbitale Raumfahrt, bemannt und unbemannt. Vom Start des Sputniks am 4. Oktober 1957 bis zum 31. Dezember 1989 wurden 2543 Raumflugkörper in Erdumlaufbahnen geschossen (USA: 1140). Ein großer Teil von ihnen ist beim Eintauchen in die Atmosphäre verglüht. Von einigen fielen Metallreste auf die Erde. Gefährlich war der Absturz des mit einer Kernenergie-Anlage ausgerüsteten Militärsatelliten Kosmos-954, der auf vereistem Tundraboden Nordkanadas in viertausend Bruchstücke zerschellte. Die Sowjets zahlten drei Millionen Dollar Schadenersatz.

Allein an sowjetischen Orbitalstationen (8), Raumschiffen (weit über 100), Satelliten (rund 2500) flog oder fliegt Etliches um unseren Planeten. Die ständig bemannte Erdaußenstation hat Russland inzwischen mit dem Mir-Komplex verwirklicht. 70 bemannte Raumschiffe wurden gestartet; die Kosmonauten der UdSSR verbrachten insgesamt mehr als 7000 Tage in der Schwerelosigkeit. Sie hielten sich ununterbrochen zwischen 5 und 11 Monaten im Orbit auf.

(Quelle: Merian Moskau 9/43 S.94ff)

Diese Station, die Mir, die durch die neue „Internationale Raumstation" in ihrer Aufgabe als Erdaußenstation ersetzt wird, befindet sich einmal im Weltraum, daneben im Sternenstädtchen. Auch mir ließ es keine Ruhe, dies einmal anzuschauen. Als sich dann über eine Bekannte, die zusammen mit den Jugendweihe-Kindern eine Exkursion organisierte, eine Möglichkeit ergab, war ich natürlich Feuer und Flamme. Dass ich aufgrund meiner späten Anmeldung als blinder Passagier in diesen streng bewachten Komplex mitgeschleppt wurde, erhöhte natürlich den Reiz. Am Eingang wurden wir von Sigismund Jähn begrüßt, dem ersten ostdeutschen Astronauten (in Russland heißt das Kosmonaut) im All. Heute koordiniert er im Auftrag der Esa, der europäischen Raumfahrtbehörde, die gemeinsamen Arbeiten an der internationalen Raumstation. Der Vortrag von Herrn Jähn war hoch interessant, zumal Herr Jähn trotz aller Ehrungen und Würdigungen, die ihm damals zuteil wurden, „auf dem Boden" geblieben ist. Anschaulich erklärte er die Details an den Exponaten und die beeinflussenden Faktoren auf die Wirkung der Bremsfallschirme. Außerdem zeigte er auch einige Fotos zu Fällen, wo die letztgenannten versagt hatten. Mich selbst faszinierte das voll funktionsfähige Modell der Mir. In dem wurden bisher alle russischen Kosmonauten und auch die „Gastarbeiter" aus Deutschland, den USA usw. ausgebildet. In einem unbewachten Moment gelang es mir, die Station zu betreten (siehe auch Beweisfoto) und anzusehen. Das heißt, ein bisschen das Gefühl im All zu spüren. Es ist schon sehr eng in dem kleinen Raum, in dem der Raumanzug angelegt wird, bevor das All betreten wird.

Die neue Station soll größer, bequemer, sicherer und vor allem ruhiger sein. Wir sprachen mit einem kürzlich heimgekehrten Kosmonauten - der Lärm da oben soll ohrenbetäubend sein. Interessant auch die riesigen Wasserbecken, in denen alle Reparaturen im All unter möglichst praxisnahen Bedingungen geprobt werden. Raumflüge werden bei Bedarf hier zeitgleich simuliert. Alles in allem war es ein gelungener Ausflug. Obwohl die ganze Raumfahrt hoch interessant ist, weiß ich jedoch für mich, dass ich als Kosmonaut ungeeignet bin. In sitzender Stellung mit angezogenen Knien stundenlang im All herumzugeistern und dann bei der Rückkehr die Unsicherheit zu haben, ob die Außenhülle das Eintauchen in die Atmosphäre übersteht (Herr Jähn erwähnte eine erhebliche Erhöhung der Innentemparatur) und die Ungewissheit, ob der Bremsfallschirm dann noch funktioniert - das ist nichts für Vaters Sohn!

Mondgrund wird verkauft.
100 % Vorauskasse.
Selbstabholung.
(Annonce in der „Prawda")

Der Ruf des Auerhahns

April 1997

Sehr verlockend war der Vorschlag meines Registrierungs-
managers Oleg, ihn auf die Auerhahnjagd zu begleiten. Natürlich
war ich sofort Feuer und Flamme. Auch Roman wollte mit. Es sollte
nach Kostroma gehen, in ein ehemals geschlossenes Gebiet. Im
Vorfeld waren die entsprechenden Unterlagen einzureichen und
300 USD als Abschussgebühr für den zu erlegenden Hahn zu
entrichten. Freitags mittags ging es los. Am Stadtrand
frequentierten wir noch schnell ein McDonald's-Restaurant, man
weiß ja nie, was kommt. Obwohl wir natürlich wussten, dass Oleg
alles perfekt organisiert hatte. Nach mehreren Polizeikontrollen
(Geschwindigkeit, Überfahren einer durchgezogener Linie, beim
Überholen eines Traktors usw.) erwartete uns in Kostroma ein
Jagdführer. Danach nochmals Kontrollen beim Direktor dieses
Gebietes (Größe von Liechtenstein). Sogar die Waffen mussten
ausgepackt werden. Nummern und Erlaubnisscheine wurden
verglichen. Nachts um zwei kamen wir an. Klirrende Kälte,
Nachtfrost. Wir, übermüdet, trugen unser Gepäck durch Morast
und Schlamm zu unserer Jagdhütte in einem klitzekleinen Dorf.
Immerhin gab es Strom und irgendwelche Pritschen.
Am nächsten Morgen Erkundung der Umgebung. Riesige Wald-
gebiete, dazwischen eine große Ruinenlandschaft aus Steinen,
Eisen und Kabelgewirr. Von hier seien Versuchsraketen zum
Nordpol gestartet. Nach erfolgter Mission sei dann alles gesprengt
worden. Aber die Natur kommt zurück. Das Ganze macht den
Eindruck der katalaunischen Felder gleich nach der Hunnen-
schlacht! Abends Schnepfenjagd. Jeder bezieht seinen Posten.
Ich teile mir mit Oleg eine Waffe, die mir gut liegt, obwohl ich
Linksschütze bin. Viele Schnepfen streichen um uns herum. Es ist
ein Geballer wie auf einem Truppenübungsplatz. Roman möchte
wohl Jagdkönig werden, oder es juckt ihm einfach in den Fingern.
Der Jagdführer schießt auch aus allen Rohren, aber soweit ich
sehen kann, ohne Erfolg. Schnepfen sind schlau und ändern
blitzschnell die Richtung. Schließlich habe ich wieder die Flinte. Ein
Schuss und - Treffer. Ich jubiliere innerlich. Freude über den
gelungenen Schuss und über die Tatsache, dass ich es meinen
Jungs gezeigt habe. Später stellt sich heraus, dass alle nur die Luft
durchsiebt haben. Alle Schnepfen sind heil geblieben – bis auf
eine!
Nachts um drei heißt es Aufstehen. Ankleiden und Fischerstiefel
anziehen. Nach 30 Minuten Fahrt sind wir vor Ort. Im Gänse-
marsch schleichen wir in den Wald. Es ist minus 5 Grad, auf dem
knietiefen Schmelzwasser hat sich eine Eisschicht gebildet, die
knackend nachgibt, wenn unser Jagdführer drauftritt. Meine
Fischerstiefel sind zu groß, jedesmal habe ich Angst, dass sie im

Sumpf steckenbleiben und ich auf Sohlen nach Hause muss. Außerdem ist einer undicht, und mein linker Zeh wird sanft von eisigem Wasser umspült. Es keimt in mir der Verdacht, dass ich mir hier außer einer Pneumonie nichts hole, denn wir erzeugen so einen Lärm, dass alle Hähne und Hühner in weitem Bogen abstreichen (abreiten, wie es waidgerecht heißt).

Wenn wir alle still stehen, ist die Stimmung im Wald phantastisch. Totenstille. Nur das Knacken der aneinanderschlagenden Baumwipfel und weit entfernt die Auerhähne, deren leises Balzen wir hören. Unser Leiter entschließt sich zu einer Moltkeschen Strategie - getrennt marschieren, vereint schlagen. Oleg und ich, wir haben beide für je einen Auerhahn bezahlt, werden nahe einem Balzbaum postiert. Roman und er versuchen, einen Bogen zu schlagen und die Hähne zu uns zu treiben. Es kommen zwei Hähne, baumen aber etwas weiter weg auf. Der Balzengesang beginnt - herrlich anzuhören. Der Trick bei der Auerhahnjagd besteht darin, sich in dem Augenblick an den Hahn anzuschleichen (anspringen), wenn er die letzte Strophe seines vierstrophigen Balzliedes singt. Dann ist er nämlich taub. Aber nicht blöd. Oleg und ich probieren es, wie es uns früher vorgemacht wurde. Drei hastige Sprünge ab einer bestimmten Stelle des Liedes. Dann absolut bewegungslos stillstehen. Und so weiter. Kurz vor unserem Ziel macht einer einen Fehler; die beiden Hähne reiten ab. Olegs Hahn macht dabei einen besonders finsteren Eindruck. Ist ja auch verständlich, denn ein Weibchen wäre ihm fast auf den Leim gekrochen. Inzwischen ist es heller geworden. Zu hell für die Auerhahnjagd. In der Morgensonne trotten wir alle zusammen zurück. Kein Waidmannsheil, aber viel gesehen und vor allem alles sehr genossen.

Nächste Nacht dasselbe in Grün. Es regnet, die Hähne sind äußerst misstrauisch, bei dem kleinsten Geräusch reiten sie ab. Weder Oleg noch mir ist Diana hold. Mir ist es egal, ich habe tolle Fotos gemacht. Der Jäger sagt mir, ich sei innerlich zu unruhig gewesen. Ist ja auch kein Wunder. Schließlich habe ich ein schwieriges Geschäft und eine große Mannschaft zu führen.

Dafür habe ich Glück mit meinem Auto. Später sitzen wir mit den Dorfbewohnern bei Schaschlik und Brot zusammen. Plötzlich ist der Wodka alle. Roman holt welchen in einem 20 km entfernt gelegenen Ort. Als er zurückkommt, ist die Stelle, an der das Auto vorher gestanden hatte, schwarz und abgebrannt. Ein Laubfeuer hat sich zu einem Flächenbrand entwickelt. Nur gut, dass Roman Wodka holen fuhr. Na ja. Glück muss man haben.

Wer zu spät kommt, den bestraft das Leben. (M. Gorbatschjew)

52 Jahre Kriegsende

Mai 1997

von Dr. Karl Krieghof jr.

52 Jahre Kriegsende: Tag des Sieges - ein Volk sucht seine Identität.

Es ist der erste wirklich heiße Tag in Rostov. Viele Menschen, besonders ältere, sind festlich gekleidet, mit roten Tulpen und Fliedersträußen im Arm. Teils in Uniformen, teils mit Ordensspangen oder Orden geschmückt, die die linke und manchmal auch die rechte Brustseite schmücken, um die erhaltenen Ehrungen zu demonstrieren. Viele solcher Orden, vielleicht von denen, die bereits gestorben sind, werden auf den Märkten gehandelt. Stolz, aufrecht gehend, grauhaarig, manche hinkend und auf Stöcke gestützt, das sind die Kriegsveteranen, heute geehrt und beachtet. Vorgestern sicherlich noch sehr jung in den mörderischen Schlachten um Stalingrad, den Oderbruch und Berlin zur Besiegung Hitlerdeutschlands mit dem Leben davon gekommen. Gestern und morgen mit einer bescheidenen Rente und vom Verkauf ihrer Memoiren, die kaum jemand haben möchte, lebend. Beim Schachspiel im Park oder bei Diskussionen auf den Bänken, kaum beachtet, doch zum Stadtbild gehörend, sind sie sonst anzutreffen.

Am fast unscheinbaren kleinen Ehrenmal neben der neuen Bibliothek in der Puschkinstraße liegen schon viele Blumen. Mitten in der Stadt wurden hier, wie aus der Inschrift hervorgeht, mehr als 1.500 Rostover von den deutschen Faschisten erschossen. Hier hörte ich eine alte Frau, die das Massaker vielleicht überlebt oder erlebt hat und dabei wohl den Verstand verlor. Laut und vernehmlich sprach sie vor sich hin: „Was tut Ihr? Warum tut Ihr das? Lasst das doch!" So lief sie langsam die Puschkinstraße entlang.

In Deutschland streitet man, ob die Deutsche Wehrmacht daran beteiligt war. Wer soll es sonst gewesen sein? Einzelpersonen und Familien kommen, um sich zu verneigen und ihre Sträuße andachts- und liebevoll niederzulegen. Für die Kinder mehr ein Ritual, dem sie sich auf Wunsch ihrer Eltern und Großeltern unterziehen. Für die alte Generation ist es schmerzliche Erinnerung und der Stolz, diesen Feind besiegt zu haben. Die Meinung über die Kriegsgräuel sind geteilt. Manche möchten sich daran nicht erinnern. Andere sagen kurz: „Das waren Hitler und Stalin, nicht unsere beiden Völker!" Es gibt auch Stimmen, die die Erinnerung aus der Stadt und der Geschichte verbannen möchten. Eine Ärztin sprach mich auf der Straße an und war erstaunt, einen Deutschen vor sich zu haben. Ohne Aufforderung berichtete sie von ihren Erlebnissen mit den deutschen Soldaten in der Ukraine. „Die Soldaten pflegten ihre Wohnungen, kochten und berichteten von ihren Familien. Nie kann man gegen ein solches Kulturvolk einen Krieg führen."

Die Parade ist auf dem Theaterplatz. Die Kommunisten sollen sich am Lenindenkmal im Gorkipark - nur wenige Kilometer vom Theaterplatz entfernt - in der gleichen Straße treffen.

Das Publikum ist bunt gemischt. Neben mir steht eine alte Frau mit Kopftuch, die sich mit der einen Hand auf einen Stock stützt, in der anderen Hand hält sie einen Fliederstrauß. An der Brust trägt sie einen Orden, vielleicht eine Auszeichnung als Partisanin. Polizei und Armee, die den Platz absperren, haben an ihren Uniformen den roten Stern, Hammer und Sichel; andere tragen schon den russischen Doppeladler. Wenn sie etwas trinken, dann Cola oder Sprite. Die Zigarettenmarke ist meist westlicher Herkunft.

Die Jugend, modern westlich gekleidet mit T-Shirts, auch mit Werbesprüchen für Deutschland, Jeans, Trainingsanzügen von Reebok und Turnschuhen oder mit importierten Hemden und Kleidern festlich gekleidet, betrachtet diesen Tag mehr als einen arbeitsfreien und abwechslungsreichen Tag in lustiger Stimmung. Importierte Sonnenbrillen verstecken die lachenden Augen der Mädchen. Sie plaudern mit Freundinnen und Freunden, begrüßen mit Freude einen Hund, der quer über den Paradeplatz läuft und erstaunt die Menschenmauer betrachtet. Wie verloren marschiert ab und zu eine kleine Formation Soldaten über den Platz, steht einige Minuten, um dann wieder abzumarschieren. Manchmal Begrüßungsrufe von jungen Männern, die in der Truppe ihre Freunde und Kollegen erkannt haben. Eine alte Frau stimmt ein Kampflied an. Keiner fällt in den Gesang ein, aber man lässt desinteressiert die Alte gewähren.

Über Lautsprecher werden von einer Frau Gedichte über die ruhmreiche Armee und ihre Taten rezitiert. Dann Musik, dann Erinnerungen an die 13 Millionen Toten, die Heldenstädte, die aufgezählt werden, und heute schon nicht mehr zu Russland gehören. Das Warten hat ein Ende. Auf der anderen Seite des Platzes marschieren die Militärformationen auf, dann die Kapellen. Ein hoch dekorierter Offizier sitzt auf einem Panzerwagen, flankiert von zwei Soldaten, die das Gewehr im Anschlag halten. Dann kommen die Veteranen. Jeder Stadtbezirk trägt ein Schild mit der Angabe des Stadtbezirkes vor sich. Rote Fahnen. Stalinbilder. Generalissimus Stalin, der Führer der Roten Armee und Sieger über den Faschismus. Transparente mit Dankesworten und Ehrungen an die Soldaten, aber auch mit dem Appell zum Frieden der Völker. Mit den Veteranen laufen ihre Angehörigen, Ehefrauen, Söhne, Töchter und Enkel. Es ist auch der Ehrentag für die Alten in der Familie. Bei den ersten vom Woroschilowskij-Bezirk wird etwas geklatscht, beim Kirow-Bezirk schon fast nicht mehr. Dann nur noch Rufe beim Aufmarsch anderer Bezirke: „Das sind unsere!"

Die Veteranen begrüßen sich untereinander, und es wird gewinkt zwischen Zuschauern und Veteranen, wenn man bekannte Gesichter sieht. Bei den Ältesten wirkt alles wie ein erstarrtes Ritual. Bei den etwas jüngeren Veteranen ernste Gesichter. Auf der anderen Seite des Platzes ziehen Pioniere und Schüler auf. Sie sammeln sich am Memorial, dem weit sichtbaren und weit auslaufenden, wenig gepflegten Denkmal. Hier sammelten sich die Truppen, um die Faschisten aus der Heimat zu vertreiben. Auch hier viele Blumen.

Ansprache. Erinnerungen an die Heldentaten und der Dank an die Veteranen. Inzwischen mischen sich Veteranen und Schaulustige untereinander. Eine Absperrung wird aufgehoben.

Die Parade beginnt. Ein großes Orchester spielt, am Rande des Platzes stehen Ehrenwachen mit aufgeflanztem Bajonett. Einzelne Formationen ziehen mit oder ohne Waffen im Gleichschritt vorbei. Die Truppenfahnen sind teilweise noch aus sowjetischer Zeit und tragen die Symbole der Sowjetunion. Manche Formationen haben auf der Fahnenspitze den roten Stern, Hammer und Sichel entfernt. Es scheinen Entscheidungen der Offiziere nach ihrer politischen Einstellung zu sein. In der Revolutionszeit 1917 - 1920 wussten die Don-Kosaken auch nicht, ob sie zu den Weißen oder Roten gehörten. Sie verbluteten auf beiden Seiten und zwischen den Fronten.

Dazwischen die Kosaken-Kadettenschule. Ihr schlägt besondere Sympathie entgegen. Eventuell ist es doch ein Orientierungspunkt für den Rostover Oblast - die Kosaken. Die Truppen sind um den Platz gezogen und der Kommandopanzer schloss sich an. Von den gefürchteten und ruhmreichen sowjetischen Panzertruppen, eine der Hauptstützen der sowjetischen Armee, ist heute nichts zu sehen. Vielleicht werden sie in Tschetschenien oder anderen Krisengebieten gebraucht, vielleicht gibt es nicht genug Diesel oder es fehlt der Armee das Geld, um ihn zu kaufen. Anweisungen zu Lieferungen lässt sich die neue Wirtschaft nicht mehr geben. Entweder es wird bezahlt oder es gibt nichts. Das gilt heute auch für die Armee. Vielleicht ist es auch nur eine Geste an die globale Entspannung gewesen. Seit sich die beiden Weltsysteme nur noch misstrauisch gegenüber stehen, ist die globale Konfrontation auf lokale Kriege in aller Welt aufgeteilt worden. Die Waffenindustrie möchte in jedem Land überleben. Aber ohne Aufträge, keine Produktion. Ein Musikkorps und ein großer Chor ziehen vor die Tribüne. Es werden Soldatenlieder gesungen, die man in einiger Entfernung nicht mehr hören kann, weil die sowieso unzureichende akustische Übertragung abge-schaltet wurde. Die Fernsehteams packen ein, und Teilnehmer wie Schaulustige verlassen den Platz. Wo wird was gegessen und wie wird der Nachmittag verbracht? Aber Fragen, wie sich das persönliche Leben weiter gestaltet, sind die Themen, die jetzt erörtert werden. Ohnehin hat ein großer Teil der Bevölkerung andere Sorgen, nämlich wie man das Leben fristet. Wie immer, ob Sommer oder Winter, Tag oder Nacht, Wochentag oder Feiertag. Die Leute sitzen auf der Straße und versuchen, etwas zu verkaufen, um zu Geld zu kommen. Etwas entfernt vom Theaterplatz weist nur die Feiertagskleidung noch auf den besonderen Tag hin, sonst ist Alltag. Irgendwo ist eine Veranstaltung mit einem Konzert und Chören von und für die Veteranen. Am Abend: Abschluss mit einem Feuerwerk. Drei Scheinwerfer leuchten den Himmel ab. Rote und grüne Signalraketen werden hier und da abgeschossen, eine fegt auch zischend flach über die Dächer. In größeren Abständen leuchten rote, grüne und weiße Feuerkaskaden am Himmel auf.

Der Zweiundfünfzigste Jahrestag ist beendet. Zweiundfünfzig Jahre nach dem Sieg über Deutschland, zweiundfünfzig Jahre nach der Begegnung an der Elbe zwischen den Soldaten der Roten und der Amerikanischen Armee auf der historischen Brücke in Torgau (inzwischen ist das Symbol der Vereinigung gesprengt) sind vergangen. Fast alle Gebietsgewinne und die Einflusssphären von der Elbe zurückgedrängt bis fast an den Don, denn wenige Kilometer entfernt von Rostov liegt die ukrainisch-russische Grenze. Einst war dies der Geburtsort Russlands im Kiever Rus. Heute liebäugelt die Ukraine mit dem wirtschaftlichen und militärischen Anschluss an Westeuropa. Ein vorprogrammierter neuer Konflikt in Europa? Kaliningrad -Königsberg, ja das gehört noch zu Russland. Aber Investoren werden auch dort gesucht, um irgendetwas aufzubauen und Einfluss auf die einst gesperrte Stadt zu erhalten.

Stalin hatte das Zarenreich von Iwan dem Schrecklichen, Peter dem Ersten und Katharina der Großen zur größten Ausdehnung geführt. Nur Alaska konnte er nicht wieder in den Schoß des großen russisch-sowjetischen Reiches holen. Vielleicht liegt da die Ursache, dass die Veteranen Stalin so verehren. Er hat dem Großen Vaterländischen Krieg mit seinen Opfern und materiellen Verlusten einen Sinn gegeben: Vernichtung des Agressors und Gewinn an Macht und Ruhm. Lenin – dieser Name fiel nur, als der Lenin-Rayon aufzog.

Es muss nicht immer Kaviar sein

Als eine der besonderen Delikatessen wird häufig getrockneter Fisch angeboten, der zusammen mit Bier heruntergespült wird. Über diese Zusammenstellung gibt es sicherlich verschiedene Meinungen. Beides lässt sich heute überall erwerben, der getrocknete Fisch grinst mich in allen Variationen beim Brotholen in unserem nahe gelegenen „Kolonialwaren-Laden" an.

Und das Bier? Noch vor acht Jahren war Bier in Russland Mangel- und Massenware zugleich: Flaschenbier war fast ganz verschwunden. Der Hauptabsatzweg für ein trüb-bitteres Einheitsgebräu waren windschiefe Kioske, zu denen nach Feierabend durstige Männer mit Einmachgläsern in der Hand pilgerten. Der Daumen des Wirtes auf dem Schlauch ersetzte den Zapfhahn, die nächste Bordsteinkante den Biergarten. Von einer Bierkultur schien Russland so weit entfernt wie Saudi-Arabien vom Ruf einer Ski-Nation.

Heute bummeln sogar schick gekleidete junge Frauen gerne mit einer Flasche Bier in der Hand durch die Innenstädte. Bier gilt in Russland nun – im Gegensatz zu Wodka – als modern und modisch. Dabei muss der Gerstensaft nicht einmal importiert sein: Die russischen Brauereien haben den massiv hereindrängenden Anbietern aus Deutschland, Dänemark, Holland oder Finnland inzwischen gezeigt, wer im Heimatland des Wodkas den Krug ans Fass hält.

Besonders die in Sankt-Petersburg gelegene Brauerei Baltika, mit der wir schon mehrfach über Produktionskonzepte für Braugerste verhandelt haben, bietet heute neun – akkurat durchnummerierte – Sorten im Angebot: vom leichten „Einser" bis zum kräftigen „Neuner", einem Bockbier, das mit 8,5 Prozent Alkoholgehalt vor allem bei vom Wodka abgehärteten Trinkerseelen regen Zuspruch findet.

Wir haben daraufhin unsere Trinksitten umgestellt. In Abänderung des obengenannten Buchtitels von Simmel gilt: „Es kann auch mal Baltika sein...".

Ich weiß, womit ich mein Volk ernähren soll. Die Frage ist, ob das Volk das essen wird. (Mitarbeiter der russischen Planungsbehörde)

Sibirien: 100 km sind keine Entfernung

Juli 1997

„Sibirien und den Fernen Osten erschließt sich der aus Europa kommende Reisende am besten von Irkutsk aus. Mit dem Flugzeug vom Moskauer Inlandflughafen Domodedovo aus erreicht man die 4750 km entfernte Stadt nach sechs Stunden. Über fünf Zeitzonen hinweg fliegt man der Sonne entgegen. Mit der Transsibirischen Eisenbahn müssen Sie sich schon auf eine kleine Weltreise einlassen. Vom Jaroslavler Bahnhof in Moskau aus fährt die Lok nach 87 Stunden oder 5191 km im Irkutsker Bahnhof ein. Mit dem Auto geht die Fahrt über Nizhnij Novgorod, Kazan, Tschelabinsk, Kurgan, Omsk, Novosibirsk und Krasnojarsk. Eine nicht risikofreie Tour, die in die Kategorie Abenteuerreisen fällt. Die Straßen sind teils zermürbend, und in der Nähe von Großstädten versperrt der Lkw-Verkehr eine zügige Fahrt.

Sibirien – was verbindet sich nicht alles mit diesem Wort? Das Gebiet zwischen Ural und Pazifik - tatarisch „schlafendes Land" – blieb jahrtausendelang unberührt. Und auch heute noch gibt es viele Flecken, die kein menschlicher Fuß je betreten hat. Tataren, Burjaten, Jakuten und Tungusen lebten auf dem riesigen Territorium, bis die Russen begannen, den „steinernen Gürtel" - die Weiten hinter dem Ural - zu erkunden, und nach Osten vordrangen.

„Ab nach Sibirien" wurde schon Ende des 16. Jahrhunderts zu einem festen Begriff. Politische Gegner des zaristischen Regimes wurden für Jahre oder gar lebenslänglich in die Verbannung geschickt. Das galt nicht nur für die Menschen. Einmal wurde die Glocke der Stadt Uglitsch bei Jaroslavl „verbannt", weil sie 1591 nach der Ermordung des Zarewitsch Dimitrij geläutet und sich dadurch den Zorn des Herrscherhauses zugezogen hatte. Ihr wurde der Klöppel herausgerissen, und sie wurde gemeinsam mit den Einwohnern der Stadt nach Tobolsk abtransportiert. Erst 300 Jahre später wurde sie „begnadigt" und konnte zurückkehren.

Jahrhundertelang gab es geradezu Massendeportationen: Adelige des Dezemberaufstandes von 1825 (Dekabristen), Schriftsteller, Sozialrevolutionäre und Bolschewiki. Wegen seiner Weite und Unwegsamkeit kam Sibirien einem geschlossenen Gefängnis gleich. An Eisenbahnknotenpunkten entstanden Haftanstalten, um 1900 zählte man 287.000 Staatsverbrecher. Vor allem im Zuge der Zwangskollektivierung und Stalins Säuberungsaktionen wurden Millionen politischer Gegner in die Arbeitslager geschickt; viele kamen dort um.

Sibirien ist aber auch ursprüngliche Natur mit fast unermesslichen Reichtümern: Gold, Zinn, Uran und Öl; ein Land voller Geheimnisse und Rätsel. Sibirien bedeutet 12,8 Mio. qkm Landmasse mit nur 25 Mio. Menschen. Das Land ist reich an Brennstoff- und anderen

Energievorkommen, Erzen, nichtmetallischen Bodenschätzen, gewaltigen Wasserläufen und 770 Mio. ha Wald. Königin der Taiga ist die Lärche, daneben Tannen, Birken und Pappeln. Steppe, Taiga und Tundra bieten dem Reisenden eine Menge Abwechslung."

(Quelle: Marco Polo Russland, 1993, S. 79 f.f.)

Bedingt durch die Berichte vieler Besucher während meiner Zeit in Monheim, in Erinnerung an Aussagen einiger Strategen, dass um Novosibirsk eine erfolgreiche Landwirtschaft betrieben würde und auf der Suche nach dem wilden Russland, dauerte es nicht lange, bis auch ich in Novosibirsk eintraf.

Die Kontakte zum riesigen Forschungsinstitut für Boden- und Landwirtschaft, Anfang der 90er Jahre zaghaft geschaffen, wurden reanimiert, und eigentlich sollte es dann losgehen mit dem reichlich fließenden Verkauf. Nur leider entwickelte sich das anders.

„Der Verkauf der begehrten sibirischen Butter brachte 1900 mehr Einnahmen als der von Gold in ganz Russland pro Jahr. Die sibirische Butter, die weltweit als beste Sorte angesehen war, wurde zu 70 Prozent exportiert. Man transportierte sie in Kühlwaggons in Eichenfässern in die Hafenstädte und dann auf dem Seeweg weiter nach Kopenhagen, London und Hamburg. Vor dem ersten Weltkrieg verkauften die Sibirier auf dem Weltmarkt ihre Butter bereits ohne dänische Vermittlungsfirmen. 1915 exportierte Sibirien 4,6 Millionen Pud (1 Pud entspricht 16,38 Kilogramm), 1918 waren es 1,7 Millionen Pud.

Doch die politische Entwicklung änderte dies grundlegend. Die ehemals wohlhabenden Landwirte und das Land wurden ruiniert. Die sibirischen Bauern waren keine Anweisungen „von oben" gewohnt und hatten keine Vorstellung, wie die „zentralisierte Verteilung der Produktionsmittel" vor sich gehen sollte".

Die Bauerngemeinde spielte in Sibirien eine wesentlich geringere Rolle als in Mittelrussland, wo sie die Bodennutzung direkt regelte. Der Boden war in Sibirien immer Staatseigentum. Die Bauern ließen sich dennoch von der Regel leiten: „Was du bestellt hast, gehört dir."

Trotz oder gerade durch die Eingliederung in Kolchosen und Landnutzungsmaßnahmen (das heißt Rodungen im großen Stil), praktisch in 5-Jahresplanschritten, konnten keine entsprechenden Erhöhungen der gesamten landwirtschaftlichen Produktion in der Region erzielt werden.

Heute werden Getreide, Fleisch und Milchprodukte aus den USA und Europa in die meisten sibirischen Gebiete importiert. Sibirien ist für Russland mehr denn je eine wichtige Kolonie, die wertvolle

Erzeugnisse liefert und in die man alles schickt, was man nicht haben will, wie beispielsweise atomare Abfälle und rückfällig gewordene Straftäter. Die Zentrale in Moskau ist immer noch von der tiefen Furcht besessen, dass Sibirien im 21. Jahrhundert zu einem eigenständigen Staat werden könnte, wie dies 1919 schon einmal für ein paar Monate der Fall war. Es gibt sogar schon geographische Karten, auf denen Sibirien als „Nordasiatische Vereinigte Staaten" eingezeichnet ist. Die Idee einer Lostrennung Sibiriens von Russland wird von ehemaligen UdSSR-Republiken unterstützt. Nimmt man Russland seine sibirischen Reichtümer, wird es für die Ukraine oder Kasachstan sogleich zu einem wirklich gleichberechtigten Partner.

Mein Interesse an der Natur und auch an der unberührten Taiga ist groß, ein Besuch im Naturkundemuseum in Novosibirsk ernüchternd. Die ehemals blühende und artenreiche Taiga wurde gerodet, vernichtet und einem vermeintlich hohen Ziel geopfert. Leider wurde dieses Ziel völlig aus den Augen verloren. Denn andersherum betrachtet freue ich mich in Westeuropa über gepflegte, ertragreiche Felder, die von Wäldern und Seen unterbrochen werden. Hier in Sibirien finde ich nur vereinzelt wirklich gut geführte Felder mit hohen Erträgen, der Rest ist Monokultur mit geringer Aussicht auf Erfolg.

Beschämend ist auch der Maschinen- und Viehbestand der Betriebe. Von meinem Elternhaus zu Erhalt und Pflege angehalten erlebe ich hier eher das Gegenteil.

Durch Konzentration auf die besseren Betriebe in einem Umkreis von ca. 500 km um Novosibirsk gelang es uns dennoch, unser Geschäft einigermaßen aufzubauen. Dazu zählt auch Krasnojarsk. Bei einem gemeinsamen Besuch mit Freunden im Juli 1997 (die beiden reisten mit der Transsibirischen Eisenbahn an, ich aus Zeitgründen per Aeroflot) wurden wir von einer europäisch anmutenden Stadt überrascht. Bankomat, Eurocard alles funktioniert. Unser potentieller Händler lud mich zu einem zünftigen Fest am Jenissei ein - ein Bad im Fluss ist schön und erfrischend. Meine Freunde besuchten derweil eine gemeinsame Freundin, die nach einem Schwesternpraktikum in Soest wieder in Krasnojarsk lebt. Krasnojarsk ist bekannt als wichtigste Stadt der Rüstungsindustrie. Das landesgrößte Kupfer- und Nickelkombinat in Norilsk (in der Nähe des Polarkreises) hat hier seinen Sitz. Außerdem hat die Stadt traurige Berühmtheit erlangt durch das nahe gelegene Krasnojarsk 26. Hier befindet sich die weltgrößte Deponie für abgebrannte Kernbrennstäbe. Eine ständige Bedrohung für Menschen, Natur und nicht zuletzt für die Fischfanggebiete des Nordatlantiks und des Pazifiks.

Im Falle eines GAU würden radioaktive Abfälle über die größten sibirischen Ströme Ob, Jenissej, Irkutsk und Lena ins Eismeer und weiter gelangen.

Während die beiden per Flugzeug nach Deutschland zurückkehrten, klapperten wir per PKW die Region ab. Tagsüber veranstalten wir Seminare zusammen mit Händlern, nach Übernachtungen in einfachen Pensionen oder auch Erholungszentren. Häufig veranstalten wir dies zusammen mit den Wettbewerbern Ciba und Rhone Poulenc: man kennt sich und versucht, sich zu arrangieren.

Einer dieser Abende ist mir in besonderer Erinnerung geblieben. Mein Mitarbeiter Sergej hatte sich eine neue Videokamera gekauft, mit der er schon den ganzen Tag filmte. Die Nacht verbrachten wir in einem idyllisch am See gelegenen ehemals parteieigenem Camp mit Blockhäusern, Banja usw. Nach der über siebenstündigen Fahrt standen wir unter einer Pergola, lachten, erzählten und tranken einen kleinen Wodka. Besagter Mitarbeiter filmte gleichzeitig „aus allen Rohren". Plötzlich baute sich vor uns einer dieser typischen russischen Bodyguards auf - breit fahren und schnell denken - und verlangte die Herausgabe der Kamera. Sergej, schon leicht angetrunken, klammerte sich an seine neue Errungenschaft und jammerte hysterisch. Daraufhin eskalierte das Ganze. Der o.g. Sicherheitsbeauftragte wollte sich gerade mit Waffengewalt die gute Sony aneignen, als ich mich aus der Erstarrung, die uns alle ergriffen hatte, lösen konnte und Sergej lautstark und kraft Amtes bewegen konnte, die Kamera zu übergeben. Durch die Erkenntnis auf beiden Seiten, dass ein Deutscher dabei ist - der als Garant für einen ordentlichen Ablauf steht - entspannte sich die Situation etwas.

Nachdem der Kamera der Film entnommen worden war, erhielten wir sie sogar zurück mit der Entschuldigung, dass alles nicht so gemeint sei. „Mein Chef möchte nur nicht fotografiert werden". Dabei zeigte er auf einen gewichtig aussehenden Mann, der umgeben von drei Bodyguards mit einigen leicht bekleideten Nixen hinter uns im Wasser planschte.

Nach diesem kleinen Intermezzo machte uns allen der nachfolgende Banjaaufenthalt , der Entspannungswodka und der Abkühlungssprung in den See besonderen Spaß.

Am nächsten Morgen ging es durch das Donezk-Becken, nahe Kemerovo, dem russischen Kohlenpott, in dem die Sonne wirklich Schwierigkeiten hat, den Smog zu durchdringen, weiter Richtung Novosibirsk.

Novosibirsk gilt als Herz Sibiriens. Die von der Flächenausdehnung her gesehen drittgrößte Stadt Russlands (bei nur 1,8 Mio. Einwohnern) ist ein Beispiel für monumentale Stadtgestaltung mit breiten Straßen und riesigen Plätzen.

Diese noch junge Stadt entstand, als für die Transsibirische Eisenbahn eine Brücke über den Ob gebaut wurde (1893).

Über viele Zwischenstationen, mit Vorträgen und Besuchen bei Betrieben, Händlern und offiziellen Stellen (z. B. Bezirksverwaltungen, hier Administrationen genannt) ging es dann nach Barnaul.

Diese im Altai gelegene schöne, teilweise sogar romantische Stadt liegt an den Ausläufern des Altaigebirges, das sich weit in den Südosten in die Mongolei hinein erstreckt. Zusammen mit einem unserer Händler, bei dem wir ab 1998 ein Zollager eingerichtet haben, wurde ein äußerst erfolgreiches Seminar abgehalten. Der Altai wird auch als der „Mittelpunkt der Ozeane" bezeichnet. Es ist ein Quellgebiet von rund 20.000 kleinen und größeren, sehr wasserreichen Flüssen, die zum Teil zur Energiegewinnung genutzt werden. Es existieren 3.000 kleinere und mittlere Seen im Altai. Die Bergspitzen sind vergletschert. Ungefähr 1.000 Gletscher mit einer Fläche von ca. 900 qkm bedecken die Gebirgszüge. Oberhalb von 2.400 m gibt es fast keine Vegetation mehr, sondern meist nur Steine, Schnee und Eis. Der überwiegende Teil der Mittelgebirgslandschaft sind Nadelwälder und Weiden.

Der wasserreichste Fluss, der das Altaigebirge in Richtung Norden verlässt, ist der Katun. Bei der Stadt Bijsk vereinigt sich der Katun mit anderen Flüssen und wird zu dem Riesenstrom Ob, der nach 4.300 km ins Nordpolarmeer mündet. Das Wasser des sehr schnell fließenden Katun kommt unmittelbar aus dem Altai, und die Temperatur liegt im Sommer gewöhnlich zwischen 4-8 Grad Celsius. Das Baden im Fluss war bei den entsprechenden Außentemperaturen trotzdem sehr angenehm.

Perfekt war auch das Wetter: Ein strahlend blauer Himmel, der das anschließende Barbecue zu einem unvergesslichen Erlebnis machte. Für mich besonders wichtig, war es doch mein vierzigsten Geburtstag. Ein Jahr später habe ich den gleichen Tag ein Stück weiter südlich im Altai nahe der mongolischen Wüste Gobi gefeiert.

Die Schönheit des Altai, manchmal liebevoll die russische Schweiz genannt, täuscht darüber hinweg, dass die Region mehrfach belastet ist. Zum einen durch den radioaktiven Fallout als Folge der ersten Atomexplosion auf dem Testgelände Semipalatinsk (August 1949, jetzt in Kasachstan gelegen); die Windrichtung für den Fallout wurde damals exakt berechnet, um internationales Aufsehen zu vermeiden. Zum anderen ist es die Umweltbelastung, die durch den Weltraumbahnhof Baikonur (jetzt ebenfalls Kasachstan) entsteht.

Die Landwirtschaft im Altai ist viel versprechend. Die Betriebe sind oftmals etwas besser organisiert als in Sibirien. Ein großes deutsches Agroprojekt, das Altaiprojekt, an dem viele deutsche Maschinen-, Saatgut- und Pflanzenschutzmittelhersteller unter der Federführung einer Consultingfirma teilnehmen, zeigt positive Impulse - hoffentlich für länger. Neben politischen, menschlichen und organisatorischen Unsicherheitsfaktoren in der russischen Landwirtschaft treten leider darüber hinaus oft andere Einflüsse auf, die eigentlich nicht zu kontrollieren sind. (Lediglich in Moskau wird das Wetter jeweils zum 8. Mai „schön" gemacht).

1997 waren es die Zuckerrüben, die plötzlich im Juli von Loxostega stigticalis, einem blattverzehrenden Schädling (frisst alles, was ihm im Wege steht!), Flächen deckend heimgesucht wurden. Lediglich unsere Produkte konnten die Ernte noch einigermaßen retten.

1998 war in der Region eine wunderbare Ernte im Getreide zu erwarten. Fehlende Niederschläge ab Mai verursachten dann aber eine gnadenlose Dürre, die zu extremen Ernteausfällen führte.

Und was passierte 1999? Richtig, eine neue Variante: Diesmal vernichteten riesige Heuschreckenschwärme erhebliche Flächen im Altai und Sibirien. Es ist so traurig.

**Hundert Rubel sind kein Geld,
hundert Jahre kein Alter und
hundert Kilometer keine
Entfernung.
(sibirisches Sprichwort)**

Russland ist schwer zu verstehen?

August 1997

Die Menschen in Russland sind sehr reich an Traditionen, Werten und Erfahrungen. Bedingt durch die Vergangenheit und die neuere Zukunft ist man jedoch häufig unsicher, wenn es darum geht, Ziele zu definieren. Leider hat auch der Erfolg der „neuen Russen", die sich mit höchst krimineller Energie ehemaliges Staatseigentum angeeignet und die schnelle Mark gemacht haben oder noch machen, vielen Leuten gezeigt, dass der „normale Mensch" generell ohnmächtig zu sein scheint. Dies wurde noch verstärkt durch die verschiedenen plötzlichen Geldentwertungen in den letzten Jahren. Bei einigen Menschen fällt mir so etwas wie ein „vorauseilender Gehorsam" auf: Man wartet erst gar nicht ab, welches Ergebnis etwas bringt, sondern auf die bloße Spekulation hin, wie etwas werden könnte, wird reagiert.
Dazu ein Rückblick auf die Zarenzeit:

> „Man wirft den Russen ihren Mangel an Voraussicht vor. Tatsächlich widerfährt es ihnen fortwährend, dass sie durch die Folgen ihrer Handlungen überrascht werden, dass sie sich in Sackgassen verrennen, dass sie sich an der harten Logik der Tatsachen wund stoßen. Dessen ungeachtet kann man nicht behaupten, dass sie nicht um die Zukunft besorgt wären, sie denken im Gegenteil sehr viel daran, aber ohne sie vorauszusehen, weil sie sie überhaupt nicht sehen. Ihre Einbildungskraft ist so gestaltet, dass sie Umrisse niemals zeichnet und genau feststellt; sie gefällt sich nur in fernen, fliehenden Horizonten, in verschwommenen, verschleierten, unbestimmten Augenblicken. Ob die Wirklichkeit nun gegenwärtig oder zukünftig ist, immer erscheint die ihnen nur in ein traumhaftes Dunkel gehüllt.
> Einer der moralischen Charakterzüge, die ich bei den Russen immer wieder beobachte, ist ihre Neigung zur raschen Aufgabe, ihre Fügsamkeit, sich vor dem Unglück zu beugen. Oft warten sie nicht einmal darauf, dass die Schicksalsentscheidung gefallen ist: es genügt ihnen, sie vorauszusehen, um ihr gleich zu folgen. Sie unterwerfen sich ihr und passen sich ihr sozusagen im vorhinein schon an."
> Quelle: Maurice Paleologue: Am Zarenhof während des Weltkrieges. Tagebücher und Betrachtungen, Bd.1;
> München 1926, S.98 zitiert in : Krone-Schmalz: Von der russischen Seele, Econ Taschenbuch Verlag 1994, S.39 u.161

Gesetze, seien es nun Steuer-, Zoll- oder Investitionsgesetze (soweit überhaupt vorhanden) sind so vieldeutig, dass jeder sie nach seinem Gusto auslegen kann.   Häufig zu Lasten eines ausländischen Investors.

Häufig gibt es bei Besprechungen über die Realisierbarkeit von Zielen oft ein 5:1-Verhältnis, also fünf Gründe, weshalb ein Plan nicht klappen kann. Ein einziger Grund, weshalb das Ergebnis wider Erwarten erreicht werden könnte. Dieser Gedanke, zaghaft und klein, warum man eventuell vielleicht doch erfolgreich sein könnte, hat es sehr schwer, sich durchzusetzen.

Da ist die sich selbst erfüllende Prophezeihung schon fast vorprogrammiert – der Plan scheitert, wie ja schon von allen vorausgesagt. (Man ist innerlich befriedigt, weil man es ja sowieso schon immer vorausgesehen hat!) Man macht aber weiter, in der Hoffnung, dass am Ende alles gut wird.

Oft werden somit die Menschen, Mitarbeiter, Kollegen usw. ein Opfer ihrer eigenen Mischung aus zynischer Bauernschläue und fehlender langfristiger Visionen. Einem Manager, der von solchen Bedenkenträgern umgeben ist, hilft nur eine glasklare Sicht der Dinge. Schwierig in einem Land, das sich auf der einen Seite im freien Fall nach unten befindet und mit den Monstern der Vergangenheit kämpft und auf den anderen Seite so reich sein könnte. Auch das sogenannte „Magma" des Russentums spielt eine große Rolle. Trotz allen Veränderungen in diesem modernen Russland lebt sie fort, die „russische Seele".

Es sind dies:
- die Fähigkeit zum Mitleid,
- die Fähigkeit zum Teilen,
- der Hang zur Maßlosigkeit (laut Dostojewski im Guten wie im Bösen),
- die Fähigkeit zu großen ungebändigten Gefühlen,
- die Möglichkeit zur Grausamkeit,
- der Hang zum Autoritären (Peter der Große und Ivan der Schreckliche waren große bestimmende Figuren der russischen Geschichte),
- der Hang zum Unberechenbaren,
- das im Positiven und Negativen großzügige Gebaren,
- die große Gabe der Genügsamkeit,
- die große Gabe der Geduld,
- die große Bereitschaft zum Leiden

Wirklich: Russland ist schwer zu verstehen!

**Wir wollten alles bestens machen,
aber es wurde wie immer.
(V. Tschernomyrdin)**

Der Nordkaukasus

September 1997

Der Nordkaukasus wird vom Schwarzen und Asowschen Meer im Westen, vom Kaspischen Meer im Osten, der Donskoj-Steppe im Norden und dem Zentralkaukasus im Süden begrenzt. Die Landschaft ist abwechslungsreich: von den fruchtbaren schwarzen Steppen zu den schneebedeckten Gipfeln des Kaukasusgebirges, von der subtropischen Schwarzmeerküste zu den Halbwüsten am Kaspischen Meer, vom alpinen Grasland zu den Bergflüssen, die im Frühjahr die Steppen überfluten. Eine ähnliche Vielfalt findet man auch in der Vegetation. Nadelwälder am Fuß der Berge, subtropische Pflanzenwelt an den Küsten und mit Binsen überzogene Flusstäler. Der Kaukasus war im Laufe seiner Geschichte von verschiedensten Stämmen bewohnt, was zu der heute für die Region so charakteristischen ethnischen Vielfalt führte.

Die ehemalige Hauptstadt der Kubankosaken (benannt nach dem gleichnamigen Fluss) ist Krasnodar. Die Region Krasnodarskij Krai ist reich an Bodenschätzen und berühmt für ihren Weizen. Daneben gibt es hier den bedeutendsten Zuckerrübenanbau Russlands. Häufig waren deshalb Krasnodar und die Nachbarregion Stawropol Ziele unserer Reisen. 1995 und 1996 war ich fast monatlich dort, um Versuche anzulegen und ein unter marktwirtschaftlichen Bedingungen arbeitendes Händlernetz aufzubauen. Die Situation der landwirtschaftlichen Betriebe in der einstigen Paraderegion ist katastrophal. Nach zwei Jahren mit dürrebedingten Ausfällen sind viele Kolchosen faktisch zahlungs-unfähig. Viele Leiter haben keine Vorstellung mehr, wie sie den Betrieb über Wasser halten können. Dass Löhne seit Monaten, sogar über ein Jahr nicht mehr bezahlt werden, ist üblich. Wovon leben die Menschen? Von ihrer individuellen Hauswirtschaft. Ein paar Hühner, Enten und Gänse, ein Schwein, eine Ziege, sogar eine Kuh haben manche. Obst und Gemüse wächst im Garten. Außerdem hilft der „Wochenmarkt". Oma sitzt bis in die Nacht bei gutem und schlechtem Wetter und wartet auf Kunden, denn alle Omas sitzen und bieten Kartoffeln, Rüben, Eier, geknackte Nüsse, Sonnenblumen, eigenen Senf, saure Gurken, Kohl und Möhren an. Dazwischen auch einmal ein Hausgerät, was nicht mehr un-bedingt gebraucht wird, oder eine kümmerliche Pflanze in einer Blechbüchse.

Glücklicherweise gibt es Ausnahmen. Es gibt gute Landwirt-schaftsbetriebe, die schuldenfrei sind, sich neu ausrüsten und damit einen Wettbewerbsvorteil haben. Da arbeiten Menschen, die das Management beherrschen, rechnen und kalkulieren können. Da wurden die Improvisation und das „Denken an heute" erfolgreich abgeschafft.

Doch das lernte keiner früher in der Schule, sondern das Leben lehrt es; ein harter und erbarmungsloser Lehrmeister.

Während der Tage, die wir auf den Feldern verbrachten, flogen häufig Kriegsflugzeuge über uns hinweg. Ein Zeichen des Tschetschenien-Konfliktes in der Nachbarregion gleichen Namens.

Ein weiteres untrügliches Zeichen, dass wir in einer Problemregion sind, ist die starke Polizeipräsenz und die ach so geliebten Straßensperren. Die Polizei stellt einen LKW ab. Einige Leute laufen plötzlich mitten auf die Straße. Um einen Unfall zu vermeiden, weichen die Fahrzeuge über die durchgehende weiße Linie auf der Straße aus. Sofort stoppt die Polizei und kassiert. Der Hinweis auf die Vermeidung des Unfalles wird lakonisch beantwortet: „Es waren keine Leute auf der Straße!" Bemerkung meiner Mitarbeiter: „Zahlen Sie und streiten Sie nicht! Etwas fällt der Verkehrspolizei immer ein, dass Sie im Unrecht sind oder stundenlang aufgehalten werden!" Schließlich wollen der Polizist und seine Vorgesetzten ihre Gehälter etwas aufbessern und dem Staat eine Zusatzeinnahme sichern.

Zwischen Krasnodar und Rostov waren es diesmal 21 Polizeiposten und –kontrollen auf 270 km. Das ist im Durchschnitt alle 13 km ein Posten, der mit Auto, mehreren Leuten, Radar, Waffen usw. besetzt ist. Dazu kommt der Zeitverlust bei hunderten von Autos. Zumindest weiß ich jetzt, wo ein Großteil der „gezahlten" Steuern in Russland bleibt.

Gerade im Winter führt Schnee oder Nebel in einigen Regionen oft dazu, dass Flugzeuge umgeleitet werden. Uns passierte das öfter beim Anflug auf Stavropol. Dann geht es einfach nach Kislovodsk, das für seinen Göttertrank (Mineralwasser!) bekannte Heilbad.

In dem nahe gelegenen Pjatigorsk, dem ältesten Heilbad der Region, überredete mich mein Mitarbeiter Nikolaj einmal zu einer balneologischen Kur. Der Schlamm aus dem nahe gelegenen See soll angeblich die Muskelspannkraft und die Blutgefäße stärken. Er redete und redete so lange auf mich ein, um mir die Vorteile schmackhaft zu machen, so dass ich endlich zustimmte.

Nach diversen Vorbereitungen wurde ich in eine schlammgefüllte Wanne gesteckt, und es hieß, einige Zeit auszuharren. Das Gefühl des Gefangenseins im Moor und besonders ein etwas abstoßender Geruch, den ich heute noch manchmal zu riechen vermeine, sorgten dafür, dass diese „Kur" meine erste und letzte blieb. Eventuell ist doch etwas zurückgeblieben, denn ...

Mein Gewissen ist so sauber und so durchsichtig, dass man es kaum sieht.
(Russisches Radio)

Stepan Rasin – Samara

Hier also soll er gelebt und dem Zaren das Leben schwer gemacht haben.Ob er wirklich dem Robin Hood aus dem Sherwood Forest ähnelte, weiß ich nicht. Jedenfalls wurde es mir so verkauft. Fest steht, dass dieser regional für Unruhe sorgende bessere Bandit in Moskau sein Ende fand, auf dem – wie sollte es anders sein – Roten Platz.

Erzählt wurde mir die Geschichte von Vertretern des Betriebes Kubitschew Azot, nahe der Stadt Samara. Mehrfach kamen wir zusammen, um ein größeres Geschäft abzuwickeln. Da sich nach und nach sehr freundschaftliche Beziehungen zwischen uns entwickelten, endete fast jedes dieser Treffen auf dem betriebseigenen Boot bei geräuchertem Fisch und vielen wilden Geschichten aus der Vergangenheit. Deshalb habe ich auch gelernt, dass alle echten russischen Geschichten irgendwie traurig enden. Wer das weiß, besitzt schon einen kleinen Schlüssel zur russischen Seele.

Drei Schiffbrüchige – zwei junge Männer und ein hübsches Mädchen - werden auf eine einsame Insel verschlagen. Sind die drei aus Spanien, so werden sich die beiden Männer duellieren. Der Sieger gewinnt auch die Liebe. Stammen die drei aber aus Frankreich, so werden sie sich irgendwie zu dritt arrangieren. Unter drei Deutschen wird einer der jungen Männern in aller Form um die Hand der jungen Dame anhalten. Der andere übernimmt das Amt des Standesbeamten und zieht die Konsequenzen aus der Rechtslage. Sind die drei aber aus Russland – was geschieht dann? Nun, Natascha wird denjenigen jungen Mann erhören, den sie am wenigsten leiden mag. Abends sitzen sie dann zu dritt am Strand und sind allesamt miteinander ein bisschen, aber doch so wunderbar unglücklich…

Bei aller Lebensfreude, bei aller Begabung für rauschende Feste können Russen zuweilen auch Genuss und Vergnügen in der Traurigkeit finden. Einer Traurigkeit allerdings, die sich jederzeit wegwischen lässt – durch einen Tanz, durch ein Lied, durch einen Trinkspruch, durch einen Schluck Wodka… .

Die Stadt Samara hieß von 1935 bis 1991 Kuibyschev. Eine breite Treppe führt direkt vom Stadtzentrum an die Wolga Sie nutzte ich häufig, wenn ich früh morgens eine Runde am Fluss entlang joggen wollte, um Körper und Geist nach langen Abenden wieder in Einklang zu bringen. Die Landschaft um Samara ist auf jeden Fall dazu bestens geeignet! Zerklüftete Bergrücken und smaragdgrüne Tieflandwiesen!

Wir haben uns hier versammelt, um zu trinken; also trinken wir darauf, dass wir uns hier versammelt haben.
(Russischer Trinkspruch)

Roter Hammer Moskau

November 1997

Mit dem Namen „Lokomotive Leipzig" oder „Dinamo Kiew" verbindet man (ehemals) sehr bekannte Fussballvereine, ob es mit „Roter Hammer Moskau" - kurz RHM - auch so ist, wer weiß es. Trotz dieses martialischen Namens verbirgt sich dahinter dennoch jede Menge Spaß, wie ich schon bald, d.h. im September 1994 feststellen konnte. Gegründet von einigen deutschen Firmenvertretern, die als Freizeitkicker abends mal ordentlich Dampf ablassen wollten, entwickelte sich das Ganze schnell zu einem Verein mit allen erdenklichen Wimpeln, Orden und Ehrenzeichen. Hier kommt wieder die ureigene deutsche Eigenschaft zum Tragen: zwei Deutsche gründen einen Stammtisch, drei einen Verein. Neben dem rein fußballerischen Aspekt - laufen, schießen, Tor! – dies möglichst ohne Verletzungen (denn uns allen steht ja morgen wieder ein harter Tag bevor!) spielte sich vieles abends nach dem Spiel in der Kabine ab.

Bier gab es, mitzubringen von Gästen, sowie häufig ein Buffet, erstellt von unserem Vereinwirt Alois, der neben dem Vereinslokal auch die Ehrenmitgliedschaft im RHM besitzt.

Eines unserer schönsten Fußballerlebnisse, geschildert von Peter Finger, verdient es, auf jeden Fall erwähnt zu werden:

> Wo liegt denn dieser Fußballplatz, fragten wir uns vom Fußballverein Roter Hammer Moskau, als wir dorthin zu einem Fußballspiel eingeladen wurden. An irgendeiner Metrostation in Moskau, hieß es, sollten wir uns treffen und dann werden wir per Bus nach Buscherova gebracht. Die Überraschung war groß, als wir feststellten, dass der Bus mit zwei Mann der Moskauer Spezialeinheit OMON (Antiterroreinheit), besetzt war. Für Sicherheit war also gesorgt.
>
> Nach ca. 50 km waren wir am Ziel und wurden vom ganzen Dorf nebst Bürgermeister und einem Team von Radio Rossia empfangen. Alle wollten die deutsche Mannschaft sehen, denn man dachte, wie wir später erfuhren, dass wir speziell zu diesem Spiel aus Deutschland angereist wären. So wiesen es auch die Plakate, die im Dorf aushingen, aus. Nachdem wir das Umkleiden direkt auf dem Fußballplatz durchgeführt hatten, wurden wir alle persönlich vorgestellt. Der Dorfstadionplatz erwies sich als ein Acker mit hohlgelaufenem Fahrradweg. Dem Deutschen Fußball jedoch machten wir alle Ehre, denn nach hartem, aber fairem Spiel gewannen wir mit 2:1.

Nach dem Spiel ging es in die Sauna, um uns so richtig zu erholen. Was wir jedoch nicht wussten: Es war die einzige Sauna und es gab auch nur diese eine Umkleidekabine. Nachdem wir ausgiebig sauniert und geduscht sowie das ein oder andere Bierchen getrunken hatten, stellten wir fest, dass unsere Gastgeber vor der Halle warteten, bis wir fertig waren.

Nachdem wir nun alle fertig waren, wurden einige Spieler erst einmal interviewt, danach ging es zum gemütlichen Teil über. In der einzigen Bar der Stadt wurden wir von den Honoratioren zum Essen eingeladen. Der Tisch war voll mit allem, was der Magen begehrt. Natürlich gab es jede Menge der traditionellen Getränke. Russlandkennern brauche ich nichts zu erklären. Sergej, ein Spieler der Mannschaft von Buscherova, hat sich so in uns verliebt, dass er uns nicht abfahren ließ, ohne dass er eines unserer Trikots als Andenken behalten durfte.

Der Rückweg erfolgte im Strom der Wochenendheimkehrer. Mit unseren Begleitern der OMON war dies jedoch kein Problem. Wir fuhren in der Manier eines Jelzin-Autokonvois an allen Staus vorbei, auf der Gegenfahrbahn zurück nach Moskau. Da war es auch kein Problem, dass der Fahrer und sein Copilot mehr getrunken hatten als Teile unserer Mannschaft zusammen.

Das Resümee: Ein gelungener Sonntag bei schönem Wetter, viel Herzlichkeit und Sportsgeist. Mit so einem Tag macht man mehr für die Verständigung zwischen Russland und Deutschland als ein Besuch des Bundeskanzlers. Allerdings verträgt der auch nicht so viel wie wir.

Viele schöne Spiele gegeneinander zu Trainingszwecken und auch viele Turniere wurden bestritten: Zu meiner Schande muss ich gestehen, dass ich in den ersten Jahren öfter, aber leider nur unregelmäßig, mitgespielt habe. Ausgedehnte Reisen und manch-mal auch abends der Wunsch, um 18.00 Uhr nach Hause zu fahren, statt gegen das Leder zu treten, haben meinen Enthusias-mus gebremst.

Zu unserem Sommerturnier konnte ich einmal sogar Katharina überreden mitzukommen. Die Kinder hatten einer Geburtstagfeier den Vorzug gegeben. Angeregt durch die schönen Spielzüge und durch das gute Wetter unterhielten wir uns fröhlich und schauten gespannt dem Treiben auf dem Rasen zu. Durch Axel, einen Bekannten, wurden wir aufgeschreckt: „Geht mal schnell zu eurem Auto, die Polizei ist da, die Beifahrerscheibe ist eingeschlagen worden." Erschreckt eilten wir zum Tatort, und dort standen schon zwei nette junge Polizisten, die wohl zufällig anwesend waren.

Zusätzlich zu dem Schaden mussten wir für die Erstellung des Versicherungsprotokolles mit auf die Wache kommen. Auch das noch!

Sie fragten uns auf russisch, ob wir den Ort der nächsten Polizeistation kennen würden und als wir das verneinten, fuhren sie voran und wir mutig hinterher. In einem ganz normalen Wohnhaus war unten eine Station und schon beim Hineingehen traf uns fast der Schlag: kaputter Fußboden, alte Türen, ungestrichene Wände und direkt neben der Eingangstür zwei Arrestzellen. So wie im wilden Westen, vorne Gitter, drei Wände ohne Fenster, eine Sitzbank. Ein Mädchen von etwa 14 Jahren saß auf einer Bank und weinte. Sie wurde etwa 10 Minuten später in so eine Zelle eingesperrt. Als wir zwei Stunden später gingen, saß sie immer noch drin. Wir wurden freundlich auf russisch gefragt, was wir denn wollten und man zeigte uns zwei Sitzplätze, auf denen wir die nächste Stunde auf den Kommissar warteten. Der wiederum verstand anfangs nicht, was wir denn wollten. Schließlich klappte es und man tippte uns ein Dokument für unsere Versicherung auf einer uralten, museumsreifen Schreibmaschine in kyrillisch. Unter dem Schreibmaschinentisch lag eine dicke Metallkugel mit Kette, wahrscheinlich um Diebe am Davonrennen zu hindern.

Wir kamen uns vor wie vor 100 Jahren und waren froh, als wir endlich wieder in den Sonnenschein hinausgehen durften. Das Sommerfest war mittlerweile gelaufen.

Es ist besser, etwas zu machen und es danach bereuen, als zu bedauern, dass man das nicht gemacht hat.(Volksweisheit)

Pferd verzweifelt gewünscht

Dezember 1997

In unserer Familie sind die verschiedensten Hobbies vertreten: Katharina : (Porzellanpuppen sammeln und selber herstellen, Theresa: Katzenliebhaberin - Katze in Moskau erhalten, Oliver: Hundeliebhaber - Hundekauf wurde auf später verschoben, Charlotte: Pferdenärrin - bisher noch kein Pferd in Sicht und ich: keine Erklärung - das Buch spricht für sich selbst.

Um das Problem Charlottes zu lösen, ließen wir uns einiges einfallen; neben Ausflügen zu nahe liegenden Gestüten und Aufenthalten auf deutschen Reiterhöfen (zusammen mit verschiedenen Freundinnen aus Moskau) versprachen wir eine dauerhafte Reitmöglichkeit, wenn von ihr die russische Sprache exzellent erlernt würde. Dies scheiterte jedoch an den furchtbar langen Schultagen in Moskau (bedingt durch die An- und Abfahrt). Was tun? Anläßlich der Vorbereitungen für meine Mongolei-Reise sprach ich mit vielen Leuten, auch Personen, die im Rahmen eines Expertenaustausches aus der ehemaligen DDR in die Mongolei geschickt worden waren. Jemand erzählte mir, was seinem Kollegen „passiert" sei. Besagter Kollege, ein Geologe, war für ein Projekt im Süden der Mongolei stationiert gewesen. Dort habe er relativ einsam gelebt, um seinen Bodenuntersuchungen zu frönen. Eines abends sei er zu einer Nomadenfamilie eingeladen worden, zum gemeinsamen Abendessen. Während des Essens wurde ihm unumwunden klar gemacht, dass er sich mit der Dame des Hauses zusammen tun müsse; ja dass dies sogar von ihm erwartet würde. Das sei so Brauch. Völlig perplex kehrte der Geologe zu seinem Zelt zurück. Und wirklich verabschiedete sich am nächsten Morgen der Hausvorstand mit dem Hinweis, dass er in sechs Wochen wieder zurück sei. Er müsse mit seinen Herden erst einmal neue Weideplätze suchen. Kurz darauf erschien die Hausdame und lud ihn abermals zu einem Abendessen ein (Liebe geht ja bekanntlich durch den Magen!). So weit so gut. Nach ca. acht Wochen reiste der Geologe zurück in seine Heimat, um neue Aufgaben zugewiesen zu bekommen. Höchst erstaunt war seine Frau, als sich nach einem knappen Jahr während einer weiteren Abwesenheit ihres Mannes (er befand sich auf einer einwöchigen Dienstreise) der Zoll der Stadt bei ihr meldete und ihr mitteilte, ein schwarzer Hengst sei für ihren Mann angeliefert worden.

Empfänger und Absender seien klar, eine kurze Notiz sei jedoch auf mongolisch und zur Zeit nicht übersetzbar. Ob sie den Hengst haben wolle. Entzollungskosten 3.000 DM; der Hengst sei sehr wertvoll. Sie äußerte generell Einverständnis, aber zuerst solle die Notiz übersetzt werden. Einem Dolmetscher gelang es dann, diesen altmongolischen Dialekt wie folgt zu übersetzen:

Sehr geehrter Herr ...
Auf diesem Wege möchten wir uns bei Ihnen bedanken. Durch Ihre Hilfe ist uns ein gesunder kräftiger Sohn geboren worden. Möge der blaue Himmel immer über Ihnen sein! Hochachtungsvoll ...
Von der Dienstreise zurückkehrend musste der Geologe einige Nächte in seinem Büro kampieren, ehe der Zorn seiner Frau, durch die Schönheit des Pferdes besänftigt, nachgelassen hatte. Zumindest waren sie jetzt stolze Besitzer eines Pferdes.
Laut dachte ich über diese Variante nach, fand aber wenig Gegenliebe bei meiner Frau. Sehr zum Leidwesen von Charlotte. Als guter Vater hätte ich mich natürlich geopfert!!!!!

Die Frau meines Freundes ist für mich keine Frau. Aber wenn sie schön ist, ist er für mich kein Freund.
(Russisches Radio)

Geschichten, die das Leben schrieb
Stationen einer Autoverzollung

Januar 1998

von Dr. Eugen Desch

Die Aufgabe bestand darin, für einen im April 1997 auf der Basis der Wiederausfuhr eingeführten Polo (Steilheck, Baujahr 1991, 170.000 km geschätzt) die Wiederausfuhrerklärung zu verlängern oder den Wagen vollständig zu verzollen.

Es folgt ein Erlebnisbericht – das Tagebuch einer Autoverzollung:

11.03.98:

Erste Station: TOO Femida L-A, Dmitrowskoje Chaussee 62. Der Wagenwert wird durch einen unabhängigen Sachverständigen geschätzt und mit DM 2.090,- angegeben; Kosten der Schätzung: 250.000 alte Rubel (ca. 80,- DM).

13.03.1998:

Wir machen unseren ersten Informationsbesuch in Butowo, Warschawskoje Chaussee 26, beim Sam. Natschalnika Tamoschni Post Butowo (also dem Stellvertretenden Leiter des Zollamts in Butowo), Herrn Lebedew Konstantin Jurjewitsch, nicht ahnend, wie viele solcher „Besuche" wir noch vor uns haben würden. An diesem Tag werden uns folgende zwei Möglichkeiten kundgetan: Wir können entweder die Wiederausfuhrerklärung um ein Jahr verlängern und ein Depot hinterlegen (bei gleichzeitiger Bemerkung, dass dieses Depot nicht zurückgezahlt wird) oder den Wagen vollständig verzollen. Wir entscheiden uns für Letzteres. Danach erfolgte eine erste Prüfung der vorhandenen Papiere.

16.03.98:

Ein weiterer Informationsbesuch bei der Zollinspektorin Marija Nikolaewna, Zollstation Hotel Solnetschnij, Cottage Nr. 2. Wieder werden alle vorhandenen Dokumente geprüft (Antrag der Firma mit der Bitte um Unterschrift, die alte Wiederausfuhrerklärung, die alte Zolldeklaration). Hier werden uns die voraussichtlichen Kosten für die endgültige Verzollung eröffnet: 15.000.000,- alte Rubel (ca. 4800,- DM). Auf unsere Frage, warum die Verzollung eines Autos, dessen Wert von einem unabhängigen Sachverständigen auf DM 2.090,- geschätzt wird, 15 Millionen Rubel kostet, kommt die Antwort. Wir, der Zoll, richten uns nach der Schwacke-Liste. Außerdem beträgt der Mindestschätzpreis des Zolls DM 8.000,-. Weniger ginge nicht.

19.03.98:

Vormittags geht's zur Bank, 15 Mio. Rubel besorgen, dann zum Notar. Dort wird eine notariell beglaubigte Vollmacht erstellt, damit unser Mitarbeiter Valerij die Zollformalitäten erledigen darf.

Kosten dieser notariellen Beglaubigung: 70.000,- alte Rubel (ca. 22,- DM).

Nachmittags „Besuch" im Hotel Solnetschnij, Cottage Nr. 2 – zur Inspektorin. Die Einfuhrpapiere des Wagens vom April 97 können nicht aufgefunden werden (es gibt über den Wagen offensichtlich keine Akte beim Zoll, obwohl er ordnungsgemäß im April 97 eingeführt wurde, denn wir haben entsprechende Dokumente). Der Preis von ca. 15 Mio. Rubel wird nochmals bestätigt. Nächste Station: Cottage Nr. 9. Um 16 Uhr ist es bereits zu spät, um einen Propusk (Erlaubnis) für das Zollager zu bekommen.

20.03.98:

Früh morgens nochmals zum Cottage Nr. 9, Zimmer 1: es wird ein Propusk für das Zollager ausgestellt, und dann ... Zimmer Nr. 2: Hier wird eine Quittung vorbereitet: Es sind 300.000,- alte Rubel (ca. 100,- DM) zu bezahlen, anschließend...

...Zimmer Nr. 3: Eine Dame kassiert den Betrag und stempelt die Quittung, danach ...

...Zimmer Nr. 4: Der Natschalnik (Chef) unterschreibt den Propusk.

10.00 Uhr: Fahrt zum angrenzenden Zollager; Ausfüllen des Antrages und zollamtliche Überprüfung des Wagens. Der Zollinspektor gibt sein Einverständnis und eine Bescheinigung. Der Wagen darf nun nicht mehr benutzt werden. Deshalb...

...zu Fuß zum Cottage Nr. 10 Dort wird die Bescheinigung des Zollinspektors gestempelt. Von dort aus...

...zurück zum Cottage Nr. 2. Eine andere Zollinspektorin empfängt uns (Olga XY). Die Suche nach der Akte beginnt wieder. Da diese nicht auffindbar ist, geht es...

...weiter zum Cottage Nr. 8 Dort steht ein Kopierer, Kopie unseres Zolldokumentes vom April 97, dann...

...zurück zum Cottage Nr. 2. Olga übernimmt nun alle unsere Dokumente, auch die Kopie, berechnet die zu bezahlende Summe, sie beträgt nun doch „nur" 6 Millionen alte Rubel (ca. 1900,- DM). Anschließend...

... Fahrt zur Warschawskoje Chaussee 26 (ein zweiter Wagen stand zum Glück bereit). Dort werden die 6 Millionen Rubel nebst einer Gebühr in Höhe von 5.000,- Rubel bezahlt. Zusammen mit dieser Quittung weiter...

...zum Zimmer Nr. 4 in der Warschawskoje Chaussee 26. Hier überprüft und bestätigt man die Einzahlungsquittung. Danach...

...nochmal zurück zum Cottage Nr. 2. Abgabe des Einzahlungsbeleges, Übertragung der Daten des Techpassportes (Fahrzeugschein) in ein Formular (Kartotschka transportnogo sredstwa). Olga stellt nun alle notwendigen Papiere (in erster Linie Passport transportnogo sredstwa) aus. Ein letzter Fußmarsch zum Lager. Abholen des Wagens und...

...leider noch nicht nach Hause, sondern erneute Fahrt zur

Warschawskoje Chaussee 26, zum Sam. Natschalnik (wie oben), zweiter Stock, Zimmer Nr. 26. Überprüfung der ausgestellten Dokumente durch mehrere im Zimmer anwesende Zöllner. Diskussion und Rückfrage bei Olga wegen der Höhe des Verzollungstarifes. Sie bestätigt. Letzter Stempel, letzte Unterschrift auf die Papiere und...

Fertig! Es ist 16.00 Uhr. Der Lohn für die Mühe: Fahrt nach Hause mit einem vollständig verzollten Wagen.

Auf einzelne Wartezeiten, freundliche Auskünfte, Gewissheiten und Ungewissheiten, vorhandene oder nicht vorhandene Sitzgelegenheiten während der Wartezeiten und sonstige angenehme oder unangenehme Begleiterscheinungen wurde hier nicht eingegangen.

Russland ist ein großes Land.
(J. Markieton)

Das Ende des Sowchos/TOO „Tschirsk"

Februar 1998

von Dr. Karl Krieghof Jr.

Endlich! Mein Mitarbeiter ist zurück mit 15 LKW voll Saatgerste! Es ist am Nachmittag des Mittwochs. Er hatte sich mit Geld ausgestattet, am Sonnabend auf den Weg gemacht, um aus dem liquidierten Betrieb das Getreide für unsere Lieferungen zu holen.

So berichtete mir mein Mitarbeiter vor wenigen Minuten:

Klein und geduckt, mit hängenden Armen, so steht der Direktor da – 20 Jahre hat er den Betrieb geleitet – jetzt sieht er der Hinrichtung seines Lebenswerkes zu.

Alle Gläubiger, die von der Zahlungsunfähigkeit des Betriebes erfuhren, vom stellvertretenden Direktor bis zum kräftigen Angehörigen eines Gläubigerbetriebes, haben sich eingefunden. Wie ein Wolfsrudel versuchen sie, aus der Konkursmasse, sich ihren Anteil zu holen. Etwas entfernt stehen die Betriebsangehörigen, die demnächst als 264 freie Farmer arbeiten wollen, sollen oder müssen. Wer weiß das?

Mit den LKWs, die mein Mitarbeiter in der Umgebung anheuerte, verbrachte er unweit des Betriebes die Nacht in einer „Wagenburg", um rechtzeitig am anderen Tag auf dem Betrieb zu sein. Die Saatgerste für die nächste Saison wird aufgeladen. Auch wir versuchen, in diesem Kampf zu überleben.

Die Betriebsangehörigen bedrängen ihren noch- oder ehemaligen Direktor. Sie erhielten das letzte Jahr keinen Lohn. Jetzt wollen sie ihren Anteil haben. Machtlos öffnet der Direktor die Stalltüren. Jeder nimmt sich seinen Anteil, von dem er glaubt, dass er ihm gehört. Der Fahrer des Mähdreschers schafft schnell den Mähdrescher auf seinen Hof. Er könnte seine Überlebensbasis sein, wenn es im kommenden Jahr etwas zu ernten geben sollte. Der letzte Bulle des Betriebes war an einen Traktor gebunden, um in das Schlachthaus geführt zu werden. Wer wird nun für den Nachwuchs in den Ställen der Farmer und Rentner sorgen?

Immer wieder wird mein Mitarbeiter gefragt: „Warum nehmt ihr uns die Lebensgrundlage, das Saatgut für das nächste Jahr?"

Bei -8 Grad C bei Wind und Schneefall harren die Arbeiter aus wie eine verängstigte Schafherde. Standen wir in Deutschland nach dem Krieg nicht auch so am Feldrand des Bauern, der seine Ernte einbrachte? Kaum verließ er das Feld, so stürzten wir darauf, um einige Ähren oder Kartoffeln zur Stillung des schlimmsten Hungers zu ergattern.

Während der Ladearbeiten, die bis spät in die Nacht gingen, gab es genügend Zeit, um sich in die Situation der Menschen zu versetzen. Gas gibt es nicht, Kohlen gibt es nicht. Um nicht zu erfrieren, werden die Windschutzstreifen (Baumreihen, als Schutz vor starkem Wind) abgeholzt. Das bedeutet, in den kommenden Jahren werden bei Wind die kostbare Schwarzerde mit Saat und Ertragshoffnungen wegtragen. Einst war es blühende Steppe, unberührt, unbesiedelt. Die Steppe könnte wieder blühen, aber heute sind Menschen da, die leben und überleben wollen. Sie werden die Steppe immer wieder umpflügen und versuchen Getreide zu erzeugen. Eine Wiederaufforstung ist kaum zu erwarten, denn das bedarf staatlicher Hilfe, die es nicht geben kann, weil der Staat selbst arm ist.

Der letzte LKW ist beladen, des Getreide ist alle. Wie die Hyänen stürzen sich die Menschen in das Lager, um am Boden und in den Ecken eine Handvoll Körner zu sammeln; vielleicht das Einzige, was im nächsten Jahr ausgesät wird.

Nach einer anstrengender Nacht- und Tagfahrt ist mein Mitarbeiter zurück. Wir haben es geschafft! Doch für welchen Preis? Müde und abgekämpft steht er, den ich schon verloren glaubte, vor mir. Mein Glückwunsch, dass er es geschafft hat, will keine Freude in ihm wecken. Zu frisch sind die Erinnerungen – und neu in seinem ganzen Leben, das er als Agronom auf den Dörfern verbracht hat. Sein Bericht lässt auch bei mir die Freude sinken, wieder von einem Schuldner die Schulden eingetrieben zu haben.

Und doch! Gleich werde ich wieder mit den Mitarbeitern zusammensitzen, um die Taktik des „Eintreibens" bei einem anderen Schuldner zu besprechen. Dann beginnt ein neuer Kampf mit dem Betrieb, der überleben will, und den vielen anderen Gläubigern.

Wir sägen selbst an dem Ast, auf dem wir sitzen. Treiben wir die Schulden nicht ein, sind unsere Tage gezählt, wie bei vielen anderen Betrieben. Treiben wir die Schulden ein, tragen wir zur Liquidation unserer Klienten bei und verlieren die Absatzmöglichkeiten im kommenden Jahr.

Werde ich glücklich sein, wenn ich Russland verlasse? Glücklich, weil der Betrieb, in dem ich wirkte, überlebte? Oder werden zukünftige Berichte aus Russland quälende Träume bei mir wecken?

Russland wird leben! Doch welchen Preis es für die Menschen kostet, wage ich nicht einzuschätzen. Russland wird es besser gehen, doch heute und morgen noch nicht.

Es ist der lange Weg vom Neuanfang bis zum ehemals gehabten Niveau und weiter, bis es besser wird als in der vergangenen Zeit.

War es die „Urangst" bei mir, dass ich nicht in den Kapitalismus zurück wollte? Die Angst, dass im Mittelpunkt der Gewinn und nicht mehr der Mensch steht? Ist es das, was Marx „das Wolfsgesetz des Kapitalismus" nannte? Fallen wir zurück in die Zeiten unserer Vorfahren, die in ihren Horden erbarmungslos um die Rangstellung kämpften und gemeinsam gegen andere Horden, die den Lebensraum streitig machten?

Das Leben gleicht einem Telegramm:
Es ist kurz und mit Fehlern.
(Russisches Radio)

Kazan – Abenteuer Wolga

März 1998

In Kazan, der Hauptstadt der Tatarischen Autonomen Republik, (seit 1991) hielt ich mich häufig und immer gerne auf.

„In der Hauptstadt Kazan sind um den historischen Stadtkern mit seinen Villen im Stil des russischen Barocks, seinen Minaretten und Moscheen moderne, aber auch eintönige Wohnviertel entstanden. Diese faszinierende architektonische Mischung verdankt Kazan dem Zusammenleben von gläubigen Moslems, Tataren und den russisch-orthodoxen Bewohnern. Hier wohnen Menschen aus 70 Nationen und Völkerschaften.

Die Universität der Stadt, in der schon Lenin studierte, ist der kulturelle Magnet der Region. 750 km von Moskau entfernt ist Kazan eine der wenigen Städte, die am flachen östlichen Wolga-Ufer liegen, wo die Kazanka sich mit der Wolga vereint. Eine 4 km breite Überschwemmungszone trennt die Stadt von den Schiffs-anlegestellen. Nicht nur für die Handelsschiffahrt ist Kazan von Bedeutung. Hier starten die meisten Wolga-Reisen.

1177 wurde Kazan erstmals urkundlich erwähnt. Heute ist die Stadt Wirtschafts- und Kulturzentrum mit rund einer Million Einwohner. Im 13. und 14. Jh. war sie Hauptstadt des Reiches der Wolga-Bulgaren, im 15. und 16. Jh. Zentrum der Kazaner Chanats, das unter Iwan Grozny zum russischen Reich kam. 1773 - 1775 erlebte die Stadt einen Bauernaufstand, 1905 nahmen die Kazaner Arbeiter an der ersten russischen Revolution teil."

(Quelle: Marco Polo Russland, 1993, S. 62/63)

Unser Büro in Kazan bildete für die Bearbeitung des Landes so etwas wie einen Brückenkopf. Von hier aus besuchten wir den Chef des noch zentralistisch gesteuerten Pflanzenschutzmittel-einkaufs, die Registrierungsbehörden und das Landwirtschafts-ministerium. Überall das gleiche Bild: Überschwengliche Freundlichkeit, wilde Pläne, viele Ideen, aber im Endeffekt ein Mischmasch aus Konzeptionslosigkeit und chronischem Geld-mangel. Um geschäftlich in Tatarstan (d.h. von Kazan aus) agieren zu können, bedarf es stahlharter Nerven, Verhandlungsgeschick und Trinkfestigkeit. Nach Aussagen unseres Vertreters vor Ort ist es noch besser, daneben dem moslemschen Glauben anzugehören und Achmed zu heißen.

Obwohl der obengenannte Chef, der Söhne und Verwandte in unseren Wettbewerbsfirmen strategisch platziert hatte und deshalb natürlich auf dem „Bayer-Auge" (fast) blind war, gelangten wir über die französische Firma Sucden in die viel gepriesene „Zuckerrübentechnologie": Nachdem dies 1995 und 1996 funktionierte, fehlte 1997 plötzlich Geld. In dem reichen, aber stark von Erdöl abhängigen Land versickerte dieses anscheinend anderswo. Neue Wege wurden über Pavel, unseren Außendienstmitarbeiter, gesucht und gefunden: private Händler und einzelne Bezirke mit Geld. Nach Vertragsabschlüssen Mitte 1998 mussten wir jedoch im Winter 97/98 mehrmals zu diesen Kunden fahren, hauptsächlich um danach Gelder einzutreiben (und im Koffer zu holen) - 50.000 USD in kleinen Rubelscheinen sind ganz schön schwer.

Eine dieser Fahrten war darüber hinaus besonders interessant; um einen riesigen Umweg einzusparen, ging es über die noch zugefrorene Wolga. Da jedoch Anfang April schon Tauwetter eingesetzt hatte, bildeten sich auf dem Fluss Wasserlachen. Die offiziellen Zahlstationen an beiden Seiten des Flusses signalisierten jedoch genügend Tragfähigkeit und so ging es hinüber. Die Türen leicht angelehnt, um im Falle des Falles schnellstens den sinkenden Lada verlassen zu können. Im Endeffekt ging alles gut. Trockenen Fußes konnte später der Rückflug ab Kazan angetreten werden.

In Kazan erlebten Roman und ich einmal die „richtige Kälte für harte Männer" - „nastojaschij cholod dlja nastojaschich muschin".

Nach den relativ schlappen Wintern in Moskau mit Tiefstpunkten um max. minus 35 Grad Celsius freuten wir beide uns schon, als im Flugzeug satte Temperaturen von -43 Grad Celsius beim Anflug auf Kazan angekündigt wurden. Das war genau nach unserem Gusto. Kazan lag ruhig eingebettet in die wundervolle Schneelandschaft. Die Menschen eilten, dick eingemummelt in Pelze, Mützen, Schals und Walinkis (russische Filzstiefel) über den Flughafen, über den auch noch ein eisiger Ostwind fegte. Es war kalt, wirklich kalt. Direkt nach der Begrüßungsformel - wie geht's - die nächste Frage: „Wieviele Hosen trägst du?"

Meine Standardausrüstung, d.h. zwei, waren eindeutig zu wenig. Drei übereinander wären ein kleinster gemeinsamer Nenner gewesen, um beim Pendeln zwischen draußen, Auto und überhitzten Wohnungen zurechtzukommen. Heute jedoch schwört selbst unser hartgesottener Pavel auf vier. Zunächst unverständlich für uns kommt unsere Erkenntnis blitzschnell, die Kälte geht durch Mark und Bein, insbesondere nachdem der PKW nicht anspringt. Nach drei Stunden Standzeit aufgrund des verspäteten

Fluges hat die Batterie nicht mehr die Kraft, das wieder zähflüssige Öl zu bewegen. Und wir warten, teils im Auto, teils draußen. Wenn dies ein LKW wäre, würde ein Feuer unter dem Motor und/oder dem Dieseltank entfacht. Bei unserem PKW helfen ein Abschleppseil und ein freundlicher Besitzer eines neuen, in Tatarstan hergestellten Chevrolet Blazer.

Die Neugierde lässt uns keine Ruhe. Wie kalt ist es genau? Im ersten Kaufhaus am Platze erwerben wir ein Gefrierschrank-thermometer der Marke Roter Stern und beginnen sofort mit den Messungen: vor dem Kaufhaus nur schlappe –28 Grad Celsius. Wahrscheinlich muss das Thermometer erst noch kaltlaufen. Vorbei an hämmernden und sägenden Eismetzen hinunter zum Fluss. Kurz davor, im frostigen Stalin-Park: -33 Grad Celsius. Sehr gut. Das Wasser gefriert knisternd in der Nase, die Ohren glühen vor Kälte. Auf der zugefrorenen Wolga stehen mehrstöckige Eisburgen und funkeln. Im Ausguck, unterstützt von einer Brise Ostwind: -40 Grad Celsius. Na, wer sagt es denn! Weitere Ergebnisse: morgens gegen sechs ist am kältesten (-44 Grad Celsius).

Mit vier Hosen kann man auch laufen. Für die Hand in der Tasche ist es immer ein Grad wärmer als draußen. Auf Eisblöcken kann man sich aufwärmen, die haben nur –16 Grad Celsius, Schnee-skulpturen sind sogar noch wärmer. Wodka bringt wenig, Rauchen dagegen viel. Eine Pentax-Spiegelreflexkamera friert bei –33 Grad Celsius ein. Frostbeulen entstehen einfach so.
Und mit fünf Hosen kann man nicht mehr laufen.

Zufrieden ziehen wir zwei aus und reisen wieder ab nach Hause. Und was melden die Zeitungen der Heimat? Grimmige Kaltfront, Eis- und Schneechaos! In Obersdorf wurden sogar –18 Grad Celsius gemessen! Warmes Deutschland.

**EGAL WIEVIEL WODKA MAN
NIMMT, SOWIESO MUSS MAN
ZWEIMAL ZUM KIOSK LAUFEN.
(VOLKSWEISHEIT)**

Ein wilder Ritt

April 1998

Ende April, kurz nachdem wir aus den Osterferien zurück waren, wurde die Kommunion unserer Tochter Charlotte gefeiert. Gemeinsam mit insgesamt sechs anderen Kindern erfolgte die Zeremonie. Pfarrer Prokschi und Schwester Ute verhalfen uns, den Eltern und natürlich besonders unseren Kindern zu einem unvergesslichen Erlebnis. Angereist kamen meine Mutter, meine Schwägerin Barbara und deren Tochter Annika aus Norwegen. Meine Mutter ist heute noch stolz,es alleine über Amsterdam geschafft zu haben; ist ja auch eine stramme Leistung!

Nach vielen Besichtigungen und unserem obligatorischen Kultur-genuss (diesmal war es das Majakowski-Theater mit dem welt-bekannten Tanzensemble) kam auch irgendwann die Heimreise. Barbara und Annika Richtung Oslo am Mittwoch, meine Mutter Richtung Amsterdam am Donnerstag. Ich brachte Barbara zum Flughafen Scheremetjewo, normalerweise in einer Stunde zu erledigen. Aber nicht heute. Moskau war (seit dem 17.08.98 gilt das so nicht mehr) Boomtown. Jedes Jahr mehr Autos, Smog, und Staus war ich gewohnt. Aber heute war es wirklich grauenhaft. Die sogenannten Ringe, d.h. der Gartenring und der äußere Ring, sogar alle Seitenstraßen waren zu. Umwege gingen aufgrund der verschiedenen Baumaßnahmen nicht. Kurz gesagt: schrecklich, grauenhaft, heiß – nicht mal dem ärgsten Feind zu wünschen. Später erfuhr ich, dass es der schlimmste Stau des Jahres war.

Unsere Stimmung war auf dem Siedepunkt, aber ab dem Zeit-punkt des planmäßigen Flugzeugstarts dagegen war sie eher defätistisch. Zehn Minuten nach Abflug der Maschine kamen wir an. Am Flughafen alles schwarz von Menschen. Auch das noch. „Was habe ich denn heute schon wieder verbrochen?" Dann die gute Nachricht: Fluglotsenstreik in Skandinavien – die beiden flogen mit einer späteren Maschine heim.

Nun noch die Rückkehr ins Büro, dann wieder business as usual. Nach einer Stunde auch dies geschafft. Im Büro die nächste Hiobsbotschaft, eigentlich wie jeden Tag. Nur dieses Mal schwer-wiegender. Schon seit 16 Tagen steckt ein Lastwagen mit Bayer-Produkten, bestimmt für die Lada-Autowerke in Togliatti, an der ukrainischen Grenze fest. Die Gründe sind großteils unbekannt. Hundertmal hat alles geklappt, dann kommen andere Zöllner, neue Gesetze, andere Auslegungen – wer weiß. Das ist ja das tägliche Salz in unserer Suppe. Nur dieses Mal war es anders: irgendwie diffus. Angeblich fehlten Papiere für eine Palette eines neuen Produktes meines Geschäftsbereichs, das ebenfalls auf dem LKW war.

Mein Kollege Theo drohte mir; wenn der LKW nicht bis zum 3. Mai dort ist, dann steht die Autoproduktion in Togliatti still. Und dies mir, am 28.04. um 17.55 Uhr.

Schon seit Tagen kümmerte sich mein Mitarbeiter Igor um dieses Problem. Ich hatte ihn gewähren lassen. „Führen und führen lassen", das ist mein Devise. Außerdem müssen die Jungs die Chance haben, eigene Fehler zu machen. Aber nicht so. Plötzlich war der GAU eingetreten. Begründungen für das Versagen: die fehlenden Papiere sollten dem Freund eines Freundes mitgegeben werden, der an der Grenze vorbeikommt. Der ist dort aber nie angekommen, wahrscheinlich hat er irgendwo ein nettes Mädchen getroffen! Ich konnte nicht selber zur Grenze fahren, weil es zu weit war (500 km!). Eventuell wird der Zöllner das nicht akzeptieren usw. usw.... Nun ist eine schnelle Aktion vom Chef gefragt. Eigentlich hatte ich für heute schon genug Adrenalin im Blut. Eine Nachtaktion wäre zu gefährlich wegen zu erwartender Überfälle. Außerdem müssen die fehlenden Papiere zuerst noch aus dem Zollager Luberzi besorgt werden. Daneben sind Igor und ich hundemüde. Igor hat für den nächsten Tag die Entzollung unserer Produkte (noch vor den Maifeierlichkeiten) geplant. Auch so eine Zangengeburt! Steißlage ist schon fast normal in diesem Land! Sieht so aus, als ob ich alleine fahren müsste. Verschiedene Anrufe bei Bayer-Kollegen und Mitarbeitern. Ob mich vielleicht der Chauffeur des Geschäftsleiters....

Generell ja, aber Fehlanzeige, der hat kein Telefon zu Hause und ist gerade weggefahren.

Ich probiere es bei unseren beiden Fahrern, Nikolaj und Wassilij, die sonst täglich mit Zollgeschichten, Transporten usw. alle Hände voll zu tun haben. Natürlich muss man in diesem Land zu den Leuten, die die ganzen Hintergründe kennen, exzellente Verbindungen haben. Wassilij hat für den nächsten Tag einen unaufschiebbaren Zolltermin. Ich probiere es bei Nikolaj. Er ist zu Hause. Nach einigem Überreden sagt er zu: morgen 5.00 Uhr Leinen los ab Krutitskij Val, unserem Wohnort. Einige Anrufe in Deutschland bei der Spedition. Ich habe Glück, dort arbeitet man noch. Angeblich steht der LKW noch im Zollhof auf russischem Territorium. Gegenbestätigung – ja, der LKW soll da noch stehen, aber eventuell muss er diese Nacht zurück. Der Fahrer hat alles Geld für Standgebühren, Essen und Diverses ausgegeben, der Dieseltank ist fast leer. Meine dringliche Bitte an den Dispatcher: „Versuchen Sie ihn anzurufen und festzuhalten. Morgen früh um 10.00 Uhr bin ich dort!"

Igor verspricht die Papiere morgen früh bei mir vorbeizubingen.

Jetzt muss ich noch tanken und ein defektes Bremslicht reparieren, 2000 USD in bar besorgen (an verschiedenen Bankautomaten); außerdem Geschenke mitnehmen (Flaschen, Aspirin usw.) Auf dem Heimweg begegnet mir Roland.

Er hat anscheinend auch keine Heimat, weil er so spät noch herumtigert. Jedenfalls leiht er mir 750 USD - mehr hat er nicht. Also besuche ich noch einige Bankautomaten: noch 5 x 250 USD; das sollte reichen.

Pünktlich am nächsten Morgen geht es los. Mein schwedisches Auto kann endlich mal zeigen, was in ihm steckt. Die Straßen sind frei; keine Geschwindigkeitskontrolle, und es fliegt nur so über die Schlaglöcher. Manchmal denke ich zwar, die Radaufhängungen könnten abfallen, aber alles hält. Neuer Rekord mit 96,5 km/h Durchschnitt! Punkt 10 Uhr sind wir nach 5 Stunden da. Nach vielem Herumfragen treffe ich einen Italiener, der mir berichtet, dass der von mir gesuchte LKW gestern abend zurück musste. Der Fahrer Gennadij hatte kein Geld mehr. Er half mir, Gennadij über Funk zu suchen, aber Gennadij war anscheinend nicht aufzutreiben. Es besteht aber noch die Hoffnung, dass er zurück zur ukrainischen Grenze gefahren ist und dort noch steht. Auf jeden Fall wollte er von dort noch seine Spedition anrufen. Das gibt mir Hoffnung!

Ein Anruf in meinem Büro, Standortbestimmung. Anna ist am Telefon erleichtert: „Um Gottes Willen nicht die Papiere abgeben! Aus Versehen haben Sie Originale mitbekommen. Wenn die weg sind, kriegen wir zwei Monate nichts mehr entzollt." Nikolaj und ich fahren 35 km weiter zur ukrainischen Grenze. Ich hoffe trotz allem auf Erfolg.

An der Grenze die übliche Hektik. Riesige Schlangen, zweiundvierzig Stunden Wartezeit in beide Richtungen. Ich spreche mit dem Obmann des Zollhofes, erzähle von Bayer und meinen Problemen und überreiche ihm verschiedene Aspirin-Muster. Plötzlich lacht er. Ihm fällt ein gewisser Gennadij ein, der hier seit Tagen herumlungert. Und den hat er heute morgen noch auf dem Rastplatz stehen gesehen. Telefonate, nach zwanzig Minuten kommt Gennadij angetrottet. Super, es gibt noch eine Gerechtigkeit!

Der Fahrer und ich sind beide glücklich. Er besonders, denn 300 Mark in Rubel helfen ihm und seinem Lastwagen weiter. (Später hat er mir dafür alle Quittungen zugesandt und den Rest bis auf die letzte Kopeke abgerechnet); ich hatte ihm das Geld nur gegen Vertrauen gegeben.

Bis 18 Uhr abends ist alles erledigt. Es ist so wie bei Monopoly. Gehe zurück zum Start und ziehe keine 4000 DM ein. Er muss die ganze Entzollungsprozedur noch einmal durchführen. Zwischendurch muss ich ihn beruhigen, denn er wittert Morgenluft und will endlich los. Statt dessen steht er wieder in der Schlange und wird schlecht behandelt. Nikolaj wird auch unruhig, er möchte wieder nach Hause. Ich bestehe jedoch darauf, dass wir hier bleiben. Alles ist in Russland möglich, wie wir in einem anderen Kapitel schon mal gehört haben.

Endlich brechen wir auf, nach fünfzehn Minuten werden wir angehalten. Eine Polizeistation konstatiert falsche Achslast und außerdem das Entweichen von Druckluft aus dem Bremssystem.

Der Stationsleiter fragt mich, ob es das in Deutschland auch gibt. Ich antworte ausweichend und diplomatisch, verweise auf die lange Wartezeit und meinen Wunsch, das alles vor den Maifeiertagen zu erledigen. Das versteht er; ein Agfa-Film und Aspirin beschleunigen seine Meinungsbildung. Gennadij ist am nächsten Tag mittags am Lager, gerade noch rechtzeitig. Sein Anruf begeistert mich, denn es zeigt mir, dass es doch Menschen gibt, auf die Verlass ist.

Unsere Rückfahrt verläuft schleppend. Der PKW ist voller Staub, durch eine Pollenallergie sind meine Augen blutrot. Nikolaj ist auch totmüde, und die Straßenverhältnisse sind nicht besser geworden. Aber wir nehmen uns Zeit; nach so einem Erfolg kann sich selbst Columbus nicht besser gefühlt haben.

Der frühe Vogel fängt den Wurm.
(Autor)

Ein Schritt vor, zwei zurück

Mai 1998

Dem *Handelsblatt* vom April 1998 war in einem Artikel zu entnehmen, dass russische Firmen sehr viel Kraft, Zeit und Geld in den Aufbau und den Erhalt guter Beziehungen zu Steuer- und Zollbehörden investieren. Warum wohl?

Auch in meinem Tagesgeschäft sind diese Investitionen (von einem meiner Mitarbeiter warme, menschliche Kontakte genannt) unvermeidlich. Ansonsten wachsen die Probleme täglich exponentiell. Am Beispiel eines einfachen Entzollungsvorganges (einfache Mützen mit Werbedruck) möchte ich dieses einmal demonstrieren. Der Ablauf wurde für einen Vortrag über Investitionhindernisse in Russland wahrheitsgetreu von meinem Logistikleiter dargestellt:

1. 27.03.98: Benachrichtigung von der Firma Revival Express (Kontaktperson Frau Valesnjova) erhalten: Die Sendung mit CMR-Frachtbrief Nr.1232-803-0218-037113 vom 19.03.98, Kolli: 73, Gewicht: 180 kg., Wert für Zollzwecke: DM 77.170,- ist angekommen.
2. 30.03.98, Freitag: Schreiben über Freigabe der Sendung und Übersetzung der Proforma-Invoice. (Rechnung nur für Zollzwecke)
3. 01.04.98: Schreiben an Herrn S. den Versandleiter in Deutschland, mit der Bitte, die Unterlagen auf Bayer-Firmenpapier gestempelt nach Moskau zu schicken.
4. 01.04.98: Die gewünschten Unterlagen aus Deutschland erhalten.
5. 02.04.98: Schreiben über Freigabe der Sendung und Übersetzung der Proforma-Invoice an die Fa. Revival Express geschickt.
6. 07.04.98: Anruf von der Fa. Revival Express. Man hat mitgeteilt, dass der Zoll die Grösse der Mützen braucht.
7. 09.04.98: Schreiben an das Zollamt mit Angabe der Mützengröße.
8. 14.04.98: Es ist ein Brief von der o.g. Firma gekommen, dass der Entzollungsablauf gestoppt ist, weil die Sendung ohne Frachtpapiere und ohne Markierung angekommen ist. Wir sollten der o.g. Firma Information über Gewicht und Menge von jeder Position der Proforma-Rechnungen zur Verfügung stellen. Forderung: Diese Information aus Deutschland nachzureichen.
9. 14.04.98: Schreiben an Herrn S. in Deutschland mit der Bitte um Unterstützung.

10. Erst am 20.04.98 (wegen Osternfeiern) Antwort. Er hat unsere Nachricht an Frau A. weitergeleitet, die sich bei uns melden sollte.
11. 21.04.98: Anruf aus Deutschland von Frau A. Sie hat mitgeteilt, es gäbe keine Papiere, weil alle Informationen in der Proforma-Invoice stehen.
12. 22.04.98: Anruf bei der Fa. Revival Express. Man hat uns empfohlen, die notwendige Information für jede Position einfach aus der Luft zu greifen und nach Deutschland zu senden wieder mit der Bitte, die Unterlagen auf dem Firmenpapier gestempelt nach Moskau zurückzuschicken.
13. 23.04.98: Schreiben an Frau A. Mit dieser Bitte.
14. 24.04.98 Antwort erhalten, dazu eine Übersetzung gemacht.
15. 24.04., Freitag: Papiere an die Fa. Revival Express geschickt.
16. 29.04.98: Besuch von Herrn Nikolaew, dem Hauptbuchhalter der Bayer A/O in Moskau. Herr Nikolaew informierte uns, dass für die Entzollung die Summe von 28.100,34 DM nötig ist, aber es gibt zu wenig Geld auf dem Konto, um die nötige Summe zu bezahlen. Er bittet, das Geld an das Zollamt Schelkovo zu überweisen.
17. 29.04.98: Anruf von Revival Express, das Zollamt bräuchte wahrscheinlich Hygiene-Zertifikate für Mützen.
18. Erst am 07.05.98 (Feiertage und Dienstreise Herrn Triebus) Unterschreiben des Vouchers für eine Überweisung in Höhe von 28.100,34 DM.
19. Schreiben von Herrn Triebus an Herrn S..
20. 12.05.98: Geld aufs Konto überwiesen, es gibt noch keine Zahlungsanweisung.
21. 15.05.98: Zahlungsanweisung an Revival Express geschickt.
22. 21.Woche: mehrmalige Anrufe bei der Revival Express. Erfahren, dass die Deklaration angemeldet worden ist bzw. in Bearbeitung ist.
23. 26.05.98: Anruf bei der Revival Express. Wir sind informiert worden, dass wir eine Strafe in Höhe von 11.043,95 Rubel zahlen sollen und die Forderung in bar zu bezahlen sei, was wir uns nicht leisten können. (Barzahlungen aus der Firmenkasse sind nur bis zu bestimmten, geringen Beträgen erlaubt.)
24. 27.05.98: Besuch von Herrn Nikolaew im Zollamt. Wir warten auf die Ergebnisse des Gespräches, ob wir das Geld überweisen können.

Noch Fragen? Weitere Beispiele.

Eine Firma kaufte ein Werk im Krasnodarer Gebiet, um Gipskartonplatten herzustellen. 8 Mio. $ Investitionen für die neue Werkseinrichtung und Qualitätskontrolle. Die Produktion läuft nicht richtig an: Die Anlage wird nicht auf volle Leistung gebracht; die erwartete Effektivität fehlt. Als Ursache wird das schlechte

Management erkannt – und wie es international üblich ist – die Chefetage geräumt. So weit so gut, wie in allen Ländern. Nicht so in Russland. Die alten Leiter gehen zum Gouverneur und klagen, dass sie schließlich diese Fabrik aufgebaut haben und sie damit auch ihr „Eigentum" ist! Wer kaufte und wer wurde für seine Arbeit bezahlt? Unwichtig! Der Gouverneur schreibt einen Ukas oder Prikas, und die Inhaber dürfen ihre Firma nicht mehr betreten. Nicht einmal auf der höchsten Ebene in Moskau gelingt eine Lösung, denn Machthaber im Gebiet ist der Gouverneur. Wenn es nicht bald eine Lösung gibt, ist das Geld verschwunden, durch schlechte Qualität sind die Produkte diskreditiert und der Stillstand der Firma nicht mehr weit, wenn erst der Verschleiß Ersatzteillieferungen fordert.

Neues Silo mit Trocknung: Gebaut haben deutsche Firmen. Nur die Mindestausrüstung wird aus Kostengründen geordert – die Vorreinigung und die Staubabsaugung gehören nicht zur Mindestausrüstung. Folgen sind Schwierigkeiten bei der Annahme durch Beimengungen wie Stroh, Halmteile, Steine, Eisen. Größere Siebe helfen bis zur Bunkerschnecke, aber Verstopfungen an Elevatoren und Transportbändern sind nicht zu vermeiden. Die Reinigung kann man glücklicherweise umgehen. Da verstopft nichts. Die Trocknung hat Schwierigkeiten mit dem Gemisch aus Körnern und Stroh. Hinzu kommt die fehlende Aufsicht der Anlage. Sie erhitzt sich. Beim nächsten Mal merkt das Personal erst etwas, als die Feuerwehr anrückt.
Als die Anlage ihre Leistung nicht brachte, wurde der Projektant beschuldigt. Als der Projektant einen Spezialisten schickte und er die Anlage auf die projektierte Leistung hochfuhr, verschwanden die Zuständigen wortlos. Sie brauchen vielleicht Zeit, um zu überlegen, wie ihre Schlampereien in die Schuhe des Lieferanten geschoben werden können.

Ein Schritt vor, zwei zurück.
(V. Lenin)

Des Lobes übervoll

Juni 1998

Abschiede sind im Ausland sehr häufig und für uns und besonders für unsere Kinder oft schmerzhaft. Theresa weint heute noch ihrer Freundin Linda hinterher, und Oliver spricht nach zwei Jahren noch von Gerd, seinem Freund, der jetzt in Schweden wohnt.

Wir haben bewußt die ganze Zeit unsere Infrastruktur in Deutschland aufrechterhalten, so dass die Kinder nicht so entwurzelt sind wie viele Kinder von Kollegen und Freunden, die häufig in einem dreijährigen Turnus ihren Standort wechseln.

Wie wissenschaftliche Untersuchungen festgestellt haben, definieren Kinder im Alter von ca. sechs Jahren ihre Heimat und entwickeln das Gefühl der Geborgenheit mit diesem Ort.

Einer der vielen Abschiede ist Katharina und mir in ganz besonderer Erinnerung. Die Abschiedsrede möchte ich hier wiedergeben.

Lieber Josef,

grausame Erfahrung: Sich verabschiedet zu haben, aber zurückzukehren, weil man den Schirm vergessen hat. Die Gastgeber sind auf Strümpfen, mit aufgelösten Gesichtszügen und unduldsam gegenüber dem eben noch umschmeichelten Gast.

Nicht jede Rückkehr ist glücklich, es gibt
- Spätheimkehrer;
- Frühheimkehrer (Vorsicht Nebenbuhler)
- das Comeback lebt von der Rührung.

In unserem Denken ist Heimkehr so etwas wie Mobilität. Oft malt sich der Mensch seine Heimkehr (ins Reich oder ins Hotelzimmer) in den wonnigsten Farben aus.

Warum? Es gibt den Zeigarnick-Effekt; Kreise gehören geschlossen.

Wer weggeht, will auch heimkehren.

Der Mensch möchte andocken können.

Deshalb macht uns auch der im Geschäftsleben häufig verwendete Begriff „Point of no Return" Angst.

Uns in Russland hat in den letzten Jahren vieles andere in Unruhe gehalten.

Das alles ist für dich schon bald Vergangenheit. Bedingt durch die wundervolle Gabe des menschlichen Gehirns, das Schlechte zu vergessen, wird dann eventuell die hier verbrachte Zeit glorifiziert. Doch dies kommt bei dir erst später.

Heute bist du eventuell im „süßen Sog der Rückkehr". Ich möchte dich warnen: Denk an die Urlauber, die zurückkehren.

Woran denken die Rückkehrer - verdorrte Pflanzen, wartende Rechnungen oder sofort zum Arzt zu müssen, wenn Prophylaxe-maßnahmen vergessen oder unterlassen wurden.

Heimwege sind gefährlich: Die meisten Abstürze passieren beim Abstieg vom Gipfel, die meisten Kinder werden auf dem Heimweg von der Schule überfahren. Das Pferd wird schneller, je näher es seinem Stall kommt. Odysseus krebste zehn Jahre lang herum auf dem Weg nach Hause, und die Navahos, die sich an der Reservatsgrenze volllaufen lassen, torkeln auf dem Heimweg nach Window Rock wie das Wild in die Scheinwerfer der vorbei-donnernden Trucks auf dem Highway 264.

Viele Schriftsteller haben beschrieben, dass ihre Rückkehr an geliebte Orte oft eine große Enttäuschung ausgelöst hat.

Ist dort <u>alles beim Alten</u> oder schlimmer noch, es ist nicht etwa kleiner oder enger, sondern weltoffener geworden? Sogar der Stammtisch wählt rot.

Nicht alles Frühere ist automatisch Heimat. Nicht selten klaffen Erwartung und Wirklichkeit auseinander. Da möchte ich dir raten: Enttäuschungsprophylaxe zu betreiben, nicht dem Ziel blind entgegen zu preschen, sondern zögernd und langsam. Dies schützt vor allzu großer Ernüchterung.

Oft hilft es auch, die Richtung zu definieren; sei es,

- zu Besprechungen zurück nach Osten,
- geschäftlich und beruflich eher im Westen,
- zur Erholung im Süden,
- und, last not least, den Norden zu besuchen,
  der häufig als kühl, dunkel und lebensbedrohend
  angesehen wird.

Manchmal treffen diese Synonyme natürlich auch auf die Situation in unseren Stammhäusern zu. Auch dort soll dir mein Geschenk – ein Kompass - weiterhelfen, Klarheit und Richtung zu bewahren.

Josef, für die Zukunft alles Gute, ein gutes Geschick und Gesundheit.

Lieber einen alten Freund als zwei Neue. (Russisches Sprichwort)

Auf den Spuren Marco Polos

Juli 1998

Die britische Sinologin Frances Wood teilte ihren staunenden Lesern und auch mir mit: Marco Polo kam nicht nach China (Piper, München 224 S). Wirklich nicht? Dieser Mann spielte in meinen Jugendträumen eine große Rolle. Während die Sinologin massive Zweifel an Marco Polos Authentizität äußerte, gibt es aber auch viele, die das Gegenteil behaupten. In der wissenschaftlichen Literatur erscheint Rede und Gegenrede.

So wie schon Marco Polos Bericht auf Christoph Columbus aus Genua, der ein Exemplar (voller Randnotizen) mit nach Amerika nahm und Kuba für China hielt, großen Einfluss hatte, war auch ich immer von Marco Polos Erzählungen in den Bann geschlagen worden. Teile der Seidenstraße hatte ich in Usbekistan schon bereist, Samarkand schon gesehen.

Ein Bericht über Dschingis Khan, der im Westen als der mongolische Herrscher, unbarmherzige Eroberer und Geißel Gottes in die Geschichte eingegangen ist, aber nach Ansicht moderner Historiker ein Mann war, dem Ehrlichkeit und Fairness über alles gingen und der unnachgiebig gegen jeden vorging, der gegen diese Tugenden verstieß oder korrupt war, weckte dann den brennenden Wunsch in mir: ich muss in die Mongolei!

Was ist das Geheimnis des Landes, das immer noch weit abseits der Tourismuspfade liegt, gewissermaßen Jahrzehnte davon entfernt? Ein über alle Maßen gastfreundliches Volk, die Weiträumigkeit der Heimat Dschingis Khans, in der endlosen Gobi wandernde Kamele, über die Steppen galoppierende wilde Pferde. Der Name „Mongolei" hat bei vielen Europäern immer noch einen exotischen Klang. Auch heute noch erscheint dieses Land vielen als das Ende der Welt. Außerhalb der wenigen Städte fühlt man sich in ein anderes Jahrhundert zurückversetzt.

Es ist erstaunlich, woher dieses kleine Volk, das keine wesentlichen kulturellen Schöpfungen hervorgebracht hat, das wenig von Fremdkultur übernahm (abgesehen vom Interesse der Khane für die chinesische Kultur und die Annahme des buddhistischen Lamaismus aus Tibet), die Kraft nahm, ein Großreich zu errichten. Unter Dschingis Khan und seinen Nachfolgern eroberten mongolische Reiterheere im 13. Jahrhundert China, schlugen die Russen, drangen bis Mitteleuropa und Ungarn vor. Sie beseitigten das Kalifat in Bagdad, besetzten Korea und unterjochten Persien.

Die Khane beherrschten ein Reich vom Ostchinesischen Meer bis nach Europa, von Sibirien bis zum Himalaya und zum Persischen Golf. Doch ebenso schnell wie es entstanden war, zerfiel es wieder.

Das Volk hatte seine Kräfte überspannt. Die Bekehrung zum Lamaismus lähmte die Mongolen. Zeitweise sollen bis 40 % der Männer Mönche gewesen sein, bevor ab 1932 die meisten Klöster zerstört und die Mönche ermordet oder in Konzentrationslager gebracht wurden.

Danach wurden zwar wirtschaftlich in wenigen Jahrzehnten Jahrhunderte übersprungen. Doch war eine selbständige Politik angesichts der sowjetischen Dominanz schwer zu realisieren. Die Mongolei, einst ein Imperium, das sich über die halbe Welt erstreckte, wurde 1921 der erste Satellitenstaat der Sowjetunion. Ihre Regierung wurde von der Roten Armee eingesetzt.

Erst 1990 kam der alte Freiheitsgeist wieder an die Oberfläche. Nach einer friedlichen Revolution und dem Untergang der Sowjetunion entstand der erste freiheitliche mongolische Staat.

Dorthin zog es mich. Mit der Aeroflot aus Moskau kommend, landete ich in Ulan Bator, der Hauptstadt (ca. 550.000 Einwohner). Die Aeroflot war die richtige Entscheidung gewesen, denn der Rest der Reisegruppe, die mit der Mongolien Airlines, aus Berlin kommend, in Moskau umsteigen sollte, fiel Überbuchungen zum Opfer. Nach vier Tagen zwanghaften Aufenthaltes in Moskau unter „erniedrigenden Umständen" (kein Visa, nur Hotelaufenthalt, zwischen Zimmer und Speiseraum pendelnd) kamen wir schließlich spät abends in Ulan Bator zusammen. Die Touristen waren zermürbt und enttäuscht, hatten sie doch die Hauptattraktion unserer Reise verpasst: das mongolische Naadam-Nationalfest, das in der zweiten Juliwoche in Ulan Bator stattfindet. Auch in den Provinzhauptstädten werden Naadamfeste, wie beispielsweise das Owoo-Opfer, für lokale Schutzgottheiten veranstaltet. Früher wurden diese Feste im Sommer zu verschiedenen Anlässen gefeiert.

Im 13. Jh. ist Naadam (von „naadakh" – spielen, Spaß haben) zum ersten Mal schriftlich belegt. Auf dem Fest zeigen Männer aus den entferntesten Provinzen in drei Disziplinen, welche Fähigkeiten und Kunststücke für das tägliche Überleben in der Steppe notwendig sind (oder jedenfalls einmal waren).

Naadam, das Fest der „Drei Wettspiele der Männer", hat etwa den gleichen Stellenwert wie das Tennis-Finale in Wimbledon oder die Schlussetappe der Tour de France. Jahr für Jahr gibt es „Fans", die mehrere Wochen auf dem Rücken ihrer Pferde unterwegs sind, um sich „Erijn gurwan naadam" nicht entgehen zu lassen.

Bogenschießen

Beim Naadam-Fest gehört Bogenschießen („Sur Charvach") zu den herausragendsten Ereignissen. In alten Zeiten konnten mongolische Scharfschützen die Köpfe von *Murmeltieren* aus 100 Meter Entfernung treffen. Beim Naadam-Fest von 1919 sollen von 122 Teilnehmern 120 alle ihre Ziele getroffen haben.

Beim Bogenschießen geht es sehr formell zu. Der erste Schuss darf nur von einem Mann abgegeben werden, der im Jahr des Tigers geboren wurde. Die im Jahr der Ratte geborenen sammeln die abgeschossenen Pfeile ein, einer aus dem Jahr des Affen notiert die Treffer, einer aus dem Jahr des Drachens stimmt bei jedem Treffer einen Lobgesang an. Das Ziel besteht aus kleinen Lederringen, die an einer 40-50 cm hohen und 4 Meter langen Mauer befestigt sind. Die männlichen Schützen schießen aus einer Entfernung von 75 Metern, Frauen aus 60 Metern. Die Schützen dürfen 40 (Frauen 20) Pfeile auf das Ziel schießen und müssen dabei mindestens 15 (Frauen 13) Punkte erreichen.

Die Wettkämpfer tragen einen besonderen Schutz um die Brust und den Zeigefinger der rechten Hand. Ihr linker Ärmel ist mit weichen Binden umwickelt. Die Bogenschieß-Wettkämpfe werden begleitet von einem „Uchai", einem Chorgesang, der an ein langgezogenes Volkslied erinnert. Nach altem Brauch gruppieren sich auf jede Seite des Ziels mehrere Männer zum „Uchai", um die Teilnehmer anzufeuern.

Ihren besonderen Spaß haben die Zuschauer, wenn vom Pferd aus mit dem Bogen geschossen wird. In Höchstgeschwindigkeit reiten die Schützen, im Steigbügel stehend, scheinbar am Ziel vorbei und schießen dann fast im rechten Winkel auf die Lederscheibe.

Pferderennen

Mongolen eroberten fast ganz Asien auf dem Rücken der Pferde, und auch heute noch scheint ein Reiter fast mit seinem Tier verwachsen zu sein. Vor langer Zeit wurde ein System der Auswahl und des Trainings der Pferde und für die Abhaltung von Wettkämpfen eingeführt.

Während des Naadam-Festes und zu Neujahr (Tsagaan Sar), das die Kommunisten verboten hatten und das im Februar 1995 seine Wiederauferstehung feierte, finden die wichtigsten Rennen statt. Es darf mit oder ohne Sattel geritten werden. Bei Temperaturen von minus 20 Grad fetzen Jungen und Mädchen im Alter zwischen vier und zehn Jahren auf ihren Pferden beim wohl wildesten und härtesten Rennen der Welt 20 Kilometer über die knochenharte Steppe. Das halten nur erfahrene Pferde aus. Auch die Leistungen der Reiter sind zu erwähnen. So war der Sieger von 1995, der fünfjährige Ganbold, jünger als sein Pferd.

Der Ursprung dieser Feste war, dass Männer ihre Kunst des Pferdeeinreitens vorführten. Bei späteren Rennen wollte man durch leichtere Reiter die eigenen Siegeschancen erhöhen. So wurden die Reiter immer jünger, und inzwischen zeigen nur noch Kinder beim Naadam ihre Reitkünste. Schon unter Dschingis Khan wurden die Kleinen, noch bevor sie gehen konnten, mit zwei Jahren auf die Pferde gebunden, um reiten zu lernen.

Heute sind mongolische Kinder die geschicktesten und leichtesten Jockeys der Welt.

Pferderennen in der Mongolei, einem Land mit etwa 2,2 Millionen Pferden (mehr gibt es nur in China, Brasilien, Mexiko, den USA, Argentinien und Russland), gibt es zu jeder Gelegenheit und an vielen Orten. Die Pferde sind in der Regel zweijährig oder älter. Entsprechend ihrem Alter beträgt die Rennstrecke 5 bis 30 km. Über 100 Reiter erscheinen beim Naadam in sechs Altersgruppen zum gemeinsamen Start. Es gibt keine besonders eingerichteten Rennstrecken, die Pferde rasen durch die Steppe und springen über natürliche Hindernisse.

Zuerst gehen die Teilnehmer zur Ziellinie und dann zur Startlinie und warten dort auf das Signal zum Beginn des Rennens. Vor dem Start singen alle Reiter gemeinsam ein altes Lied, die „Ghingo", das der Anfeuerung dient. Danach beginnt die wilde Jagd. Die ersten fünf Pferde werden auf die Hauptbühne geführt und „Airags Fünf" genannt. Der Sieger wird nach altem Brauch mit einer Schale Stutenmilch belohnt. Bevor er trinkt, muss er einige Tropfen davon auf Kopf und Kuppe seines Pferdes gießen, gemäß einem alten Opferritual. Der Staatspräsident persönlich überreicht dem kleinen Sieger beim Naadam-Fest eine Goldmedaille und der Familie des Siegers ein zweijähriges Pferd. Trinkopfer und die Verherrlichung des Pferdes in Oden und Liedern sind die höchsten Ehren für Züchter und Reiter. Außerdem erhalten siegreiche Pferde, ebenso wie die besten Ringer und Bogenschützen, poetische Namen. Pferdezüchter beurteilen ihre Pferde bereits bei ihrer Geburt nach ihrer Fähigkeit später an Rennen teilnehmen zu können. Rennpferde bekommen vor dem Rennen zwei oder drei Wochen lang eine besondere Nahrung.

Urga-Artisten

Früher waren beim Naadam die Vorführungen von Kunststücken der mongolischen Kavallerie sehr beliebt. Aus dem vollem Galopp ergriffen die Reiter vom Boden kleine Stöcke, Flaggen oder Taschentücher und dirigierten ihre Pferde über Hindernisse. Aber auch Lassowerfer genießen Hochachtung. Sie werden danach beurteilt, wie gut sie ein vorher bezeichnetes ungezähmtes Pferd aus einer Herde heraus einfangen. Das mongolische Lasso, die Urga, ist eine lange Stange, die in einer beweglichen Schlinge endet. Aus hoher Geschwindigkeit heraus wirft der Reiter die Schlinge um den Hals des wilden Pferdes und bringt dann beide Pferde in kürzester Zeit zum Stehen.

Ringkampf

Genau 512 Ringkämpfer, die sich in Vorentscheidungen aller Städte und Provinzen qualifiziert haben, nehmen am Naadam teil. Der mongolische Ringkampf, der neun Runden umfasst, hat sein eigenes uraltes Ritual und unterscheidet sich wesentlich vom internationalen Wettkampfsport. Es gibt keine Gewichtsklassen und kein Zeitlimit, die Arena hat keine bestimmte Größe.

Es können gleichzeitig mehrere Ringkämpfe stattfinden, die bis zu 15 Stunden dauern. Der Ringer trägt verzierte Stiefel („Gutuls") mit nach oben gerichteten Fußspitzen, um nicht die Erde mit spitzem Schuhwerk zu verletzen. Die kurze Hose („Shuudag") ist aus strapazierbarer Seide. Eine kurze Seidenweste oder Jacke („Zodog") lässt die Brust frei und liegt am Rücken fest an. Nach einer alten Sage trugen die Ringer früher langärmelige Jacken aus grobem Tuch, wie noch heute die Judokämpfer. Bei einem Endkampf entpuppte sich dann aber zum Schrecken der Männerwelt der „Sieger" als Frau. Seitdem treten alle Ringer mit freier Brust an, damit solch ein für die Männer peinliches Ergebnis nicht mehr eintreten kann.

Vor Beginn des Kampfes führen die Teilnehmer einen Tanz auf, der an den Flug eines Adlers erinnert. Der Adler („Nachin") ist das Symbol für Kraft und Unbesiegbarkeit. Nun versucht der Ring-kämpfer die Zuschauer von seinen Qualitäten zu überzeugen, stellt sich in besondere Posen und gibt Kostproben seines Könnens. Ein Gehilfe preist laut dessen Stärke und Vortrefflichkeit, und der Ringer beginnt schließlich die Bewegungen eines Löwen nachzuahmen. Der Tanz zeigt zu einem den Körperbau des Kämpfers und dient zum anderen dem Aufwärmen und Heißmachen.

Danach ist erlaubt, was gefällt. Es gibt viele Tricks, Griffe und Würfe, die neben Kraft ein großes Maß an Technik und Körper-beherrschung verlangen. Der Gegner kann über Hüfte, Schulter oder Rücken geworfen werden. Während des Kampfes hat jeder Ringer einen Sekundanten, der seinen Schützling berät und zu Beginn der dritten, fünften und siebten Runde dessen Titel verkündet. Berührt ein Kämpfer mit Knie, Hals oder Armen den Boden, so hat er verloren. Der Sieger vollführt nun wieder einen Adlertanz.

Nach alter Tradition vergibt die Kommission, welche die nationalen Ringkämpfe veranstaltet, Titel an die Teilnehmer. Ein Ringer, der aus der fünften Runde als Sieger hervorgegangen ist, erhält den Titel „Nachin" (Adler), nach der sechsten und siebten Runde den Titel „Zaan" (Elefant) und nach der neunten Runde den Titel „Arslan" (Löwe). Wer bei zwei oder drei Wettkämpfen gesiegt hat, wird als „Riese" ausgezeichnet und darf durch Tragen eines Umhangs Zuschauern und Gegnern zeigen, dass er unbesiegbar ist. Die Unterlegenen scheiden zwar aus, werden aber je nach der Zahl ihrer Siege dennoch mit altehrwürdigen Titeln geehrt. Zur Zeit gibt es in der Mongolei über 200 Ringer, die derartige Titel tragen, darunter zehn „Riesen", 34 „Löwen", 56 „Elefanten" und über 100 „Adler".

Und was gab es noch, nachdem wir am nächsten Morgen alle gemeinsam starteten?

Ausgeruht und offen für die fantastischen Eindrücke, die das Land zu bieten hat:

- das Reich Dschingis Khans: Steppen und die Wüste Gobi, die Weiten des mongolischen Graslandes und die Höhen des Altai
- Ulan Bator: Stadt zwischen Tradition und Aufbruch, mit lamaistischen Klosteranlagen und sozialistischer Pracht-architektur, mit Jurten und Plattenbauten
- die Spuren des großen Khan: die Suche nach dem Geburtsort und dem Grab im Chentij-Gebirge
- Char Chorin, das alte Charakorum, und das mächtige Kloster Erdene Zuu im Changai-Gebirge, der Wiege der mongolischen Nation

Die Schönheit des Landes, die unvergleichliche Weite der Wüste Gobi mit ihrem grenzenlosen blauen Himmel und auch die Begegnungen mit den Nomaden, die uns oft zu sich nach Hause einluden, bleiben unvergesslich.

Unsere Reisegruppe, die nach Aussagen unserer Reiseleiterin an Forscherdrang und „Fotosucht" alles bis dahin Gewesene in den Schatten stellte, machte die Reise einzigartig. Sollte mit der Hitze unser Elan zu sehr gesunken sein, sorgte stets Max, ein pensionierter Eisenbahner, der nach eigener Aussage „auf Freifahrtschein" fast sämtliche Länder der Erde besucht hat, mit einem guten Spruch für Spaß und neue Energie.

Das „Verfahren" in Sachen Marco Polo konnte ich für mich nicht beantworten – seine Spuren nicht entdecken. Aber eines habe ich mit ihm gemein: „Ich habe nicht die Hälfte erzählt, was ich sah", sagte er 1324 zu einem Freund. Das gleiche gilt für mich!

Der Morgen ist klüger als der Abend.
(Russisches Sprichwort)

Was nun?

August 1998

Bei der Betrachtung der Entwicklung Russlands ist festzustellen, dass diese nicht einheitlich war, sondern das das Land immer zwischen Asien und Europa hin und her pendelte.

10. Jahrhundert	Hinwendung zum Christentum und gleichzeitig Orientierung zum Westen. Entwicklung des Handels und der Städte.
13. Jahrhundert	Tatarenherrschaft. Abwendung vom „zersplitterten feudalen Westen" zum asiatischen Osten.
16. Jahrhundert	Peter der Erste bewirkt eine Umkehr. Russland übernimmt das „westliche Wertesystem" und verurteilt seine bisherige Orientierung.
1917	Erneuter Richtungswechsel mit tiefgreifenden Änderungen (siehe Kapitel „Back to the Roots")
1991	Glasnost/Perestrojka (siehe Kapitel „Auftakt/Geschichtliches")

Mitte 1998 befand sich Russland in einem virtuellen Zustand eines Wirtschaftsaufschwungs. Die internationale Anerkennung dieser Erfolge, als vollwertiges G-8-Land in die Führung der Weltwirtschaft integriert zu werden, stand unmittelbar bevor. Der Finanzkollaps vom 17. August 1998 machte diese Aussichten und viele Hoffnungen zunichte.

Die Situation heute ähnelt scheinbar der von vor sieben Jahren; sinkende Produktion mit instabiler Währung und Inflation. Bei Licht betrachtet gibt es aber noch einen gravierenden Unterschied. Die schnell verfügbaren Resourcen des Landes wurden geplündert und verschleudert. Aus dieser Sicht betrachtet steht das Land heute entschieden schlechter da. Aber ein anderer Aspekt gibt Hoffnung für dieses Land. Ich zitiere hierzu Jürgen L. Weiss:

> Zum ersten Mal in seiner Geschichte hat Russland keine staatstragende, dominierende Ideologie: **Ein willkommenes Stück Freiheit in allen Lebensbereichen.**
> Zum ersten Mal in der Geschichte Russlands gibt es keine Zensur. Natürlich steuern die Oligarchen Meinungen und Trends. Ganz typisch auch, dass der Unterschied zwischen Information und Kommentar gerne ignoriert wird. Trotzdem: **Ein willkommenes Stück Freiheit in allen Lebensbereichen.**
>
> Zum ersten Mal in der Geschichte Russlands gibt es keinen Staatsterror. Nach dem Debakel in Tschetschenien kann

(theorethisch!) keine russische Regierung mehr damit rechnen, Gewalt gegen die eigene Bevölkerung mit Erfolg einsetzen zu können. **Ein willkommenes Stück Freiheit in allen Lebensbereichen.**

Quelle: Veröffentlichung des Verbandes der Deutschen Wirtschaft v. April 1999

Schön wäre der Erhalt dieser Freiheit zusammen mit einem stabilen politischen System und ordnungspolitischen Reformen, die einen dauerhaften Aufschwung dieses Landes einleiten könnten. Dass dies jedoch eine Herkules-Aufgabe ist, sollte jedem klar sein. Und der Weg dazu wird lang und schwierig sein.

Russland will nicht gestört und nicht belehrt werden.
(S. Karaganow)

Moskauer Tagebuch der Krise
Impressionen aus dem schwierigen russischen Alltag

September 1998

von Dirk Kemper

Mittwoch, 9. September. Zum Frühstück mit meiner Moskauer Familie gehört der Dollarkurs wie der Kaffee. Heute zahlen die unzähligen Wechselstuben 20 Rubel; noch vor vier Wochen galt der Kurs der letzten Jahre, der zwischen 6 und 7 Rubel lag. Die Preise schießen von Stunde zu Stunde in die Höhe; mehrfach am Tag wechseln die Preisschilder. Im Alltag sieht die Krise so aus: zuerst schließen die Geschäfte mit teuren Importprodukten, vom Juwelier bis zum Elektronikhändler. Angesichts einer Währung im freien Fall ist jeder Preis fiktiv, die Ware auf jeden Fall wertbeständiger – selbst als der Dollar. Denn wer weiß schon, zu welchem Dollarpreis man sie wieder einkaufen könnte. Dann verschwinden die Importprodukte aus den normalen Geschäften, teils wegen der verständlichen Hamsterkäufe, teils weil sie im Lager versteckt werden.

Kein Zucker und keine Busbillette

Auf den Märkten, wo der kleine Moskowiter kauft, findet sich noch gut die Hälfte der Händler ein und verkauft nur noch aus russischer Eigenproduktion. Die aber ist wegen der Importwirtschaft der letzten Jahre fast ganz eingebrochen, was man den Produkten zum Teil auch ansieht; zum Teil sind die Importwaren nicht mehr zu ersetzen. Das verändert die Lebensqualität spürbar. Ein Pfund deutscher Kaffee kostet nun 190, eine Stange Zigaretten (europäische, nicht die unerschwinglichen amerikanischen) 280 Rubel, während die durchschnittliche Rente unter 300 Rubeln liegt. Die Regale sind nicht leer, weil Importwaren, die in den letzten Jahren für viele erschwinglich wurden, über Nacht zum Luxus geworden sind. Doch selbst in den teuersten Supermarktketten ist heute kein Zucker mehr zu bekommen. Und wie suchen, wenn keine Busfahrkarten mehr zu finden sind? Nachdem vor einigen Tagen die Preise für die Metro um 50 Prozent erhöht worden sind – wohl einer der Momente, in denen der Geist der Revolte tatsächlich schwarz und mächtig auf der Stadt saß –, hortet jedermann Busbillette, weil auch hier die Erhöhung – das scheint eisernes Gesetz des Lebens – bevorsteht. Trotz alledem scheint die Atmosphäre zwar gespannt, aber in Moskau selbst noch nicht explosiv. Drei kommunistische Seelenfänger, ausgestattet mit Megaphon und alten Wahrheiten, ziehen an der Metro nahe beim Roten Platz heute niemanden in ihren Bann.

Abends scherzt ein Freund aus Petersburg über Mentalitäts-unterschiede: „ Wenn bei euch im Westen die Menschen 3 Prozent ihres Einkommens verlören, bräche ein Sturm los, und nach einem Tag wären mindestens 2 Prozent durch politische Versprechen kompensiert. Wir verlieren 60 oder 70 Prozent und gehen nach Hause". Hinter der dünnen Glasur des Humors liegt viel bittere Wahrheit – für beide Seiten.

Alle Devisen auf der Bank blockiert
Donnerstag, 10. September. Die Dollarkurse sinken, der Rubel gewinnt zurück! Aber nur in der virtuellen Wert der politischen Nachrichten. Denn in den Wechselstuben sind heute keine Rubel zu bekommen. Pappschilder hinter den Scheiben mit ernüchternder Krisenprosa: „Geschlossen", „Keine Rubel". Das trifft wirklich hart, denn seit drei Wochen sind alle Konten in den Banken eingefroren, die automatische Auszahlung ist überall gestoppt; selbst meine Westkarten werden nicht mehr akzeptiert, da der offizielle Wechselkurs nur noch eine fiktive Größe ist. Wer Verbindungen zu speziellen Banken unterhält, kann eventuell mit 1000 Dollar rechnen, wenn er sich an einem Tag sechs bis acht Stunden anstellt, um diese zu bestellen, und am nächsten wieder ebenso viele Stunden sitzt, um sie abzuholen.
Eine Bekannte, die im Bankgeschäft arbeitet, erzählt von einem nicht unvermögenden Israeli, der für diesen Monat seine Übersiedlung nach Moskau vorbereitet hat; sein gesamtes Vermögen ist nach Moskau transferiert, der Kauf einer Wohnung für den 20. August arrangiert, seine Familie ist eingeflogen und im Hotel untergebracht, und seine Möbel liegen hier am Flughafen in einem Container, der am Tag 500 Dollar Standmiete kostet. Doch die Bankenkrise begann am 19. August. Jetzt verliert er den Boden unter den Füßen, da er nicht einmal mehr das Hotel bezahlen kann. Bisher lebten alle, denen es überhaupt vergönnt ist, in dieser Situation über Devisen nachzudenken, von ihren mehr oder weniger rechtzeitig eingewechselten Reserven. Doch auch von dieser Lebensader sind wir heute abgeschnitten.
Doch nichts stoppt die spezifisch russische Art der Krisen-bewältigung. Gegen Mitternacht startet der Fernsehsender NTW eine Umfrage: „Wenn Sie morgens aufwachen und alle um Sie herum lächeln, was ist dann passiert?
a) Russland hat einen neuen Premierminister;
b) die Preise sind gesunken;
c) sie sind im Ausland;
d) sie haben einen schweren Kater."
Von über 10 000 Anrufern sind sich mehr als die Hälfte sicher, dass es sich nur um die bekannten Folgen des Wodkakonsums handeln kann. Der Rest wähnt sich eher im Ausland als in einem gebesserten Russland.

<u>Nähe und Liebe zum Leben</u>

Freitag, 11. September. Ein düsterer Tag, der damit vergeht, Geld zu finden, seien es Rubel, Dollar oder was auch immer. Doch mittlerweile gibt es nicht einmal mehr Schlangen vor den Bankomaten, da jeder weiß, dass von Konten und Karten nichts mehr zu erhoffen ist. An solchen Tagen fließt das Blut dunkel und schwer durch die Lebensadern dieses Zwölf-Millionen-Molochs. Die Zeit, die man in der Metro verbringt, nagt zäh an Lebensfreude und Lebenskraft; in der staubig-warmen Enge der überfüllten Hallen und Fluchten wird der Nachbar spürbar nervöser, die Sprache der eilenden Blicke und drängenden Bewegungen unterschwellig aggressiver.

Samstag/Sonntag, 12./13. September. Wer noch einige Liter Benzin im Tank hat, flieht am Wochenende. Der Improvisationsgeist umgeht alle Schwierigkeiten. Eine Freundin hat noch Benzin und Schaschlik-Stäbe, aber kein Bargeld mehr für Fleisch. Das kaufen wir und marinieren es über Nacht. Am nächsten Tag treffen wir uns nach einer Stunde Fahrt an einer Metrostation im Süden; eine Flasche Wodka, eine Flasche Wein, und nach einer weiteren Stunde sind wir an einem Baggersee knapp vor den letzten betongrauen Ausläufern der Stadt. Der erste Toast, Holz suchen, der zweite, Feuer machen, Brot, Salate, marinierte Knoblauchschößlinge und mehr; die unerschöpfliche russische Anekdotenkultur sprüht. Urlaub von der Krise? Vielleicht aber kein Eskapismus, keine Flucht von der Realität, sondern eine unerschütterliche Nähe und Liebe zum Leben, die sehr viel tiefer gründet als alle Probleme.

Man muss sich nur zu helfen wissen!
(Autor)

Auf den Hund gekommen

Oktober 1998

Die Menschen in Russland lieben Tiere. Wer kann, hat eins. Eine Katze ist das Minimum, ein Hund, je größer, je lieber, wird angestrebt. Das geschieht unabhängig von den räumlichen Kapazitäten der Wohnungen. In unserem Haus wohnt die dänische Dogge Nick in einer 45 qm Wohnung. Im Aufzug bin ich jedesmal froh, wenn Nick seinen Geifer vorher am Teppich abgewischt hat und nicht meine Kleidung dazu ausersieht. Nach Aussagen eines russischen Soziologen wurden und werden große Hunde gehalten, um „den fehlenden sozialen Status" zu kompensieren. Eine Person kann den geringsten Rang auf der sozialen Leiter innehaben, aber er kann zumindest einem Hund befehlen, seinen Anweisungen zu gehorchen. Heute sind die Straßen in Moskau voll von herrenlosen Statussymbolen, deren Besitzer sich die Unterhaltskosten nicht mehr leisten können. In Moskau wurden 1998 angeblich über 10.000 Menschen von Hunden gebissen, und das sowohl von den streunenden als auch von den geliebten Kuscheltieren in der Wohnung. Bei letzteren Fällen unterstelle ich den Stubenkoller.

Nachts sieht man Horden von Hunden, die herumstreifen. Trotz allem lieben die Moskauer diese Streuner. Versuche der Stadt, dieses Problem zu eleminieren, scheiterten am Protest der Bewohner.

Auch in dem Dorf, wo wir unsere Datscha hatten, gab es einige Streuner. Anscheinend alle lammfromm, dachte ich bis zu jenem Morgen, an dem ich mich entschied, frühmorgens um 7.30 Uhr zu joggen. Fröhlich trabte ich die Dorfstraße entlang, als plötzlich aus einem etwa 70 Meter entfernt liegenden, umzäunten Garten ein kaukasischer Hirtenhund ausbrach und wie ein Pfeil auf mich zuflog. Ohne zu zögern biss er gleich zu. Glücklicherweise wurde er vom Besitzer zurückgerufen; der Hund war jedoch außer Rand und Band und ließ sich von seinem Besitzer kaum bändigen, so dass ich keine Nachforschungen über den Gesundheitszustand des Hundes anstellen konnte. Geschockt joggte ich zurück. Meine Familie war entsetzt über die klaffende Wunde. Da um Moskau herum häufig Tollwut auftritt, war diesmal ein Besuch beim Arzt des Amerikanischen Medizinzentrums angesagt. Um 200 Dollar erleichtert, aber mit einer gereinigten Wunde und einer Impfung gegen Tollwut ging es nach Hause. Nach sieben weiteren Impfungen war die Sache ausgestanden.

Und die Kosten? Die habe ich getragen, denn selbst unter Einschaltung des Polizeipostens des Nachbarortes Kusowskoje war der Besitzer nicht bereit, zuzugeben, dass sein kleiner Liebling mich gebissen hatte. Der doch nicht!
Seitdem ist mein Verhältnis zu Hunden merklich abgekühlt!

Vertrauen ist gut, Kontrolle ist besser.
(Volksweisheit)

Kulturfreaks

Kulturfreaks waren wir nicht. Aber ganz ohne ging es auch nicht. Einige Besuche im Bolschoj Theater, im Kreml-Palast, in der neuen Oper oder besonders gerne im Konservatorium waren immer drin. Häufig sind Gäste ein willkommener Anlass, sich wieder mal aufzuraffen.

Irgendwie hatte das mit Karten für Michael Jackson nicht ganz geklappt, und im Nachhinein waren wir auch froh. Man hatte dort im Stadion erst die Menschenmassen vor verschlossenen Türen warten lassen und als dann so 15.000 zusammen waren, durch eine Tür von 1 m Breite durchgelassen. Damit sich die Leute nicht gegenseitig zerquetschten, traten Polizisten mit Knüppeln in Aktion und prügelten Raum zwischen die Leute.

Tina Turner konnten wir uns aber natürlich nicht entgehen lassen. Sie spielte drei Tage im Kremlpalast, da wo früher immer die Riesenparteitage der KPDSU stattfanden. Wir bekamen Karten auf dem Balkon, ganz weit hinten, deren Preise in zwei Tagen seltsamerweise um DM 80 auf 200 DM stiegen. Die erste Reihe sollte 1000 DM kosten.

Wir machten uns frohgemut am Donnerstagabend mit dem Auto auf den Weg und blieben 500 m vor dem Kreml in einem Riesenstau stecken, der nur millimeterweise vorwärts ging. Alle Autos wollten auf den Parkplatz vor dem Haupteingang, aber dafür brauchte man eine Extraerlaubnis, die wir natürlich nicht hatten. Ich also frech meine Akkreditierungskarte vorgewiesen und wir fuhren trotz des Protestes des Wächters auf einen *Dauerparkplatz*, der dann prompt von anderen PKWs zugeparkt wurde. Mit den anderen 6.000 Menschen hasteten wir zum Palast, denn es sollte ja bereits um 18.30 Uhr anfangen. So standen wir denn erst einmal eine halbe Stunde im Foyer und saßen eine weitere halbe Stunde auf unseren Plätzen und nichts geschah. Es war die dritte Vorstellung und jeder Platz war besetzt. Es kamen aber immer noch mehr Menschen herein, und die standen dann an der Wand oder setzten sich auf die Treppe. Aber die Russen sind sehr diszipliniert und warteten geduldig, bis dann um 19.40 Uhr der Vorhang aufging und die Diva erschien. Sie zog zusammen mit ihren Musikern eine Supershow ab, bei einigen hohen Tönen merkte man, dass sie schon ziemlich heiser war. Das Beste war jedoch die Reaktion des Publikums. Jeder saß brav auf seinem Platz und klatschte nach jedem Lied oder rief Bravo. Wenn einer der Musiker das Publikum zur Mitklatschen aufforderte, taten sie es auch zwei Minuten lang, um dann wieder in Respekt zu erstarren und dem Lied zu lauschen. In Deutschland wären die Leute schon längst aufgestanden und hätten mitgerockt.

Wenn aber hier einer den Versuch wagte, zischten die Hinter-sitzenden: PSCHT! Also blieben wir alle brav sitzen, erst zum Schluss gab es „standing ovations" und tatsächlich einige Russen, die sich im Takt mitbewegten. Auf dem Rückweg dann konnten wir auf dem Parkplatz einige Streched -Cars, sowie Rolls Royce, dicke BMWs und andere Luxusautos bewundern. Da waren sie also, die „Neuen Russen"! Mit uns bei Tina Turner!

Darüber hinaus gab es zahlreiche kulturelle Höhepunkte. Besonders unsere Kinder fanden Vergnügen an den verschie-denen Zirkusvorstellungen, die wir besuchten, sei es nun der Zirkus am Vernadskogo oder auch der neue Nikulin Zirkus.

Unsere Kinder machen uns viel Spaß mit ihrer musikalischen Begabung. Charlotte hatte anfangs eine wirklich gute, aber leider etwas strenge georgische Geigenlehrerin. Ich muss zugeben, selbst mir hat sie manchmal mit ihrem überschwenglichen Enthu-siasmus Angst gemacht. Des dauernden „Theaters" überdrüssig, wechselten wir schließlich die Lehrerin; Oksana und Charlotte waren ein tolles Team. Viele gute Stücke haben wir seitdem gehört. Theresa hat von Boris die Liebe zum Klavier gelernt. Boris war es, der uns zum Kauf eines alten deutschen Klavieres über-redete. Obwohl es eigentlich zu teuer war, freuen wir uns heute am Klang dieses BBM (Big Black Monsters).

Neben der liebevollen Anleitung (Überredung?) zu den täglichen Trainingseinheiten oblag Katharina auch die Koordination des Unterrichts; in Moskau generell (riesige Distanz zur deutschen Schule, die täglich und zu Stauzeiten im Sommer zu überwinden ist) eine Herkulesaufgabe. An wechselnden Standorten zu wechselnden Zeiten wurde geübt und trainiert. Entschädigt wurden wir durch die Auftritte unserer Kinder beim Musikwett-bewerb der Deutschen Schule Moskau. Jedesmal ein ganz besonderes Schmankerl.

Noch nirgendwo haben sich
Volksmassen so für die echte Kultur
interessiert wie bei uns; nirgendwo
werden diese Kulturfragen so tief und
konsequent gestellt wie bei uns.
(V. Lenin)

Orlow – das Gestüt der weißen Pferde

Dezember 1998

Voronesh, mit diesem Namen verbinde ich die landwirtschaftlich intensiv genutzte Schwarzerde-Zone, intensive Reisen mit unserem Regionalmitarbeiter Sergej und auch einige besondere Erlebnisse.

Ende April 1996 rief mich Sergej an. Ich befand mich gerade auf einer Dienstreise in Deutschland. Ich müsse dringend nach Voronesh kommen, die landwirtschaftliche Verwaltung habe Geld und wolle bei uns einen Auftrag platzieren. Es sei nur noch eine Kleinigkeit (?) zu klären. Also stieg ich direkt nach meiner Rückkehr zusammen mit meinem Mitarbeiter Roman in den Nachtzug, um am nächsten Morgen einen Siegeszug à la Hannibal (kam, sah und siegte) anzutreten. War aber nichts: Die Kollegen vom Wettbewerb waren uns um einen Tag zuvorgekommen und hatten alle Kundenwünsche bereits abgedeckt. Niedergeschlagen saßen wir abends am Bahnhof. Besonders Sergej musste wieder aufgebaut werden. Er war tieftraurig, weil er wochenlang an dem Kontakt gearbeitet hatte und nun doch mit leeren Händen da stand. Entgegen unserem ursprünglichen Plan, demzufolge die Rückreise erst am 1. Mai vorgesehen war, reisten wir am 30. April zurück. Es hatte keinen Sinn, auch noch den Feiertag (1. Mai = Tag der Solidarität aller Werktätigen) depressiv in Voronesh zu verbringen.
Am 1. Mai rief mich Roman an, geschockt und auch glücklich., denn in den Nachrichten war gerade gezeigt worden, dass eine Bombe im Wartesaal an genau demselben Platz, an dem wir gesessen hatten, deponiert gewesen war - und gerade noch rechtzeitig gefunden und entschärft werden konnte. Also doch noch einen guten Handel getätigt!
Übrigens, der Wettbewerb konnte letztendlich nicht liefern, und wir erhielten trotzdem noch den Auftrag. Glück ist in Russland alles!
Meine nächste Reise im November 1998 hatte einen ähnlich dramatischen Hintergrund. Nach der Abwertung des Rubels im September machten Roman und ich viele Reisen zu unseren Kunden, um deren Zahlungen an uns möglichst in bar zu erhalten. Das danieder liegende Bankensystem machte schnelle Zahlungen unmöglich, und jeden Tag erlitten wir größere Kursverluste. Einer unserer Händler, ein ehemaliger Ökonomieprofessor der Universität, der seine Theorie jetzt ganz exzellent in die Praxis umsetzte, konnte und wollte zahlen. Zusammen mit Roman und meinem Schwager Heinrich, der gerade in Moskau zu Besuch war, fuhren wir samstags per Zug nach Voronesh. Das Wochenende wurde

genutzt, um Wildschweine zu jagen und vor allem das naheliegende weltberühmte Gestüt Orlow zu besuchen.

Für den Pferdefanatiker Heinrich war es nach eigenen Aussagen das Schönste an Russland. Die Länderei für das Gestüt wurde dem Grafen Orlow von Katharina der Zweiten übereignet, nachdem er ihr bei der Thronübernahme behilflich gewesen war. Ziel bei der Züchtung ist es bis heute, ausdauernde Rassen (Holländer-Stuten, Norfolk-Trotter) mit grazilem englischen Vollblut zu kreuzen, um ein Kutschpferd zu haben, dem die riesigen Distanzen in Russland nichts ausmachen. Diese Pferde, vornehmlich Schimmel, sind heute bekannt für ihre große Energie und Ausdauer.

Wir waren überwältigt von dem Gestüt, obwohl es dringend einer Generalüberholung der Gebäude bedurft hätte. Aufgrund eines Übersetzungsfehlers meinerseits hatte Sergej gemeint, Heinrich sei gekommen, um Pferde zu kaufen. Deshalb wurden uns 30 der schönsten Orlow-Traber präsentiert, einer schöner als der andere. Wladimir Budarin, der englischsprachige Stallmeister, spürte unsere Begeisterung und ließ sich mitreißen. Er wusste einfach alles zu jedem einzelnen Pferd. Budarin, der mit einer Ukrainerin verheiratet ist, meinte nur ganz trocken: „Die Orlow Traber sind unschlagbar in Schönheit und Intelligenz, aber eigensinnig und kapriziös wie russische Frauen. Du lernst sie kennen und bist im Himmel. Sie rauben dir den Verstand, und du kannst nicht schlafen. Aber – Mann – die können auch sehr bissig sein".

Zum Abschluss präsentierte er uns noch einige Araber des Gestütes, die, im Gegensatz zu Orlows Trabern, kaum preiswert zu haben sind. Außerdem sahen wir noch einige russische Traber. Der Versuch der Sowjets, durch die Kreuzung von Orlow-Trabern mit amerikanischen Trabern eine neue Rasse zu züchten, führte dazu, dass es heutzutage eine eigene international anerkannte Rasse ist. In dieser Kombination verbanden sich das Trabervermögen des amerikanischen Trabers mit der körperlichen Robustheit der Orlow-Züchtungen.

Montags dann verschiedene Kundenbesuche; der desolate Zustand der landwirtschaftlichen Betriebe und des gesamten Umfeldes fiel besonders Heinrich auf. Ich habe mich schon zu sehr daran gewöhnt.

Die Geldübergabe bei unserem Händler verläuft reibungslos; er geleitet uns mit seinem Fahrer zum Zug. Das Geld, Rubel im Wert von ehemals 200.000 Dollar, ist leider inzwischen erheblich weniger wert. Es füllt aber trotzdem zwei große Rucksäcke und ist für mich überraschend schwer. Roman und ich sind froh, dass uns Heinrich, der durch seine Arbeit als Pferderücker in Norwegen „Kraft wie ein Bär hat", bei dem etwas heiklen Transport zur Bank nach Moskau zur Seite stand.

Als am Dienstag der darauf folgenden Woche das Geld dann endlich eingezahlt ist, gesteht mir Heinrich, dass er noch nie in seinem Leben so schlecht geschlafen habe wie in jener Nacht bei der Rückfahrt nach Moskau.

Gut, dass Heinrich nicht weiß, wie ich geschlafen habe.

Zur rechten Zeit am rechten Ort.
(Autor)

Mitreisende Ehefrau

Januar 1999

von Karin Pape-Hoffer

Darf ich mich vorstellen? Ich bin eine „mitreisende Ehefrau". Das ist jene Spezies Mensch, die in Moskau in der „foreign community" nicht selten vorkommt. In der Regel zeichnen wir uns dadurch aus, dass wir spätestens durch unseren Umzug nach Moskau unsere Identität auf Eis gelegt haben. In Deutschland sind wir einem interessanten Beruf oder einer interessanten Tätigkeit nachgegangen, hatten eigene Freunde, wurden auf der Straße mit unserem Namen angesprochen. Nie wurde unsere Existenz in Frage gestellt. Wenn wir in Moskau gefragt werden: „Was hat Sie denn hierher verschlagen?", so wird die Antwort mit dem Satz eingeläutet: „Mein Mann arbeitet hier für…" – und ab dem Zeitpunkt ist es aus. Automatisch werden wir mit dem Namen unserer Männer angesprochen, auch wenn er nicht mit dem eigenen übereinstimmt, wenn sich artig, aber etwas gelangweilt nach unserem Befinden erkundigt wird. Sogleich wird allerdings übergegangen zu der Berufstätigkeit des Mannes. Als mein Mann einmal ein paar Gäste zu einem offiziellen Abendessen eingeladen hat, hat nicht ein einziger das Wort an mich gerichtet. Sie haben nur mit ihm gesprochen. Ich hatte das Gefühl, ich sei nicht existent. Hut ab vor solch einem Besuch: konsequent und ehrlich! Ich habe mich folgerichtig eine Stunde später absentiert, was nicht weiter auffiel. Ganz ehrlich: die unaufrichtige, höfliche Variante ist mir da lieber. Ja, aber was tun wir nun tatsächlich hier? Wir arbeiten im Verborgenen. So ganz nebenbei ziehen wir die Kinder groß, während wir um unsere Männer bangen, die in uralten Flugzeugen durch das Gebiet der ehemaligen Sowjetunion touren. Wir organisieren den Nachschub in Kühl- und Gefrierschränken (was zugegebenermaßen über die Jahre sehr viel bequemer geworden ist), kümmern uns um Schule und Kindergarten und dass die Kinder zu diesen Institutionen hin- und herchauffiert werden. Auch ansonsten sind wir nimmermüde Taxifahrer mit einer besonderen Klientel (Kinderstreitigkeiten werden bevorzugt innerhalb von vier Blechwänden ausgetragen), fungieren als Haussekretärin für Krankenkassenabrechnungen, Mehrwertsteuererstattungsanträge, passen auf, dass das Schulgeld rechtzeitig überwiesen wird und versuchen auch sonst unseren Männern so weit es geht den Rücken freizuhalten. Viele von uns engagieren sich in Suppenküchen und anderen karitativen Einrichtungen – alles „besplatno" (unentgeltlich), versteht sich. Das ist das weitere Band, was uns verbindet: Wir arbeiten so gerne ohne Bezahlung. Ja, und sonst?

Wo bleiben die Kaffeekränzchen, die regelmäßigen sportlichen und anderen Aktivitäten, einfach morgens, wenn unsere Männer schwitzend im Büro sitzen, die Kinder in Schule und Kindergarten gut aufgehoben sind und die Haushaltshilfen alles auf Hochglanz putzen und bügeln? Natürlich, unser Dasein hat durchaus angenehme Seiten, und wären die nicht gegeben, hätten wir längst auf den Index für zu schützende Arten gehört. Wir können morgens mal durch die Stadt schlendern, uns in Ruhe Leute in der Metro angucken, und wenn ich mit meinem Kleinen einen Gang ums Karree mache, nehme ich Dinge wahr, die möglicherweise jedem anderen Journalisten, der ein exzellenter Kenner der russischen politischen Szene ist, verborgen bleibt. Fragen Sie doch mal einen westlichen Journalisten wie teuer ein Liter russische Milch ist. Vielleicht weiß er es noch so ungefähr, weil er gerade gestern zufällig um kurz vor 20.00 Uhr zum Lebensmittelgeschäft gehechtet ist, da er nun mal Kaffee ohne Milch nicht leiden kann. Aber wenn Sie fragen, wie viel der Liter Milch vor dem 17. August gekostet hat, im Vergleich zu jetzt, gehe ich jede Wette ein, dass 90 % passen würden. So bleibt diesen Menschen auch verborgen, wie z. B. die alte russische Frau letztens in den Milchladen gekommen ist und… Aber das ist wirklich eine andere Geschichte, die ich mir für später aufhebe. Mein Kleiner will sich nämlich gerade jetzt unbedingt ein Buch mit mir angucken, und mein Großer hat auch schon angemeldet, dass ich mir mal seine Mathehausaufgaben angucken soll. Also, zurück an die Front!

Der Patriotismus hört dort auf, wo
die Steuerdeklaration beginnt.
(M. Zvonaryov)

Kolomenskoje – Sommerfrische gratis

Februar 1999

Nach Weihrauch riecht es und nach Knoblauch. Kerzen zischen zwischen Kopftüchern, von ganz weit her dringt getragener Gesang. „Frauen dürfen nicht hinter den Lettner", sagte unsere Dolmetscherin Tanja während unserer ersten Russlandreise 1993 und bekreuzte sich unbeholfen. Vor zwei Jahren hatte sie noch geglaubt: Lenin, das ist so ein guter Mensch. Und nun..." Nun ist sie getauft, aber bibelfest ist sie noch nicht. Ideologisch gesehen „floated" sie. Weiß nur: An irgendetwas muss man glauben. Sie versucht, sich zu etablieren zwischen der Moral ihrer Eltern, die Profit für unmoralisch halten, und ihrer Arbeit für westliche Firmen, die sie mit viel Geld in Berührung bringt. Die Eltern begrüßen das Neue und sind doch den 70 Jahren Sozialismus verhaftet: dem zähen Volksvorurteil, dass es gerechten und ungerechten Gewinn gibt, dass jemand, der an der Arbeit anderer verdient, ein Schuft ist, dass es nicht mit rechten Dingen zugeht, wenn jemand Rubel auf dem Konto hat.

Im linken Schiff der Kirche wird getauft. Im rechten stehen Trauernde um den offenen Sarg. Gefaltete Hände sind darin und ein großes eckiges Gesicht, dicke Kinnladen, blau und gelb die Haut, die noch Haut ist. Im staubigen Hof verkaufen Popen in einem Kiosk heiliges Wasser, daneben steht die Latrine. Tante Irina stellt Blumen an einen Felsen. „Das sind die Knochen vom Pferd des heiligen Georg", sagt sie. „Schwer zu sagen, woher unser Unglück kommt, von Lenin oder von Gott. Wir haben viel gesündigt, haben uns nicht kaufen lassen. Und nun? Wir warten auf ein neues Geschlecht von Menschen. Im nächsten Jahrhundert wird es kommen". Ein halbes Jahrhundert hat sie als Putzfrau gearbeitet, nun schleppt sie ihren arthritischen Körper durch die Hügel der alten Sommerresidenz der Zaren; am Horizont die Wohnmaschinen der Vorstädte.

Wir fahren häufig dorthin. Der zum Freilichtmuseum umgestaltete Park wurde unser Naherholungsgebiet. Sommers wie winters pilgerten wir zu der Christi-Himmelfahrtskirche, der schönsten steinernen Zeltdachkirche Russlands, die zur Geburt des späteren Zaren Iwan des Schrecklichen erbaut wurde. Neben langen Spaziergängen, Spielen mit Drachen, Fußball und Tennis nutzen wir auch mehrmals die schönen Vorsommertage zum ausgedehnten Picknick.

Winters trafen wir uns oft mit Freunden, um mit den Kindern per Schlitten die Hügel herunter zu sausen oder in einer langen Kette unseren Kindern den Skilanglauf nahe zu bringen. Anfangs konnte ich Oliver, unseren Jüngsten, dabei auf den Schultern tragen. Heute wäre das zuviel verlangt; da muss er selber laufen.

Unterhaltsam ist auch jedes Mal das Schauspiel des Eisbären-clubs, einer Gruppe von Frauen und Männern, die selbst bei tiefsten Temperaturen in dem Eiswasser baden. Die liebevoll als „Morshi" (Walrösser) bezeichneten Mitbürger müssen erst ein Loch in das Eis eines kleinen Sees hacken, bevor sie vorsichtig aber zielstrebig abtauchen. Nach einer, höchstens zwei Minuten sieht man dann, dass sie sich langsam, aber bestimmt wieder ankleiden; manchmal mit etwas bläulicher Körperfarbe.

Aber, was uns nicht umbringt, macht uns nur härter!

GLÜCK HÄNGT NICHT VOM GELD AB. ABER ES IST BESSER, IM CADILLAC ALS IM BUS ZU WEINEN. (NEUE RUSSEN)

Lehr- und Wanderjahre

März 1999

„Riga, von der Düna durchzogen, ist Lettlands Herz, Hauptstadt und Metropole, impulsiv, alt und jung zugleich. Eine Stadt, wo ein jeder Anregungen finden und Energie schöpfen kann. Nicht ohne Grund heißt es, Riga sei an einem jener Orte der Erde errichtet worden, von dem starke positive Energie ausstrahlt. Vielleicht werden auch Sie diesen Energiestrom empfangen und die Stadt ebenso lieb gewinnen, wie die Rigenser sie lieben."

So zumindest ein Auszug aus einem Werbeprospekt. Anlässlich einer Dienstreise in die Stadt, die schon Ende des 12. Jahrhunderts von norddeutschen Kaufleuten angelaufen wurde und in der Blütezeit der Hanse (14. bis 15. Jahrhundert) zum Knotenpunkt des Ost-Westhandels wurde, konnte ich mich selbst davon überzeugen.

In der Tat, eine Stadt mit einem wundervoll restaurierten Stadtkern (seit 1991, der Unabhängigkeit), der mich an meine Fast-Heimatstadt Münster und mehr noch an meine Universitätsstadt Soest erinnert. Und auch an meine Studentenzeiten, sprich meine Lehrjahre. Heute fühle ich mich eher in der Zeit meiner Wanderjahre. Sie sind anders, aber manchmal nicht weniger anstrengend. Zwischen diesen beiden Städten – Münster und Riga - gibt es weitere Verbindungen, wie der oben zitierte Prospekt erläutert.

Die Gilden oder Brüderschaften der Handwerker (ursprünglich der Bürger) wurden in Riga nach 1221 gegründet. Sie unterstützten in Not geratene und erkrankte Mitglieder, richteten Beerdigungen aus und kümmerten sich um andere soziale Belange. Mitte des 14. Jahrhunderts spalteten sich die Kaufleute von der Handwerkergilde „Zum Heiligen Kreuz und Dreeinigkeit" ab und bildeten 1354 eine eigene, die „Mariengilde", mit der Hl. Maria als Schutzpatronin. Der Handel war zum einträglichsten Wirtschaftszweig und die Kaufleute zu einem bedeutenden politischen Faktor geworden. Deshalb war das Gildenhaus der Kaufleute größer als das der Handwerker, und der Name „Große Gilde" bürgerte sich immer mehr ein. 1330 baute die Große Gilde ein Versammlungshaus mit zweischiffigem Saal im ersten Stock, der sogenannten Münsterstube, die ihren Namen entweder dem Umstand verdankte, dass das Haus auf den Fundamenten des Franziskanerklosters oder eines dem Domkapitel gehörenden Gebäudes errichtet worden war (Monasterium – lat. Kloster) oder aber der Stadt Münster, mit der Riga enge Handelsbeziehungen unterhielt.

Für die letztere Version spricht die Tatsache, dass sich neben der Münsterstube die Soeststube befand: Soest unterhielt ebenfalls enge Beziehungen zu Riga. Die Münsterstube war der prächtigste Raum der Großen Gilde, der im Laufe der Jahre erweitert und ausgeschmückt wurde.

Bemerkenswert ist die große Anzahl der Kirchen im Innenstadtbereich: Analog zu Soest und auch zu Münster.

Parallelen gab es auch während meines Besuches. Während für Münster gilt: Entweder es regnet oder es läuten die Glocken, habe ich in Riga noch viel mehr erlebt – es regnete, es läuteten die Glocken (häufig) und es gab für diese Jahreszeit außerordentlich viel Schnee.

Alles in allem aber, hatte ich das Gefühl:

Die Welt ist ein Dorf.
(Russische Volksweisheit)

Wenn Mama eine Konferenz besucht

April 1999

von Karin Pape-Hoffer

Wenn Papa eine Konferenz besucht, so bedeutet das für die Familie in der Regel gar nichts. Papa trinkt wie gewohnt morgens seinen Tee, nimmt seine Aktentasche, küsst Frau und Kinder und macht sich auf und davon. Ebenso kommt er wie gewohnt oder etwas später abends nach Hause.

Ganz anders sieht es aus, wenn Mama zu einer Konferenz geht. Zunächst fängt sie an ihre Aktentasche zu suchen, da sie dieses unmütterliche Acessoir schon seit geraumer Zeit unbenutzt zuunterst im Schrank aufbewahrt. Dann muss sie im Voraus einkaufen und kochen, damit zumindest die Basisversorgung der Familie gewährleistet ist. Bei der Ankündigung, dass Mutti nun drei Tage lang nicht ansprechbar sein wird, mault der Große zwar ein wenig, nimmt es aber hin. Der Schulbus transportiert ihn, wie gewohnt, hin zur Schule und zurück. Für den Kleinen dagegen muss eine Babysitterin organisiert werden, so wie ein Fahrer, der die beiden in den Kindergarten chauffiert. Die Erzieherin muss informiert werden, dass für die nächsten Tage zwar der Sprössling kommt, aber nur mit Mutter-Ersatz. Nicht vergessen genügend Geld mitzugeben für den Chauffeur. Tasche packen für den Sprössling: Brot, Obst, liebstes Stofftier, Ersatzhose, Schnuller... (nichts vergessen?). Der Tag X beginnt. Alle sind gut auf den Weg gebracht. Mama nimmt ihre Aktentasche und läuft zur Metro. Ach du Schande! Der Große hat keinen Schlüssel und wird vor verschlossener Tür stehen, wenn er aus der Schule kommt. Warum er keinen Schlüssel hat? Er hat einen Schlüssel, aber er nimmt ihn nie mit, weil er ihn nie braucht. Nun ja, und an alles hat Mutti in der Aufregung eben auch nicht gedacht. Im Portemonnaie finden sich noch zwei Telefonjetons. Beim Metro-Eingang stehen Telefonzellen, die schlucken zwar die Telefonjetons, stellen aber keine Verbindung her. Schnell wird eine Telefonkarte gekauft, die aber aus irgendeinem Grund auch nicht funktioniert. Die Zeit rennt – die Konferenz fängt gleich an! Das Personal bei der Metro wird konsultiert doch bitte die Funktionsweise des Telefons zu erklären. Die freundliche Metro-Bedienstete liest alles vor, was auf dem Apparat gedruckt ist. Das hätte Mutti auch gerade noch hingekriegt. Plötzlich entdeckt sie eine Taste, die man drücken muss – jetzt funktioniert das Telefon. Die Haushälterin wird instruiert, sie möge doch bitte, bevor sie mittags geht, den in der Wohnungstür steckenden Schlüssel bei den Nachbarn deponieren. Dann ein Anruf in der Schule mit der Bitte dem großen Sohn auszurichten, er möge den Schlüssel bei den Nachbarn abholen.

Noch ein Anruf in der Schule: Das Kind weiß bestimmt nicht den Code der Haustüre. In der Hoffnung, dass nun alles klappt, hechtet Mutti zur Konferenz, wo alle anderen schon entspannt Platz genommen haben. Ob wohl alles geklappt hat? Ein weiterer Anruf in der Konferenzpause bei den Nachbarn (ein Korrespondentenbüro): „Schlüssel, welcher Schlüssel? Hier liegt kein Schlüssel, und der Chef ist gerade auf dem Weg nach Tscheschenien." Tschetschenien? Spinnt der?! Na ja, darüber regt Mutti sich später auf, aber wo ist der Schlüssel? „ Ach, hier ist er ja doch. Nein, Tilman ist noch nicht hier gewesen." Eigentlich hätte das Kind schon seit einer halben Stunde zu Hause sein müssen. „Doch, ja, kleinen Moment mal, da kommt er gerade." Alles in Ordnung? Alles in Ordnung. Eigentlich keine weiteren Zwischenfälle. Die Konferenz wird vorzeitig beendet bzw. Mutti beschließt die Konferenz zu beenden, weil sie sich das Kultur-programm für die auswärtigen Gäste nun wirklich sparen will. So bleibt ihr noch ein wenig Zeit, doch in Ruhe das Abendessen für die Familie zuzubereiten. Der weitere Verlauf der Konferenz verläuft „normal" und ohne weitere innerfamiliäre Katastrophen. Als Mutti allerdings am dritten Tag den kleinen Sprössling schon wieder etwas unsanft mit der Babysitterin aus der Tür schieben wollte, war die Geduld dieser kleinen Seele am Ende! Das Konferenzende war für mittags geplant, und Mutti versprach pünktlich zu Hause zu sein. So war es auch. Ich verbrachte einen entspannten Nachmittag mit meinen Kindern, den ich schon lange nicht mehr so genossen hatte.

Zehn Minuten Planung ersetzen zwei
Stunden Arbeit. (Der Autor)

Einkaufen in Moskau

Mai 1999

von Karin Pape-Hoffer

Einkaufen in Moskau ist längst nicht mehr so ein Abenteuer wie vor ein paar Jahren. Seien Sie ganz beruhigt: Ich stimme jetzt nicht das hohe Lied der Nostalgie an, wie schwer wir es zwar früher hatten, aber wie ereignisreich und deshalb auch so schön alles war. Ich trauere diesen Zeiten nicht nach! Als wir vor ca. einem Jahr nach einer kurzen Erholungspause in Deutschland uns erneut auf einen Umzug nach Moskau eingelassen haben, war das erste, was ich freudig bemerkt habe, dass die Versorgungslage erheblich besser geworden war. Auf jeden Fall stimmt das für uns Ausländer, für die im Prinzip Geld keine Rolle spielt. Es gibt jeden Tag frisches Brot, mittlerweise sogar verschiedene Sorten. Es gibt zu jeder Jahreszeit frisches Obst und Gemüse, das sich nicht auf Kohl, Möhren und Äpfel beschränkt. Es gibt gute, frische Milchprodukte, die nicht unbedingt mehrere hundert Kilometer hinter sich gebracht haben, bevor sie an den Endverbraucher gelangen. Und last not least: Das Kilogramm auf dem Markt hat auch wieder 1000 Gramm und nicht zwischen 750 und 900 Gramm. Ich wohne so günstig, dass ich im Prinzip meine täglichen Einkäufe zu Fuß erledigen kann. Der Gemüsewagen, dessen Stammkundin ich bin, steht vor meinem Küchenfenster, gegenüber ist mein liebster russischer Laden, in dem ich frische Milch, Smetana (Sauersahne) und holländischen Käse kaufe, und in den Markthallen, die ich zu Fuß in fünf Minuten erreichen kann, finde ich auch exotisches Obst und Gemüse, frisches Brot und oft Fleisch in guter Qualität. Vor meinem russischen Brotladen, den ich gerne aufsuche, sitzt „unser Kräutermann", dem ich immer ein paar Stengel Petersilie und Koriander abkaufe, auch wenn ich sie gerade nicht brauche. Er begrüßt mich mittlerweile schon von weitem freundlich und hat sich sogar den Namen von meinem Kleinen eingeprägt, der für ihn ein echter Zungenbrecher ist. So weit, so gut.
Trotzdem beschleicht mich oft ein gewisses Unbehagen, wenn ich z. B. am Gemüsewagen meine Leinentaschen kiloweise mit Mandarinen und Weintrauben vollfülle. Vor mir stehen oft ältere Russen, die ein paar Kartoffeln, etwas Kohl und vielleicht noch zwei Knollen Rote Beete kaufen. Manchmal erkundigen sie sich nach dem Preis von Obst, was bereits den äußersten Reifegrad hinter sich gebracht hat und offensichtliche grüne oder braune Stellen aufweist. Trotzdem kaufen sie auch dieses Obst nicht. Sie kratzen umständlich ihre Rubelmünzen zusammen und gehen dann mit ihren zumeist gekrümmten Rücken langsam ihrer Wege.

Als ich während der Protesttage der Lehrer mal wieder gelesen habe, wieviel hier ausgebildete Pädagogen verdienen, denke ich jedes Mal nach meinem Frischkosteinkauf: Jetzt hast du einen Lehrermonatslohn nur für Obst und Gemüse ausgegeben. Als ich neulich in meinem Milch-Laden war, beobachtete ich eine alte Frau, die langsam schlurfend mit einem apathischen Blick in den Laden kam. Ihre Schuhe waren viel zu groß. Es waren offensichtlich Männerschuhe. Durch dicke Wollsocken versuchte sie vergeblich den Platz in den Schuhen auszugleichen. Ihr Mantel war abgewetzt, das Kopftuch hatte auch schon bessere Zeiten gesehen. Die tiefen Furchen in ihrem Gesicht lassen vermuten, dass sie vielleicht nicht unbedingt bessere Zeiten erlebt hat. Sie ging langsam durch den Laden, wie sie hineingekommen war, ganz dicht ging sie an die Preisschilder heran, guckte, ging zur nächsten Abteilung. Keine Gemütsregung war festzustellen. Nachdem sie intensiv ein paar Preisschilder studiert hatte, ging sie so apathisch und schlurfend wieder aus dem Laden, wie sie hineingekommen war – ohne etwas gekauft zu haben. Ich stand die ganze Zeit wie angewurzelt da. Ich kaufte meine Milch und verließ auch den Laden. Erst als ich wieder zu Hause war, fiel mir ein, dass ich ihr ja vielleicht wenigstens ein paar Rubel hätte geben können. Ich schämte mich.

Wir wohnen hier in einem Land, in das wir als Beobachter gekommen sind. Manche kommen hier her, weil es ihnen zu Hause zu langweilig geworden ist. Ob Geschäftsleute, Journalisten, Berater – alle vereint die gewisse Lust auf Abenteuer oder zumindest die Lust auf Abwechslung als Grund für einen zeitweisen Aufenthalt in Moskau. Unsere Lebens- und Konsumgewohnheiten sind die gleichen wie in Deutschland. Wir nehmen uns ein Stück Deutschland mit und leben hier auf einer Insel. Den Platz in der ersten Reihe für die russische Realität gibt es inklusive. Unsere russischen Freunde gehören in der Regel nicht zu den Gebeutelten. Wir reisen irgendwann wieder ab mit einem Sack voll neuer Eindrücke und Erfahrungen. Mein „Kräutermann", die alte Frau aus dem Milch-Laden und die Rentner vor meinem Gemüsewagen bleiben hier und müssen das Beste aus ihren paar Kopeken machen.

Manchmal, so scheint es mir, sollten wir uns dieser Situation etwas mehr bewusst sein.

Es ist nicht möglich, als kleine
Wirtschaft die Armut loszuwerden.
(V. Lenin)

Einmal Baikal und zurück

Juni 1999

Ein Parisbesuch ohne Louvre und Eifelturm ist undenkbar. Gleiches gilt für Russland und das „hellblaue Auge Sibiriens". Der so betitelte Baikalsee sprengt wirklich alle Dimensionen. Der Baikal ist mit 1620 m der tiefste, mit einer Fläche von 31.500 qkm (Bodensee 538 qkm) und einem Volumen von 23.000 Kubikkilometern der süßwasserreichste, sauberste und artenreichste See der Erde — und schließlich schlicht einer ihrer allerschönsten.

Im Baikal ist ein Fünftel der Süßwasserreserven der Erde gespeichert. Er führt doppel so viel Wasser wie die Ostsee. Um ihn aufzufüllen, müssten sich alle Flüsse aller Kontinente über ein Jahr lang nur in den Baikal ergießen. Für den Zufluss sorgen 500 Flüsse und Gletscherbäche; es gibt nur einen Abfluss, den Angara Fluss.

Um nun nicht das oben geschilderte Dilemma – Russland ohne Baikal – zugeben zu müssen, nutzte ich die Inspektion und Inventur unseres Lagers in Barnaul zu einem kleinen Abstecher zum Baikalsee.

Nach der Inspektion und der Inventur unseres Lagers (glücklicherweise alles in Ordnung!) stiegen wir abends in Barnaul in die Transsibirische Eisenbahn. Am nächsten Morgen dann Ankunft in Irkutsk, der Hauptstadt Ostsibiriens. Schon 1661 gegründet entwickelte sie sich zum bedeutendsten Umschlagplatz für den Handel mit den berühmten Zobelfellen. Auch heute noch geht der Export vom Sammelplatz Irkutsk aus zu den Versteigerungen in St. Petersburg, Leipzig und London.

In einem Land, wo der nächste Ausrüster mit Faserpelz, Daunenjacke und Goretex fast 8.000 km entfernt, die beißende Eiskälte aber vor der Tür liegt, war die Nutzung von Tierfellen mehr Überlebensfrage als ökologischer Diskussionspunkt. Aus dem florierenden Pelzhandel wurden inzwischen riesige Zuchtfarmen mit Nerz, Zobel, Silber- und Blaufuchs, Hermelin und Zieselmaus.

Nur 65 km weiter östlich dann ein Atem beraubender Einblick. Wir hatten uns über Beziehungen vor Ort mit Taxi und ortskundigem Führer „versorgt" , um bequem und sicher zu reisen und um in der Kürze der Zeit wirklich alles mitzubekommen.

Am See angekommen gab es nur noch eines: Raus aus den Klamotten und rein ins Wasser. Einzigartig sauberes Wasser (noch); man kann bis zu 40 m tief sehen. Wir nehmen uns reichlich Zeit, um die Seele baumeln zu lassen. Der See ist von Einheimischen geliebt, geehrt und auch zum Teil gefürchtet. Um die Inseln, die im See verstreut sind, kursieren Mythos und Legenden.

Die Burjaten waren sicher, der böse Geist Begdozi lebe auf der Olchon Insel. Die Schamanen der Evenken verehrten einige der zahllosen Landzungen als heilig und predigten Ehrfurcht vor den Seegöttern.

Der Baikalsee wird auf 25 Millionen Jahre geschätzt. Im Vergleich dazu sind die meisten anderen Seen unserer Erde mit schlappen 20.000 Jahren gerade erst „aus dem Ei gekrochen". Zwar ist ein Seeungeheuer namens Baikal nicht bekannt, jedoch ist die einzigartige Flora und Fauna (1500 Tier- und 1100 Pflanzenarten) auch schon bemerkenswert.

Als wir aufbrechen, bietet uns ein Fischer an, ihn auf seinem mittelgroßen Boot zu begleiten. Obwohl die Zeit drängt, können wir einfach nicht ablehnen. Fünf Stunden später sind wir zurück: begeistert und in freudiger Erwartung auf selbst gefangenen Fisch. Der beste Speisefisch des Sees , der Omul, ist eine nur hier vorkommende Art, irgendwo zwischen Hering und Lachs. Leider haben Überfischung, Seeverschmutzung (riesige Zellulosekombi-nate, welche die Abwässer ungeklärt in den See leiten) und die Errichtung des Irkutsker Staudamms den Omulbestand bedenklich reduziert.

Unser Fischer erzählt uns, dass er seinen See liebt, aber auch fürchtet. Denn der Baikal ist für unberechenbare Wetterum-schwünge mit Sturm und drei Meter hohen Wellen zu jeder Jahreszeit berüchtigt. Mancher Unvorsichtige, der dies nicht rechtzeitig bemerkte, bezahlte dies mit dem Leben. Ähnlich der Fliegerregel – mit einem Auge immer einen Landeplatz auszu-spähen – gilt der häufigste Blick der Fischer neben dem Netz dem Himmel.

Ende Dezember bis Anfang Mai steckt der Baikal-See unter einer zwei Meter dicken Eisfläche. In den frühen Jahren der Trans-sibirischen Eisenbahn (ca. 1900) wurden die Schienen direkt auf Eis gelegt, um den See zu überqueren. Bei offenem Wasser wurden die Züge auf riesigen in England gebauten Fähren von einem Ufer bis zum anderen transportiert. Die Landumfahrung des Baikalsees setzte diesem ein Ende. Dies war jedoch ein hartes Stück Arbeit, denn oftmals konnten nur Boote Material und Geräte an die steilen Bergwände bringen, in denen sich Arbeitstrupps voransprengten und durchnagten. Auf einer Länge von 80 km entstanden innerhalb weniger Monate insgesamt 33 Tunnel und über 200 Brücken.

Mit dem PKW geht es spät abends Richtung Ulan Ude. Die 70 km lange Straße von Irkutsk wurde im Sommer 1960 innerhalb von nur zwei Monaten durch die Taiga gezogen, nachdem Nikita Chruschtschow den US-Präsidenten Eisenhower an den Baikal eingeladen hatte, wo einige von Ikes Vorfahren Kaufleute gewesen sein sollen.

Der Staatsbesuch wurde übrigens nach dem Abschuss eines amerikanischen U2-Spionagefliegers über Sibirien abgesagt.

Die Straße folgt meist dem Lauf der breiten Angara, an deren Ufer in Zweigen und Büschen oft bunte Stofffetzen wehen. Einem schamanischen Brauch zufolge sollen die Fetzen ihrem Spender eine gesunde, glückliche Rückkehr an diesen Ort bescheren.

Auch wir opfern ein Hemd, um diesem Brauch Rechnung zu tragen. Denn eines steht für mich fest: Diese unberührte, abwechslungsreiche Landschaft mit Wasserfällen, Taiga und Steppe möchte ich gerne noch einmal besuchen. Genauso wie ich es mit Paris vorhabe.

Was für ein reiches Land dieses Sibirien, was für ein mächtiges Land! Man braucht noch Jahrhunderte, aber wenn es besiedelt ist, wird es eine große Rolle in den Weltannalen spielen. (A. Radischew)

Abschied auf Raten

Mit dem Ende des Schuljahres gehen viele Freunde und Bekannte zurück nach Deutschland oder direkt in andere Länder wie z. B. Saudi Arabien, Peking oder Hongkong. Es kommt zu einer Inflation an Abschiedsfeiern. Wenn wir nicht gelernt hätten, dass man sich oft unverhofft wiedertrifft, könnte man schon sehr traurig sein. Aber so besteht zumindest die Hoffnung auf ein Wiedersehen.

Nach fast fünf Jahren Leben und Arbeit in Russland gehen wir zum 15. August 1999 zurück nach Monheim. Es ist in unserem Fall keine ungewisse, unsichere Zukunft, aber trotzdem fällt uns allen der Abschied emotionell sehr schwer. Die Arbeit vor Ort ist außerordentlich lebendig – im positiven wie auch leider manchmal im negativen Sinn. Hier gilt die Weisheit:

Wachsamkeit ist der Preis für Freiheit.

Im täglichen Miteinander , auf „Tuchfühlung" mit den Kollegen und Mitarbeitern merkt man jedoch, dass vieles nicht so heiß gegessen, wie es gekocht wird und dass am Ende alles gut wird. Wenn auch nicht immer so schnell, wie wir uns das vorstellen. Die oben genannte enge Zusammenarbeit verhilft auch oft dazu, dass der Arbeitsstress nicht als absolut unerträglich empfunden wird. Mein alter Chef sagte immer: „In Russland muss man erst einen Sack Salz miteinander konsumieren, danach versteht man sich wirklich".

Das Obengesagte gilt auch für meine Familie; obwohl natürlich die Belastung durch Schule, tägliche lang dauernde An- und Abfahrten groß war, wurden wir immer wieder mit dem Charme und der Magie der Stadt Moskau entschädigt. Wir haben sehr gerne hier gelebt.

Für die Leser, die sich der russischen Seele, die sich in diesem Buch widerspiegelt, auch sprachlich nähern möchten.

Seite 12		
Wer tun will, der tut. Wer nichts tun will, der findet eine Ausrede. (Sprichwort)		Кто хочет работать, тот работает, а кто не хочет- всегда найдет отговорку. (Пословица)
Seite 16		
Je langsamer, desto sicherer.		Тише едешь, дальше будешь.
Seite 18		
Schau bloß nicht hin! (B. Springer)		Только не смотри туда! (Б. Шпрингер)
Seite 21		
Wir müssen immer die Wahrheit sagen; oder wenigstens das, was wir denken. (J. Luzkov)		Мы всегда должны говорить правду или, по меньшей мере то, что мы думаем. (Ю. Лужков)
Seite24		
Essen Sie am Morgen eine lebendige Kröte, und schon kann Ihnen an diesem Tag nicht Schlimmeres passieren. (Sprichwort)		Съешьте утром живую жабу, и ничего плохого с Вами в этот день уже не случится. (Пословица)
Seite 25		
Glaube nicht der Verkehrsampel, glaube dem Auto, das auf dich fährt. (Russisches Radio)		Не верь светофору, верь машине, которая на тебя едет. (Русское радио)
Seite 27		
Glück ist, wenn man morgens gerne zur Arbeit geht und abends nach Hause. (Russische Volksweisheit)		Счастье- это когда утром идешь с удовольствием на работу, а вечером – домой. (Русская народная мудрость)
Seite 30		
Nach der Banja wie neu geboren. (Russische Volksweisheit)		В бане помылся- заново родился. (Русская поговорка)
Seite 32		
Das beste, was man nach Hause mitbringt, ist die heile Haut. (U. Vollmer)		Самое лучшее – возвращаться домой целым и невредимым. (У. Фолмер)

Seite 34		
Gesundheit ist, wenn es täglich an einer anderen Stelle weh tut. (Suren)		Здоровым считается тот, у кого каждый раз болит в другом месте. (Сурен)
Seite 39		
...Laut allgemeiner Ansicht ist Wodka ein Gift, wenn man ihn als Nahrungsmittel konsumiert. (K. Marx)		... водка, если ее употреблять в качестве пищевого продукта, является, по общему признанию, отравой. (К. Маркс)
Seite 42		
Erst am Ufer ist der Fisch gefangen. (Sprichwort)		Только та рыба поймана, что на берегу. (Пословица)
Seite 45		
Ich bin der Ansicht, dass im Vergleich zu kapitalistischen Ländern, die von solchen Sachen, wie Wodka und anderen Betäubungsmitteln, Gebrauch machen, werden wir das nicht zulassen, weil sie, abgesehen von ihrem Nutzen für den Handel, uns zurück zum Kapitalismus und nicht vorwärts zum Kommunismus führen werden. (V. Lenin)		Я думаю, что в отличие от капиталистических стран, которые пускают в ход такие вещи, как водку и прочий дурман, мы этого не допустим, потому что, как бы они не были выгодны для торговли, но они поведут нас назад к капитализму, а не вперед к коммунизму. (В. Ленин)
Seite 49		
Es gibt zwei Arten von Fußgängern: flinke und tote. (Russisches Radio)		Существуют два вида пешеходов, шустрые и мертвые. (Русское радио)
Seite 54		
Unsere Mannschaft verabschiedet sich von Ihnen. Wir wünschen Ihnen einen angenehmen Flug. (Russische Bordansage)		Наша команда прощается с Вами. Желаем Вам приятного полета.
Seite 56		
Der Mensch kann alles, bis er etwas zu machen beginnt. (Russische Weisheit)		Человек может все, пока не начнет что-либо делать. (Русская мудрость)
Seite 58		
Lernen, lernen und nochmals lernen. (V. Lenin)		Учиться, учиться и еще раз учиться. (В. Ленин)

Seite 61		
Je weniger Männer Frauen lieben, desto mehr haben sie Zeit für den Schlaf. (Russisches Radio)		Чем меньше женщину мы любим, тем больше времени для сна. (Русское радио)
Seite 65		
Am Ende wird alles gut. (A. Bobrova)		Все будет хорошо! (А. Боброва)
Seite 68		
In unserer anomalen Zeit ist jeder normale Mensch schon dadurch anormal, dass er normal ist. (Russisches Radio)		В наше ненормальное время каждый нормальный человек уже тем ненормален, что нормален. (Русское радио)
Seite 70		
Es ist ganz klar, dass die Freiheit für verschiede Revolutionen, sozialistische oder demokratische, eine sehr wesentliche Lösung ist. Und unser Programm erklärt: wenn Freiheit mit der Befreiung der Arbeit von dem Druck des Kapitals in Widerspruch steht, ist sie ein Betrug. (V. Lenin)		Свобода, нечего говорить, для всякой революции, социалистической или демократической, это есть лозунг, который оченб и очень существенен. А наша программа заявляет: свобода, если она противоречит освобождению труда от гнета капитала, есть обман. (В. Ленин)
Seite 73		
Die Hauptsache der ganzen Arbeit und Politik besteht nur darin, Menschen und den faktischen Vollzug zu prüfen. (V. Lenin)		Проверять людей и проверять фактическое исполнение дела – в этом, еще раз в этом, только в этом теперь гвоздь всей работы, всей политики. (В. Ленин)
Seite 76		
Die Menschen haben weniger Scheu, gegen einen beliebten Herrscher vorzugehen, als gegen einen gefürchteten. Das Band der Liebe zerreißt schneller als das der Frucht. (Machiavelli)		Выступление против популярного правителя пугает людей меньше, чем против внушающего страх. Лента любви рвется легче, чем лента страха. (Макиавелли)
Seite 81		
In Russland ist alles möglich. (Manuel Disse)		В России нет ничего невозможного. (Мануель Диссе)
Seite 83		
Zwei Bären haben keinen Platz in einer Höhle. (Russisches Sprichwort)		Двум медведям нет места в одной берлоге. (Русская поговорка)

Seite 87		
Mein Mann ist so untreu, dass ich nicht weiß, von wem meine Kinder sind. (Russisches Radio)		Мой муж так часто мне изменяет, что я даже не знаю, от кого мои дети. (Русское радио)
Seite 96		
Schule außer dem Leben und der Politik ist Lüge und Heuchelei. (V. Lenin)		Школа вне жизни, вне политики – это ложь и лицемерие. (В. Ленин)
Seite 97		
Wollen wir also die Freundschaft einladen und unsere Türe für sie immer offen lassen! (Volksweisheit)		Давайте пригласим в дом дружбу, и пусть наши двери всегда будут для нее открыты! (Народная мудрость)
Seite 99		
Besser schlecht gefahren als gut gelaufen. (Autor)		Лучше плохо ехать, чем хорошо бежать. (Автор)
Seite 101		
Immer gibt es einen, der wusste, dass eben diese miserable Geschichte Ihnen passiert. (Volksweisheit)		Всегда найдется тот, который заранее знал, что именно с Вами случится эта неприятность. (Народная мудрость)
Seite 105		
Tradition darf man nicht brechen. (A. Bobrova)		Нельзя нарушать традиции. (А. Боброва)
Seite 107		
Mondgrund wird verkauft. 100 % Vorauskasse. Selbstabholung. (Annonce in der „Prawda")		Продается лунный грунт. 100 % предоплата. Самовывоз. (Анонс в «Правде»)
Seite 109		
Wer zu spät kommt, den bestraft das Leben. (M. Gorbatschjew)		Кто опаздывает, того наказывает жизнь. (М. Горбачев)
Seite 114		
Ich weiß, womit ich mein Volk ernähren soll. Die Frage ist, ob das Volk das essen wird. (Mitarbeiter der russischen Planungsbehörde)		Я знаю, чем накормить мой народ, но будет ли он это есть. (Сотрудник русских плановых органов)

Seite 120		
Hundert Rubel sind kein Geld, hundert Jahre kein Alter und hundert Kilometer keine Entfernung. (Sibirisches Sprichwort)		Сто рублей – не деньги, Сто лет – не возраст, Сто километров – не расстояние. (Сибирская пословица)
Seite 122		
Wir wollten alles bestens machen, aber es wurde wie immer. (V. Tschernomyrdin)		Хотели как лучше, а получилось как всегда. (В. Черномырдин)
Seite 124		
Mein Gewissen ist so sauber und so durchsichtig, dass man es kaum sieht. (Russisches Radio)		Моя совесть настолько чиста и прозрачна, что ее трудно разглядеть. (Русское радио)
Seite 126		
Wir haben uns hier versammelt, um zu trinken; also trinken wir darauf, dass wir uns hier versammelt haben. (Russischer Trinkspruch)		Мы собрались здесь, чтобы выпить. Так давайте выпьем за то, что мы здесь собрались! (Русский тост)
Seite 129		
Es ist besser, etwas zu machen und es danach bereuen, als zu bedauern, dass man das nicht gemacht hat. (Volksweisheit)		Лучше что-то сделать, а затем сожалеть о содеянном, чем сожалеть позже о том, что не сделал. (Народная мудрость)
Seite 131		
Die Frau meines Freundes ist für mich keine Frau. Aber wenn sie schön ist, ist er für mich kein Freund. (Russisches Radio)		Жена моего друга для меня не женщина, но если она красивая женщина, то он мне не друг. (Русское радио)
Seite 134		
Russland ist ein großes Land. (J. Markieton)		Россия – необъятная страна. (Й. Маркитон)
Seite 137		
Das Leben gleicht einem Telegramm: es ist kurz und mit Fehlern. (Russisches Radio)		Жизнь подобна телеграмме: короткая и с ошибками. (Русское радио)
Seite 140		
Egal, wieviel Wodka man nimmt, sowieso muss man zweimal zum Kiosk laufen. (Volksweisheit)		Сколько не купишь водки, все равно нужно идти за ней в магазин два раза. (Народная мудрость)

Seite 144		
Der frühe Vogel fängt den Wurm. (Russisches Sprichwort)		Кто рано встает – тому бог дает. (Русская поговорка)
Seite 147		
Ein Schritt vor, zwei zurück. (V. Lenin)		Шаг вперед, два шага назад. (В. Ленин)
Seite 150		
Lieber einen alten Freund als zwei neue. (Russisches Sprichwort)		Старый друг лучше новых двух. (Русская поговорка)
Seite 156		
Der Morgen ist klüger als der Abend. (Russisches Sprichwort)		Утро вечера мудренее. (Русская поговорка)
Seite 158		
Russland will nicht gestört und nicht belehrt werden. (S. Karaganov)		Россия не желает, чтобы ей мешали и ее поучали. (С. Караганов)
Seite 161		
Man muss sich nur so helfen wissen! (Autor)		Помоги себе сам! (Автор)
Seite 163		
Vertrauen ist gut, Kontrolle ist besser. (Volksweisheit)		Доверие хорошо,а контроль лучше! (Народная мудрость)
Seite 165		
Noch irgendwo haben sich Volksmassen so für die echte Kultur interessiert, wie bei uns; nirgendwo werden diese Kulturfragen so tief und konsequent gestellt, wie bei uns. (V. Lenin)		Нигде народные массы не заинтересовались так настоящей культурой, как у нас, нигде вопросы этой культуры не ставятся так глубоко, так последовательно, как у нас. (В. Ленин)
Seite 168		
Zur rechten Zeit am rechten Ort. (Autor)		В нужном месте в нужный час. (Автор)
Seite 170		
Der Patriotismus hört dort auf, wo die Steuerdeklaration beginnt. (M. Zvonaryov)		Патриотизм заканчивается там, где начинается декларация о доходах. (М. Звонарев)

Seite 172		
Glück hängt nicht vom Geld ab. Aber es ist besser, im Cadillac als im Bus zu weinen. (Neue Russen)		Счастье не в деньгах. Но лучше плакать в кадиллаке, чем в автобусе. (Новые русские)
Seite 174		
Die Welt ist ein Dorf. (Russische Volksweisheit)		Мир тесен! (Русская наролдная мудрость)
Seite 176		
Zehn Minuten Planung ersetzen zwei Stunden Arbeit. (Autor)		Десять минут планирования равны двум часам работы. (Автор)
Seite 178		
Es ist nicht möglich, als kleine Wirtschaft die Armut loszuwerden. (V. Lenin)		... мелким хозяйством из нужды не выйти. (В. Ленин)
Seite 181		
Was für ein reiches Land dieses Sibirien, was für ein mächtiges Land! Man braucht noch Jahrhunderte, aber wenn es besiedelt ist, wird es eine große Rolle in den Weltannalen spielen. (A. Radischew)		Что за богатый край сия Сибирь, что за мощный край! Потребуются еще века, но когда она будет заселена, ей предназначено играть большую роль в анналах мира. (А. Радищев)

Basilius-Kathedrale, das wohl bekannteste Bauwerk In Russland. Erbaut von Iwan, dem Schrecklichen im Jahr 1555 anlässlich des Sieges über die Tataren. Der Komplex besteht aus insgesamt 9 Kirchen. Nur der Fachmann erkennt in der verwirrenden Vielfalt von Zwiebelkuppeln und kleinen Türmchen sowie vielen geometrischen Dekorationen die präzise Symetrie.

1999 – 9. Mai
Tag des Sieges
über den Faschismus

Die an diesem Tag stattfindenden Paraden sind immer noch sehr beeindruckend.Nachdem Perestroika und Glasnost vieles im Land ge- und verändert haben und die Zeit des kalten Krieges beendet ist, finden Machtdemonstrationen mit neuester Waffentechnik nicht mehr statt. Als äußeres Zeichen für diesen neuen Weg wurde die Zufahrt zum roten Platz mit einem Torbogen symbolisch versperrt.

Moskau – Kleinodien zuhauf
Fotografiert im Schatten des Hotels Rossiat (5.000 Betten),
im Vordergrund ein Spruchband zur Begrüßung der Teilnehmer
des UEFA CUP Finales, Rasinstrasse, ehemals Warwarka.

Russische Frauen –
Selbsbewußt, tatkräftig
und immer in Eile. Hier auf
dem Weg zur Eröffnung des
neuen riesigen Einkaufszen-
trums am Manegenplatz neben
dem roten Platz.

Moskau – Kolomenskoe: Winterfreuden

Die „**Erlöserkathedrale auf dem Blut**" wurde 1907 zum Andenken an Zar
Alexander II an der Stelle erbaut, an der der Monarch bei einem Attentat den
Tod gefunden hatte. Die Kirche ist ein markantes Beispiel für Architektur im
russischen Stil und der monumentalen Dekorativkunst vom Ende des
19./Anfang des 20. Jahrhunderts. Die Sowjetbehörden wollten die Kathedrale
sprengen, aber Einwohner von St. Petersburg bewachten das Denkmal rund
um die Uhr und verhinderten seine Zerstörung

Peterhof – einer der bekanntesten historischen Orte in der Umgebung St.
Petersburgs. Üppigkeit und Anmut dieser prachtvollen Sommerresidenz der
russischen Zaren ist kaum zu überbieten. Die große Kaskade von 64 großen
Springbrunnen mit 255 Skulpturen, die eine wertvolle Sammlung von Werken
russischer Bildhauer Ende des 18. Jahrhunderts darstellen, ist eine der
faszinierendesten Springbrunnenanlagen der Welt. Der Seekanal mit einer
Allee von 22 Springbrunnen verbindet den Grossen Palast mit der See.

Das Auge des Gesetzes
kennt keine Gnade

Darf es nicht etwas mehr sein ?
Zumindest für Klienten mit Geld sorgen Marketingagentu-
ren für die „Bedarfsweckung". Die Anzahl von Werbetafeln
in Moskau kann mit westlichem Niveau konkurrieren.

**Original und
Überlebenskünstler**

Vladimir Nikolaievich
Romanenko

Der beste Freund des
Menschen - meistens -
Kaukasischer Schäferhund,
ausgezeichnet mit Orden und
Ehrenzeichen - das erhöht
den Preis für Welpen, die auf
dem Tiermarkt in Moskau
angeboten werden.

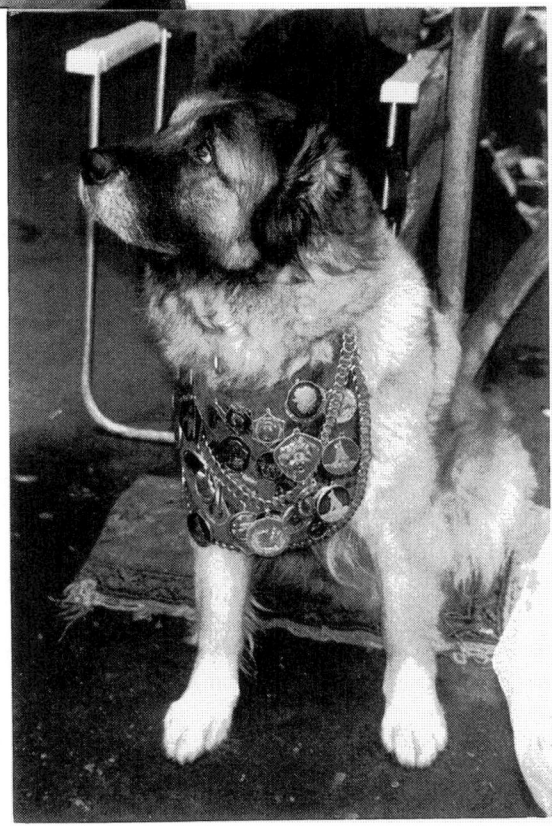

Mein starkes Team in Moskau

Fußballteam des „Roten Hammer Moskau"
bei einem der vielen Freundschaftsspiele

Selbst ist die Frau -
Ein Trolleybus ohne
Stromkontakt ist kein
Problem für Frau oder
Mann, die/der auf den
Bus klettert, den Strom-
abnehmer einhakt und
weiter geht's. Die Fahr-
gäste haben vielleicht
inzwischen den Bus ge-
wechselt, doch Haupt-
sache: in Bewegung
bleiben

Was zu Beginn der 90er
noch einem Abenteuer
glich und manchmal mit
Wasser im Tank endete,
ist heute (1998) modernen
Tankstellen gewichen.

Russische Landwirtschaft, der Prügelknabe des Landes
Landwirtschaftliche Betriebe sind heute (1999) nur notdürftig mit
Maschinen und Betriebsmitteln ausgestattet. Kreativität und en-
gagierte Kolchosmitarbeiter halten die Maschinen am Laufen.

**Alkohol –
der Feind der Familien**

Dieses Schild in
Baschkirien ist eines von
vielen „Kampagnen" in
diesem Land,

Stawropol – Vorkaukasus
Ein Abschied ohne Wegzehrung – undenkbar !!

Russische Gastfreundschaft und Geselligkeit

Der **Kaukasus** ist seit Urzeiten der Ort vieler Legenden. Prometheus wurde als Strafe der Götter an den Berg Kasbek ,den zweithöchsten Gipfel gekettet, weil er den Menschen das Feuer gebracht hatte. Entdecker und Wissenschaftler der heutigen Zeit benutzen die abgebildete Forschungsstation für meteorlogische   Studien an der Grenze zwischen Russland und Georgien.

In dieser Raumkapsel, einer Kopie der russischen Raumstation Mir, die jedoch im „Sternenstädtchen" nahe Moskau liegt, trainieren alle Besucher der Mir den Ausstieg in das All.

Halbinsel Kamtschatka, Vulkanexpedition: Nur kletternd kommt man in der unerschlossenen Wildnis an Feuerberge wie den Mutnovsky heran.

Gradwanderung

Auf dem Weg zum Gipfel ist äußerste Vorsicht auf oder zwischen den Vulkanen auf dem mürben Gestein angeraten.

Alt, aber bezahlt
Trotz vieler Reparaturen ist das Boot unseres Führers Igor
aus Armeebeständen immer noch schwimmfähig

Kümmerling
à la Igor

Diese Mischung macht's
auch in Russland möglich

Gelege eines Dinosauriers
(aufgenommen im naturwissenschaftlichen
Museum in Ulan Bator)

Milch macht müde Männer munter - in diesem Fall
Original vom Yak, die besonders wohlschmeckend
und bekömmlich ist und wesentlicher Bestandteil der
Ernährung vieler Yurten ist – unverarbeitet oder als Käse

Zum „**Großen Naadam Fest**" in **Ulan Bator,** dem traditionellen Fest
der Nomaden, kommt alles, was Rang und Namen hat. Bis zu 800 km
per Pferd werden zurückgelegt, um an den Wettbewerben teilzunehmen
(z. B. Bogenschießen, Pferderennen, Ringen). Ein willkommener Anlass die Großfamilie wiederzusehen und gemeinsam zu feiern. Diese
Feste finden heute noch statt und finden regen Zuspruch.

Aufregung vor dem Pferderennen. Entspreche ich den Hoffnungen
meiner Familie, habe ich mein Pferd und mich genug trainiert, ihm die
richtigen Kräuter gegeben und die richtigen Lieder gesungen?

OWOS -
In der Landschaft der
Mongolei vorkommende
Steinhaufen, die Land-
marken als auch Plätze
darstellen, an denen der
Reisende die Götter um
eine glückliche Reise
bittet. Bei dreimaligem
Umkreisen werden bei
jeder Runde Steine
hinzugefügt oder Opfer-
gaben dargebracht.

Nach dem Niedergang
der sowjetischen Zeit
kommt der Buddismus
in die Mongolei zurück.

Männlicher Schamane,
der bis heute großen
Einfluss hat. Er kann
Krankheiten heilen und
in die Zukunft schauen.
Reisen oder
Entscheidungen werden
oft vom Rat des
Schamanen beeinflusst.
Seine Rituale beginnen
häufig um Mitternacht.
Im Trance singt er und
spielt auf einer Trommel.
Während er mit den
Schutzgeistern kommu-
niziert, muss absolute
Stille herrschen.

Schamanenbaum
Vorbereitung und
rituelle Reinigung des
Ortes für eine
Schamanenzeremonie